D1755090

TEXAS TRAVELS, 2001-2009
Reise-Erzählungen von
Christine Haidegger

TEXAS TRAVELS, 2001-2009
Reise-Erzählungen von
Christine Haidegger
apfeltext

Mit freundlicher Unterstützung der Stadt Salzburg, Abteilung 2 – Kultur und Schule, dem Amt der Salzburger Landesregierung, Abteilung 12 – Kultur und Sport sowie der Kunstsektion, Abt. V des Bundesministeriums für Unterricht und Kunst in Wien.

apfeltext 01
reihe zeitgenössische literatur aus österreich
Artwork und Gesamtkonzeption: Walther Götlinger
Satz: Eva-Maria Kluge

© 2010 Verlag Der Apfel, Wien
www.verlagderapfel.at
ISBN 978-3-85450-033-9

TEXAS TRAVELS
2001-2009

Diesmal musst du eine Annonce aufgeben, deine bisherige Amerikareise-Freundin ist nach Wien gezogen, du brauchst, da du ja nach deinem Unfall nicht Auto fahren kannst, wieder eine Fahrerin für die geplante Route von New Orleans über die Grenze nach Texas, dort die Küste entlang, hinunter nach Mexiko, weiter nach San Antonio, dann Dallas – und Paris, Texas, des Filmes wegen, und wieder zurück. Vielleicht auch für weitere Texasreisen, wer weiß.
Obwohl du die Bedingungen klar genug inseriert hast, melden sich statt der gewünschten Lehrerinnen oder Studentinnen (nicht jede Berufsgruppe kann sonst im Sommer vier Wochen verreisen) hauptsächlich Männer. Alle sind sie reiselustig, haben nichts dagegen, mit dir ein Motelzimmer zu teilen, o nein, ganz im Gegenteil, sie werden gut für dich sorgen, du wirst Spaß haben, klar.

Der Termin, zu dem du den Flug buchen musst, kommt näher, und immer noch hast du keine Begleiterin, die dich chauffieren könnte.
Die letzte Anwärterin erzählt dir von ihrer Vorliebe für extreme Klettertouren in den Anden, Wildwasserrafting und anderen tollen Sportarten, und du versuchst ihr zu erklären, dass du derlei keineswegs im Sinn hast, du brauchst nur jemanden, der dich täglich von A nach B fährt, zu Museen und Sehenswürdigkeiten oder einfach zum Abendessen ... Sie nickt etwas gelangweilt und zieht beim Abschied eine feuchtkalte Hand durch die deine. Ja, du wirst ihr Bescheid geben, spätestens in zehn Tagen.
Seufzend gehst du in dein Arbeitszimmer zurück.
Der Gedanke, täglich mehrere Stunden mit dieser Frau in einem Auto eingeschlossen zu sein, sie bitten zu müssen, eventuell deine Tasche zu tragen oder dir den Vortritt ins Badezimmer oder die Wahl des Bettes zu überlassen – es wird schwirig sein, ihr dauernd wieder zu Bewusstsein zu bringen, dass du gehbehindert bist.

Du gehst ans Telefon, um eine Studentin anzurufen, deren literarischen Text du bei einer Lesung demnächst vorlesen möchtest. Während du wählst, siehst du auf die kurze Biografie. »Geboren in Milwaukee, Aufenthalte in den USA ...« Du hast die junge Frau ein einziges Mal gesehen, eben, als sie dir den Text brachte, weißt eigentlich nichts von ihr.
Natürlich ist sie an diesem Nachmittag zuhause, natürlich freut sie sich über die Annahme des Textes, aber, sagst du, da wäre noch eine Kleinigkeit: »Was machen Sie diesen Sommer?« Sie weiß es jetzt im März noch nicht. Deine Neugier verblüfft sie. Du erklärst ihr den Deal mit Texas, nimmst an, dass sie autofahren kann, was sie bejaht, und du schlägst ihr vor, darüber nachzudenken, ob sie dich nicht begleiten möchte.
Wahrscheinlich hält sie dich für verrückt, denkst du, eine wildfremde Autorin, die aus heiterem Himmel einen solchen Vorschlag macht.
Ihr trefft euch einmal, du erklärst die Route, erklärst dich selbst, ihr esst zu Mittag und sie bringt dich zum Bus.
Du hast keine Ahnung, wie gut sie Auto fährt, fällt dir zu spät ein, ihr habt nur Öffis benutzt.

Auf dem Flughafen in Zürich hoffst du, sie werde dich wiedererkennen, ihr Flieger war früher da. Später wird sie dir erzählen, dass sie dieselbe Befürchtung hatte. Im Flugzeug packt sie Landkarten, Führer und Bücher aus, sie hat hundert Fragen für den langen Transatlantikflug. »Jetzt nicht«, sagst du, und drückst ihr den AAA-Travel-Guide in die Hand, in dem du die Route und die Sehenswürdigkeiten markiert hast. Du wirst in der Luft eine Schlaftablette nehmen, als Raucherin geht das nun nicht anders.
Tagelang wird sie ihre Enttäuschung vor dir verbergen, ihre kleine Flugangst, obwohl sie die Erde schon ein paar Mal umrundet hat.
Geschickt organisiert sie in New Orleans das Mietauto, ihr fahrt zu deinem Lieblingshotel im French Quarter, das im Sommer wunderbar niedrige Preise hat, und bei den Ausflügen und Spaziergängen lernt ihr euch näher kennen. Endlich jemand, der sich über die gleichen Dinge amüsiert wie du. Ungefragt hilft sie dir über kleinere und

größere Hürden, trägt deine Tasche, parkt das Auto so nahe an Eingängen wie möglich.
Du bietest ihr an, abends alleine wegzugehen, aber ähnlich wie mit R. vor zwei Jahren unternehmt ihr dann alles gemeinsam. Die Tage scheinen zu kurz, lange sitzt ihr abends in den Empire-Himmelbetten und unterhaltet euch bis zum frühen Morgen.
Du bestellst das Hotel für die letzten drei Tage vor eurer Rückkehr nach Europa noch einmal, hier im Quarter werdet ihr auch die letzten Souvenirs kaufen und euch ausruhen. Doch du magst noch nicht an das Ende der Reise denken.

Über Beaumont fahrt ihr eurem ersten Ziel zu, Richtung Livingston, zum Reservat der Alabama Coushatta Indianer. Es gibt etwa noch 1100 Personen dieses Stammes in den gesamten Vereinigten Staaten. Etwa die Hälfte lebt hier. In der schwiemelnden Hitze kämpft sich euer Kleinwagen bergauf, die Wälder sind dicht und undurchdringlich, manchmal ist die Straße aufgerissen und blutrot an den Rändern. Einmal trefft ihr einen Bautrupp, das gelbe Asphaltmonster, das ihr in eurem klimatisierten Käfig nicht gehört habt, steht plötzlich hochaufgerichtet vor euch. Freundlich winken euch die Arbeiter durch. Hinter euch hat sich keine Schlange gebildet, noch immer seid ihr allein auf der Straße zum Reservat.
Ihr biegt in den Zufahrtsweg ein, von dem verzweigte Waldwege zu unsichtbaren Campingplätzen führen. Im Schritttempo biegt ihr um die letzte Kurve und auf den halbleeren Parkplatz.
Du weißt nicht, was du erwartest hast, aber sicher keinen aufgebockten Containerwagen, in dem der Souvenirshop angesiedelt ist, ein Holzblockrestaurant »Zu den Sieben Häuptlingen« neben einem offenen Holzschuppen, in dem ein als Zug verkleideter Autobus auf Besucher wartet, mit denen er durch das Indianerdörflein und ein Stück Natur fahren wird, wobei Pflanzen, Tiere und Lebensweise dieses Stammes vom »Lokführer« erklärt werden. Selbst auf dem Picknickplatz im dichten Schatten daneben, der völlig leer ist um diese Mittagsstunde, siehst du keinen einzigen Besucher.

In der weißen Hitze stapft ihr zurück zum Kartenkiosk und informiert euch über die Eintrittspreise. Die Frau im Inneren sieht müde aus und ein bisschen indianisch vielleicht auch. Nicht genug, als dass es dir in einer anderen Umgebung aufgefallen wäre, denkst du. Nein, das Restaurant ist geschlossen und das Museum abgebrannt, erfährst du. Ihr beschließt, euch die Tänze anzusehen, dieses Reservat ist ganzjährig geöffnet und sechs bis zehnmal am Tag kannst du die Tanzvorführungen sehen. Außer am Weihnachtstag. Der Tanzplatz ist ein eingezäuntes Bohlenviereck mit ein paar Holzsitzbänken. Ihr sucht euch Plätze in einem schattigen Eckchen und zieht die Kappen tief über die Augen. Etwa zwanzig Leute füllen die ersten Sitzreihen, ein paar Kinder sind dabei. Im Hintergrund öffnet sich eine kleine Türe und ein paar junge Indianer in Jeans bauen Soundequipment auf, scheuchen die Kinder vom Platz.
Aus den Lautsprechern dröhnt dumpfes Trommeln, das die Hitze bedrohlich zu verstärken scheint. Der junge Indianer erzählt ein paar Stammesinformationen ins Handmikrofon, Tänzerinnen und Tänzer erscheinen in ihren farbenfrohen Kostümen und stampfen, springen und drehen sich auf diesem Tanzplatz bei über 35 Grad – ohne Schatten –, dass du denkst, das müsste bei den Älteren lebensbedrohend sein.
Die Gesichter der Tänzer sind ernst, die der Touristen interessiert oder von Kameras verdeckt. Dein europäisches Hirn verlangsamt sich, fühlt sich ausgeschlossen, folgt den Erklärungen der einzelnen Tänze, die du so ja auch schon anderswo gesehen hast, versucht sich zu konzentrieren, den Ernst zu glauben, den diese drei Generationen hier ihrer Tradition zu geben versuchen, aber vielleicht ist es nur der Gegensatz zu den automatisch eher dem Lächeln zugeneigten Amerikanern, der die Menschen hier im Reservat so ernsthaft und zurückhaltend aussehen lässt.
Zager Applaus am Ende der Vorführung, Fotos mit den federgeschmückten Tänzern für die Lieben zuhause ... auch jetzt lächeln die Tänzerinnen und Tänzer nicht.
Jede von euch hat in der halben Stunde einen Liter Wasser getrunken, und ihr musstet ja nur sitzen ... ihr bewundert die Ausdauer der Tänzer immer wieder.

Im Souvenirshop ist es extrem kühl und ruhig. Ein älterer Mann steht hinter einer Glasvitrine mit Silberschmuck, eine flinke kleine Frau hängt ein paar Teppiche um, von denen du weißt, dass sie aus Mexiko sind, wie du auch auf dem Etikett überprüfen kannst. Bei genauerem Hinsehen sind fast alle Souvenirs aus Mexiko, keinesfalls Indianerarbeiten ... aber sie werden auch so nicht ausgepreist. »Perlen«, »Silber«, »Decken« steht lakonisch auf den Schildchen. Die Illusion schafft sich der Käufer selbst. Interessiert betrachtest du ein Grammatikbuch dieser Alabama-Coushatta Indianer. Ob diese Sprache noch gesprochen wird? Gerne würdest du das Buch kaufen, dich zuhause in Ruhe damit beschäftigen, aber leider, nicht nur der Preis, sondern vor allem das Gewicht des umfangreichen Werkes macht's dir unmöglich – wie wahrscheinlich allen anderen Besuchern auch. Es muss an die drei Kilo wiegen.

Eine quirlige Schar von Vorschulkindern kommt durch die Containertür ins kühle Innere. Zwei Lehrerinnen in Shorts verlangen Ruhe und setzen die bunten Kleinen in einen Halbkreis auf den Spannteppichboden, als seien sie hier in ihrem Wohnzimmer. Die *kids* beäugen den älteren Indianer hinter der Silberschmuckvitrine, in dessen langem, grauem Haar keine Adlerfeder steckt. Er lächelt nicht zurück, das verunsichert selbst die Lehrerinnen.

Im Internet hast du eine typisch amerikanische Adlerfeder-Story gefunden, erinnerst du dich. Geronimo, der große Apachenkrieger, Medizinmann und Häuptling, kämpfte jahrelang gegen die US-Regierung und ihre Truppen – nur für das uns so selbstverständlich scheinende Recht, dass Indianer *in* ihrem eigenen Land *auf* ihrem eigenen Land leben können sollten. 1847 wurden er und seine Gefolgsleute gefangengenommen und nach Arizona in ein Reservat gebracht, von wo es ihm gelang, noch einmal zu entkommen. Zwölf Jahre lebte er auf der Flucht, bis er wieder gefangen und diesmal nach Florida transportiert wurde. Man versprach ihm, dass er später in seine Heimat Arizona zurückkönne. Natürlich wurde auch dieses Versprechen nicht eingehalten. 1894 wurden er und eine kleine Gruppe Frauen, Männer und Kinder nach Fort Sill, Oklahoma, verbracht.

Dort erhielt er vom Kriegsministerium die Erlaubnis, an einer Abschiedszeremonie der noch überlebenden paar Indianerführer teilzunehmen, die dann im Oktober 1907 stattfand. Bei diesem letzten *Pow-Wow* trug Geronimo einen Kriegs-Federschmuck, den er von den Comanchen geschenkt erhalten hatte.

Um 1 Million Dollar wurde dieser 1999 im Internet angeboten – und das FBI darauf aufmerksam gemacht. Agenten schalteten sich ein und der Verkäufer, der das historisch bedeutsame Stück nun auch international und um inzwischen 1,2 Millionen angeboten hatte, wurde wie in einem *B-movie* mühsam ausgeforscht und ausgetrickst. Bei der vermeintlichen Übergabe wurde er verhaftet.

Nicht etwa, weil er ein Stück amerikanischen Umgangs mit seinen indigenen Völkern wieder ins Bewusstsein gerufen hatte oder den Federschmuck nicht eventuell Geronimos Stamm, oder zumindest einem Museum, angeboten hatte – nein, der Gipfel der hochpreisigen Agentenaktion mit verdeckten Ermittlern und jeder Menge teurer Bürokratie war »nur« das heutige amerikanische Artenschutzgesetz: In dem Federschmuck befinden sich Adlerfedern, und ihr Verkauf hätte drei US-Gesetze zum Artenschutz verletzt.

»Diese Gesetze wurden erstellt, um das Überleben des Amerikanischen Adlers als Symbol unserer Nation zu sichern.«

Das Überleben des Adlers und seiner Federn ist von nationaler Wichtigkeit.

Das Überleben der Indianer ...

Die Vorschulkinder erfahren in wenigen Sätzen etwas Generelles über die Ureinwohner ihres Landes, werden ermahnt, nicht das ganze Wasser in ihren Plastikflaschen auf einmal zu trinken, sich ein wenig umzusehen und nicht zu vergessen, dass sie ja je einen Dollar mithaben, um ein Souvenir zu kaufen.

Du siehst dir die buntgekleideten Kinder an. Drollig herausgeputzt sind sie, tragen vielerlei Maschen und Haarklammern in den Haaren, Freundschaftsarmbänder an den Handgelenken, Mickeymouse-Uhren. Ein Drittel der *kids* sind schwarz. Wieder fordert eine der jungen Lehrerinnen zum Souvenirkauf auf, nachdem sie auf die Uhr

gesehen hat. Für einen Dollar gibt es hier nicht viel, und während die Kinder magisch von dem Indianer hinter der Silbervitrine angezogen scheinen, befingern die Lehrerinnen die mexikanischen Decken und wären lieber auf Urlaub am Strand in Cancun.
Am Ende kaufen die Kinder Glasperlen in Säckchen oder dünne Glasperlenarmbänder.
Du würdest sie am liebsten an die Eroberung dieses Landes erinnern – es scheint dir seltsam gerecht, dass die Urenkel der Eroberer nun Glasperlen von den Urenkeln der Eroberten zurückkaufen.

Später sucht ihr das Indianerzentrum, ein Neubau, in dessen riesiger Eingangshalle sich ein paar moderne Möbel verlieren. Ja, ihr hättet einige Fragen, ja, man könnte euch helfen, sagt ihr zu der gestresst wirkenden jungen Indianerin im Powerfrauenoutfit. Gerne hättet ihr mehr Informationen über den Stamm der Alabama-Coushattas, von dem ihr vorher nie etwas gehört habt. Sie murmelt abgewandt in ein Handy und bedeutet euch, auf einer der Garnituren Platz zu nehmen und zu warten.
Nach zwei Minuten kommt eine weitere Indianerin und die beiden stecken die Köpfe zusammen, deuten kurz in eure Richtung.
Nummer Zwei kommt auf euch zu und versucht ein Lächeln. Dass ihr aus Europa kommt, scheint sie irgendwie zu beruhigen. Ja, leider, das Kulturzentrum und das Museum sind abgebrannt, es konnte nicht viel gerettet werden. Ja, die Sprache wird noch gesprochen, etwa von sechzig Menschen. Nein, sie gehöre nicht dazu, aber ihr Vater spräche noch ein wenig.
Wie lange der Stamm bereits anerkannt sei? wollt ihr wissen. Die Frage verblüfft sie, sie wird misstrauisch. Leider, entschuldigt sie sich, sie habe keine Zeit mehr, drückt euch ein paar hektografierte Seiten in die Hand und verschwindet eilig.
Das Reservat ist uralt, schon 1854 hat Sam Houston dem Stamm etwa 500 Hektar Land geschenkt, um sie für ihre »tapfere Neutralität« im texanischen Unabhängigkeitskrieg zu belohnen.

Texas ist quasi wieder Einwanderungsland für Indianer geworden und in Dallas und Houston leben die größten Populationen von Cherokee und Navajos in eigenen Gemeinschaften – wenn auch nicht immer nach Stammesregeln.

»Wenn du ihnen nicht die ganze Welt schenken kannst, schenk ihnen wenigstens Texas« – ist das Motto eines texanischen Monatsmagazins beim Werben um Abonnenten. Im Hintergrund ein Globus, über den fast flächendeckend die Lone Star Flagge gebreitet ist – in Form einer Texas-Draufsicht.
Texas, könntest du meinen, *ist* die Welt. Es gibt nichts, was es hier nicht gäbe, und allein die Entfernungen sind beeindruckend, gemäß dem Motto *»The sun has risen, the sun has set and we are still in Texas yet«*. Tausendfünfhundert Kilometer von der Nordgrenze bis hinunter nach Brownsville an der mexikanischen Grenze, 1300 von Texarkana nach El Paso im äußersten Westen.
Wunderbare Küsten, flache, weite Prärien, undurchdringliche Wälder und große Wüsten – dieses Land hat alles. Freundliche Menschen, unglaubliche Museen in Orten, die nur drei Einwohner haben, Architektur von fein bis größenwahnsinnig, vieles durch den Ölboom ermöglicht – und eine Kette von Ortsnamen aus aller Herren Einwanderungsländer.
Du lässt dir die Namen auf der Zunge zergehen: Houston, Galveston, Indianola, Corpus Christi, Matamaros (über der Grenze bei Brownsville), der Rio Grande, Laredo, Eagle Pass, der Big Bend National Park, Lajitas, Fort Stockton, die Monahanwüste, Pecos, El Paso, Lubbock, Amarillo, Witchita Falls, Odessa, Bowie, Hondo, Abilene, Austin, Waco, Dallas, Paris, Texarkana, …
Jahr für Jahr wirst du über Nebenstraßen fahren, immer wieder auf »der Welt« – nämlich Texas' – »Größtes« stoßen: die höchste Zementstatue eines Generals (Sam Houston), die Welthauptstadt der Todesstrafe (Huntsville), den größten Roadrunner (in Fort Stockton), den größten Hasen (in Odessa), den größten Feuerhydranten – acht Meter hoch (in Beaumont) – jeder Ort, der auf sich hält, hat sein Wurst-

fest oder Froschweitspringen, Chilikoch-WM oder andere, bizarre Attraktionen.
Selbst in einer der europäisch anmutendsten Städte, San Antonio, wird das Nationalheiligtum, der Alamo, zwar von Wolkenkratzern umgeben, aber sie mussten so gebaut werden, dass zu keiner Jahres- oder Tageszeit ein Schatten auf dieses kleine, für die Geschichte von Texas so wichtige Gebäude fallen darf.

Am Rande der Interstate 45 steht »der Welt größte Statue eines amerikanischen Helden«. Sam Houston ist 13 Meter hoch, und er hat es sich verdient, sagten sich die Erbauer. Er war Senator für Texas und immerhin zweimal Präsident von Texas. Außerdem Gouverneur in Texas und Tennessee. Und natürlich *der* Held von San Jacinto.
Zwei Jahre hat ein gewisser David Adickes an dem monumentalen Helden gearbeitet und dafür mehr als 60 Tonnen Beton und Stahl verbraucht. 1992 hat er damit begonnen und nach eigenen Angaben »nicht recht gewusst wie er die Aufgabe lösen würde – eher eine Ingenieursleistung – aber ohne Blaupausen«. Am 22. Oktober 1994 widmete er die Statue der Stadt Huntsville.
Sechseinhalb Meilen weit kann man Sam Houston nun sehen, und er ist daher in diesem flachen Land die höchste Erhebung zwischen Houston und Dallas ...
Ganz in Weiß steht er da, auf seinem drei Meter hohen Sockel aus texanischem rotem Granit, der hier »Sonnenuntergangsgranit« heißt, die Rechte auf seinen Stock gestützt, die Linke elegant auf der Hüfte, als wollte er sich seines Portemonnaies vergewissern. Er war ja auch im wahren Leben nicht der Kleinste, mit seiner Baseballergröße von 6,6 *feet*.

Hier in Huntsville ist er auch gestorben und begraben. Auf seinem Grabstein stehen Andrew Jacksons Worte *»The World will take care of Sam Houston's Fame«*. Sein Monument bezeichnet den Eingang zum Friedhof und ist mit einem schmiedeeisernen Zaun umgeben, in dem nach unten zeigende Streitäxte symbolisch »Frieden, die Schlacht ist vorbei« symbolisieren sollen.

In der Mitte des Friedhofs liegt die – inzwischen längst geschlossene – »*Negro Section*«.
»Dieses Stück Land ... wurde seit der Einweihung des Oakwood-Friedhofs für Gebrauch durch Neger reserviert. Viele Sklaven, die von den ersten Siedlern hierhergebracht wurden, sind hier in namenlosen Gräbern bestattet. Diese Abteilung ist schon seit vielen Jahren geschlossen, dennoch liegen viele prominente schwarze Bürger aus Huntsville hier.«

Joshua Houston, 1826-1901, »war der Neger-Leibdiener von General Sam Houston«. Er kam mit 14 aus Alabama, wo er schon für Mrs. Houston's Vater gearbeitet hatte. Nach dem Bürgerkrieg, als *freeman*, baute er das erste Haus in dem späteren Schwarzenviertel Rogersville, wo er auch eine Schmiede und einen Laden betrieb. Er half die erste Neger-Schule aufzubauen und zu finanzieren, die auch als Stadtschule für die Negerkinder diente.
Mit Hilfe des Generals hatte Joshua zum Zeitpunkt von dessen Tod etliche tausend Dollar in Gold gespart. Diese bot er der Witwe in den schwierigen Zeiten danach an, »doch sie lehnte freundlich ab und meinte, er solle das Geld für die Erziehung seiner Kinder aufwenden«. Und so wurde Samuel Walker Houston, 1864 bis 1945, in den besten Schulen erzogen und war ein Zeitgenosse von Booker T. Washington an der Universität Atlanta.
Nachdem er einige Zeit in Washington D. C. gearbeitet hatte, war er Herausgeber der »Huntsville Times«, und wurde später Direktor der »ersten Neger-Highschool«.
Ein kleines Museum in seinem Namen an der Old Madisonville Road erinnert heute an schwarze Geschichte.
Auf dem weißen Teil des Friedhofs liegen mehr als zehnmal so viele berühmte Bürger der Stadt – sie tragen alle ihre eigenen Familiennamen, sind nicht einfach nach ihrem Besitzer benannt.

Huntsville, »die Welthauptstadt der Todesstrafe«, lebt von zwei verschiedenen Berufsgruppen: Studentinnen und Studenten samt Fakultät in der Sam Houston State Universität und den Menschen im Strafvollzug.

»Entweder du arbeitest für die einen oder für die anderen. Sonst gibt es hier nichts«, sagt der freundliche Junge im *Comfort Inn*.
Er studiert hier an der SHSU, dort oben, auf dem Capitol Hill. Er grinst. »1845, als Texas ein Staat wurde, wollte natürlich jedes Nest sofort Hauptstadt werden, und die guten Leute von Huntsville haben extrem viel Propaganda für den Ort gemacht, und auch gleich den Hügel Capitol Hill genannt, so sicher waren sie sich. Aber in der Wahl 1850 hats dann doch Austin um Haaresbreite geschafft. Aber so haben wir die Uni, immerhin auch die erste texanische juridische Fakultät und außerdem acht Gefängnisse, das ist schon was. Habt ihr ›The Walls‹ schon gesehen?« Nein, aber ihr habt vor, die »*Prison Driving Tour*« zu machen. Allein der Klang dieses »Ausflugs«.
Verbrechen kostet die Amerikaner 2001 inklusive der Gefängnisse 490 Milliarden Dollar, sagt das FBI. Der Verteidigungshaushalt hinkte mit schlappen 252 Milliarden gewaltig hinterher.
In Texas wurde allein Mitte der Neunzigerjahre innerhalb von 5 Jahren die Zahl der »Gefängnisbetten« von 47.000 auf 144.000 erhöht. Das kommt zum Teil auch daher, weil andere Bundesstaaten ihre Gefangenen in Texas einsitzen lassen, bis ihre eigenen Gefängnisse erweitert oder neu gebaut worden sind ... Im Jahr 2002 hat die Zahl der Gefängnisinsassen erstmals die Zwei-Millionen-Marke überschritten. Das heißt jeder 150. US Bürger sitzt irgendwo ein. Dass die Rate sehr zu Ungunsten der Afroamerikaner ausfällt, zeigt sich daran, dass 28 Prozent aller männlichen Schwarzen zumindest einmal in ihrem Leben ins Gefängnis kommen, während es bei den Weißen nur 4,4 Prozent sind. Bei Teenagern sind es nur 1,6 Prozent der weißen *kids*, bei schwarzen hohe 12 Prozent. Und ein Tag Gefängnis kostet in etwa 60 Dollar, das ist mehr, als ein Billigmotel verlangt ...
Etwa 36.000 Einwohner hat die Stadt Huntsville und 76 Kirchen. Den circa 9000 Gefangenen stehen 7000 Beschäftigte gegenüber, sagt der Bürgermeister freundlich.
Nein, es sei eine friedliche Stadt, die Gefangenen, die täglich entlassen würden, etwa hundert schätzt er, sind froh,

hier wegzukommen. Sie bekommen fünfzig Dollar und gehen meist in den Laden beim *Greyhound*-Busstop und kaufen sich eine neue Mütze oder Leckereien. Manchmal auch etwas für die Familie, wenn sie eine haben.
Doch, arbeiten müssen sie alle im Gefängnis, das ist ganz selbstverständlich. Außer im Todestrakt, mhm.
Nein, bezahlt bekommen sie das nicht. Nur Zivilkleider bei der Entlassung, die ja auch im Gefängnis hergestellt werden. Und eben die fünfzig Dollar. Geht meist für die Buskarte drauf. Nein, in die Stadt kommen sie kaum. Und wenn einer entlassen ist, ist er ja wieder ein Mensch wie du und ich, oder? Hat der Gesellschaft gegenüber sein Teil getan, sagt er gespreizt.
»Aber die Mordrate ist seit Wiedereinführung der Todesstrafe 1976 um 46 Prozent gestiegen«, gibst du zu bedenken, »mehr Menschen sterben in Texas durch Kugeln als durch Autounfälle!«
»Ist das so? Wirklich?«
»Stimmt es, dass 450 Todeskandidaten zum Teil schon 20 Jahre auf ihre Hinrichtung warten?«
Das solltet ihr dann doch lieber den Gefängnisdirektor fragen, meint er abschließend. Schade, dieser ausgemachte Termin muss storniert werden.
Dass die Exekutionen hier mit Giftspritzen inzwischen ganz »human« durchgeführt werden und er verpflichtet ist, bei jeder dabeizusein, dass »mindestens vier Journalisten« dabeisein müssen, wisst ihr bereits. Auch dass Ärzte ja durch den hippokratischen Eid gebunden sind, und daher die Todesspritze nicht setzen wollen und dürfen: dafür gibt es speziell ausgebildete Sanitäter. Anfänglich hat man es mit Maschinen versucht, die das Giftgemisch automatisch in die Venen leiten sollten, aber sie erwiesen sich als zu »störungsanfällig«.
Fast 200 Hinrichtungen zwischen 1982 und 1999. In 38 US-Bundesstaaten ist die Todesstrafe legal. Hier in Huntsville wurden 1997 allein 37 Exekutionen vollzogen. Für das Jahr 2000 waren schon 40 programmiert. Aber 70 bis 80 Prozent der Amerikaner glauben an die abschreckende Wirkung der Todesstrafe und finden sie gerecht. In Utah und Idaho gab es 2001 noch den Tod durch Erschießen.

Sonst, so wie hier, Gift. Anderswo Gas, Erhängen oder Elektrischer Stuhl. Ein texanisches Todesurteil kostet im Schnitt 2,3 Millionen Dollar, obwohl die Giftspritze selbst nur 86 Dollar und 8 Cent kostet.
George Bush Jr., 1998 noch Gouverneur von Texas, hat da auch trotz aller Interventionen das O. k. für die Tötung der ersten Frau gegeben. »*May God bless Karla Faye Tucker*«, sagte er stoisch.

Dass die Vorverlegung der Exekutionen von Mitternacht auf den frühen Abend wirklich damit begründet wird, dass »alle Beteiligten dann noch Zeit für ihr Privatleben haben«, kannst und willst du nicht glauben.
Im Pressezentrum auf der anderen Straßenseite bekommen die Reporterinnen und Reporter dann den Bericht über den Ablauf der letzten 36 Stunden der Gefangenen. Meist nichts Bewegendes. Gespräch mit Anwalt, Duschen, »unsere Kandidaten gehen sauber auf den Tisch« und eventuell noch eine Liste des letzten gewünschten Essens. Familienangehörige der Opfer und der Täter kommen in zwei getrennte Räume, Reporter suchen sich aus, mit wem sie durch die Glaswand die letzten Minuten des Sterbenden miterleben wollen.
Letzte Worte kann der Häftling durch ein über dem Tisch hängendes Mikro abgeben. Wenn er noch kann. Wenn er möchte.
Draußen ist heller Hochsommer, Frauen gehen einkaufen, Kinder werden in Buggies herumgefahren, Sträucher blühen, auch dem Gefängnis gegenüber steht ein einladender Pavillon.
»Ich weiß nicht, was die Leute wollen. Die Hinrichtungen gehören für uns eben zum Alltag. *Wir* bringen ja niemanden um, wir leben ja nur hier. Es ist, als ob du an einem Bahndamm wohnst. Erst hörst du jeden Zug, und dann gewöhnst du dich einfach dran und hörst nichts mehr«, erklärt euch ein Handwerker, der mit der Heckenschere seinen Vorgarten auf Vordermann trimmt.

Ihr umrundet das in der Stadtmitte unübersehbare Gefängnis »*The Walls*«.

Schon 1850 stand der erste fertige Bau hier, das allerälteste texanische Gefängnis, in dem bis zu 1700 Häftlinge einsitzen.

The Walls ist ein roter Ziegelblock, drei Querstraßen lang und breit. An ihren höchsten Stellen ist die Mauer über fünf Meter hoch und meist einen Meter dick. Zusätzlich gibt es auf der Krone metallene Kettenabsperrungen mit meilenlangem, rasiermesserscharfem Stacheldraht. Acht Wachtpostenhütten stehen in strategisch wichtigen Positionen darauf.
»Bis 1981 waren sie noch mit Maschinengewehren aus dem Ersten Weltkrieg bestückt. Heute verwenden sie Sicherheitswaffen wie 357 Magnum Revolver und AR-15er Automatikwaffen, ähnlich wie die Militär-M-16«, liest du deiner Freundin vor.
Da ihr kein Fotografierverbotsschild gesehen habt, zoomst du dir die schwerbewaffneten Wächter heran.
Im Inneren der Anlage gibt es ein Krankenhaus, Arbeitsstätten, in denen schon während des Bürgerkriegs Wagen, Matratzen, Kleidung und Schuhe erzeugt wurden, und auf den Gefängnisfarmen wurde eigens dafür auch Baumwolle angebaut und Vieh gehalten.
»Im ältesten ›*South Building*‹ saß schon Jessie Evans, ein Mörder, Räuber und Genosse von Billy The Kid. Damals wurde übrigens Pferdediebstahl viel strenger bestraft als etwa Mord«, liest du deiner Freundin weiter vor. Evans konnte dann nach nur einem Jahr von den dreißig, zu denen er verurteilt worden war, fliehen, und wurde nie wieder eingefangen.
Im ›*Death House*‹, dem Todestrakt, wurde 1924 der erste elektrische Stuhl verwendet und hat insgesamt 361 Männer exekutiert. Vorher wurden Gefangene in den Staat, der sie verurteilt hatte, zurückgeschickt und dort gehängt. ›*Old Sparky*‹, der Stuhl, diente bis 1964. Er wurde von einem Insassen gebaut, der 1914 für einen Mord die Todesstrafe erhalten sollte. Sein Urteil wurde daraufhin zu einer Gefängnisstrafe reduziert und er kam irgendwann frei.«
Das »Wildeste« war laut Broschüre hier aber das »*Texas Prison Rodeo*«.
Ihr könnt zum Teil sehen, was von »*The Wildest Show*

Behind Bars« (1931 bis 1986) übrig geblieben ist. Verfallende Zuschauertribünen, ein Stück Dach.
Hier sind große Entertainer aufgetreten, Johnny Cash oder John Wayne. Tausende Zuschauer kamen zu diesen Oktobersonntagsshows, deren Erlös dazu diente, Geld für die Fortbildung der Gefangenen und karitative Zwecke zu sammeln. Nur 1943, während des Krieges, wurden sie einmal nicht durchgeführt, doch im Jahr darauf bereits wieder: als »*Victory Rodeo*« – und das brachte 8.000 Dollar – für die Kriegskasse. Trotz der vielen Insassen, die auch sonst in der Stadt viele Arbeiten erledigt haben und es noch tun, lässt man die Arena anscheinend verfallen.
›Sehr viel der frühen Bautätigkeit in Huntsville wurde durch entlehnte Gefangene erledigt. Praktisch alle Holz- und Ziegelarbeiten wurden von Gefangenen durchgeführt‹, – und, hör dir das an: ›dadurch haben sie das Wachstum der Stadt stark behindert, da sie so den Zuzug von ausgebildeten Spezialisten verhinderten.‹
Statt dass sie froh gewesen wären! Wohin man schaut, Gratisarbeit, vom Haus des Direktors bis zum Friedhof!«
»Wahrscheinlich haben sie auch das ›Monument der Sesquicentennial Plaza‹ gebaut«, schätzt deine Freundin.
»Ein Tribut für die Texaner, die das wachsende Gefängnissystem zu einem der weltbesten in den letzten 150 Jahren faszinierender Geschichte gemacht haben«, liest du ungläubig vor. »Da haben sie 1848 mit drei Insassen angefangen, jetzt haben sie insgesamt 143.500, das ist ja immerhin etwas«, sagt sie.
»Aber das Monument ist ja nicht für die Insassen, sondern für das aufopfernde Personal, diese hohe Steinsäule mit dem Texasstern. Und sieh nur, jede Menge Ziegel und Steine mit eingelassenen Namen. Sogar einige frühere Insassen haben sich gegen Spenden hier verewigen lassen.«
»Und wenn der Parkplatz fertig ist, wollen sie ein neues Gefängnismuseum hier herauf bauen, das alte *downtown* ist ihnen nicht groß genug, scheints.«

Im Museum habt ihr euch zuerst hauptsächlich für die *Highlights* interessiert, und das sind nun einmal *Bonnie und Clyde*, die hier in der Nähe nach einer Verfolgungsjagd

getötet wurden. Ihr Auto war von Einschüssen durchsiebt. Bonnie allein hatte 46 Kugeln im Körper.
Hier könnt ihr ein paar der Gewehre sehen, die die beiden bei Überfällen benutzt hatten. Dazu viele vergilbte Fotos und Zeitungsausschnitte dieser aufregenden *story*. Vor allem die »Fänger« stehen in Siegerposen herum, als hätten sie mindestens je einen Tiger erlegt.
Du erwartest fast, dass auf dem nächsten Bild die Leichen aus dem Auto gezerrt werden, damit jemand von der *Posse* seinen Stiefel draufstellen kann.
»*Old Sparky*«, der elektrische Stuhl, steht seltsam altmodisch wirkend in einer Zelle, es fällt dir schwer, seine todbringende Geschichte hier umzusetzen. Ein Schild verkündet handschriftlich humorvoll »*Please, take a seat*«.
Ein anderer Raum ist die maßstabgetreue Nachbildung einer 2x3 Meter großen Gefängniszelle. Standardgröße.
Im Sommer 2000 bringt eine amerikanische Firma für 24 Dollar ein neues Plastikspielzeug auf den Markt. Es heißt »*Death Row Marv*«.
Ein Todeskandidat namens Marv sitzt auf dem *chair*, schüttelt sich auf Knopfdruck, leuchtet mit den Augen. Es werden sofort 65.000 Exemplare verkauft und die Wartelisten in den Geschäften sind lang. Menschenrechtsgruppen protestieren ob des makabren »Monster«-Spielzeugs. Es bleibt auf dem Markt.
Angebot und Nachfrage.
Wäre es zuhause anders?
Museumsnotizen: Die erste Frau wurde hier 1854 eingeliefert. Ein Jahr, wegen Kindesmord. Der jüngste Häftling war 1884 ein neunjähriger Bub, wegen Raubes. Ebenfalls 1884 wurde als jüngstes Mädchen eine Elfjährige wegen Verabreichung von Gift verurteilt. Und die kürzeste Einsitzzeit hatte ein Mann aus Dallas, der am 15. November 1870 zu einer Stunde Haft verdonnert wurde. Die sieben weiteren Gefängnisse der Umgebung werden aufgelistet: Name, Datum der Gründung (zwischen 1900 und 1994), wo zu finden – keine Adressen, sondern Entfernung zu Huntsville und Straßennummern, Kapazität (zwischen 1.000 und 2.600 Insassen), Höhe der Bewachungsstufe, und welche Arbeiten dort jeweils ausgeführt werden.

Als Betrieb kannst du hier wahrscheinlich sehr kostengünstig durch *outsourcing* produzieren lassen, wer weiß ...
Ihr fahrt noch den Gefängnisfriedhof an. Der Millionär George Russel hat, um ein altes Stadtviertel und ein paar Bäume zu retten, das alles aufgekauft, – nur so.
Dadurch ist der alte Gefängnisfriedhof erhalten geblieben, eine abfallende, schattige Wiese unter dichten Bäumen. Ein Meer weißer, namenlos uniformer Gips- oder Steinkreuzchen, kaum 50 Zentimeter hoch. Von oben nach unten Monat, Tag und Todesjahr schwarz eingemeißelt, auf dem Querbalken die Häftlingsnummer. Durch Todesstrafe Ausgelöschte haben ein X davor.
Vor wenigen der neueren Grabstellen stehen Plastikvasen mit Trockenblumen. Um ein Kreuz hat jemand mit viel Tixo einen Zettel festgeklebt: »My Billy«.
Auch die Instandhaltungs- und Grabungsarbeiten werden selbstverständlich von Häftlingen ausgeführt.
Im schönangelegten Friedhofsteil für die Aufseher und das Personal weiter oben ebenfalls.
Die junge Frau, die dem Friedhof gegenüber ihren Kaffee auf der Veranda vor ihrem Häuschen trinkt, findet ihren Wohnplatz und die Aussicht »friedlich« und möchte nirgends anders leben.
Ihr könntet jetzt noch eine *Kunst-Tour* machen, »Huntsville hat viele Denkmäler im öffentlichen Raum«, doch ihr begnügt euch mit ein paar Zufälligkeiten in der Stadt. Im *Henry Opera House* wurden seit 1883 verschiedenste Veranstaltungen durchgeführt, die »Spaß und Kultur in diese Stadt brachten, die tausende Meilen vom Broadway entfernt war«. Auch erste Stummfilme wurden hier gezeigt.
Der Laden der Familie Gibbs besteht schon seit über 150 Jahren und ist »das älteste Geschäft in Texas, das ununterbrochen von ein und derselben Familie am immergleichen Ort geführt wurde«, wie die Tafel stolz vermerkt.
Das alte *Courthouse* ist leider am Weihnachtsabend 1968 abgebrannt.
»Was lachst du?«, fragt deine Freundin misstrauisch.
»Weil es deshalb abgebrannt ist und nicht zu retten war, weil der Feueralarm für die gesamte Stadt ausgerechnet dort auf dem Dach installiert war, und bis die Freiwillige

Feuerwehr etwas merkte, war's zu spät. Das Feuer hatte die Alarmanlagen längst außer Betrieb gesetzt und zerstört!«
Der pensionierte Gefängnisaufseher, den ihr abends trefft, ist redselig.
»'s is einfach das Geld, sie bezahln zu wenig. Wenn ich 'ne gute Erziehung gehabt hätte, Schuln und so, ich wär auch nicht dabeigebliem. 26.000 Dollar verdienste heute im Jahr. Da kannste keine Familie erhalten, näh? Über zweieinhalbtausend Leute fehlen im Vollzug in Texas, sagn sie immer. Kein Wunner. Für *das* Geld gehen dir höchstens Achtzehnjährige rein, die vorher bei McDonald's geackert haben, und da spieln die Kerle drinnen doch mit denen, die ham ja nix mehr zu verliern, näh? Und die Milchbubis könn' sich nich mal'n Bier nach Feierabend gönnen, so wie ich hier, näh? Sin ja noch zu jung, was! Wär ja illegaler Alkoholkonsum, näh, könnten doch glatt inn Knast wandern dafür.«
Er lacht, dass es ihn schüttelt.

In Port Bolivar fahrt ihr bei glühender Hitze auf die Autofähre, die euch – dank dem Staat Texas gratis – das wird euch wieder und wieder über Lautsprecher erzählt – nach Galveston bringt.
Es herrscht Ferienstimmung, obwohl fast nur Pendler die Fähre benutzen, denen wahrscheinlich die laute Musik im Lauf der Jahre Gehörschäden verursachen wird. Nur ein paar unverdrossene US-Touristen stehen mit Kameras am Oberdeck und fotografieren die Überfahrt, als seien sie auf der HMS Queen Elizabeth.
Irgendwo hier hat Alvar Nunez Cabeza de Vaca 1528 die Küste erreicht, und dann acht Jahre gebraucht, um sich bis Mexico durchzufretten.
Ihr werdet schneller sein.

Mit freundlichen »*hi*«s werdet ihr von Bord gewunken – so ähnlich muss es den Franzosen gegangen sein, die von Indianern mit »*Tejas*« begrüßt wurden, was sie veranlasste, zu glauben, dies sei der Name des Stammes, worauf sie die Gegend flugs Texas nannten.

Viel später kapierten die Siedler das Missverständnis: *Tejas* bedeutet nichts weiter als »Freund«. Ein wunderbares Motto für dieses große Land ist es aber doch geblieben, und das Texas-Staats-Motto ist und bleibt »*Friendship*«.
Das Staats-Säugetier hingegen ist der Armadillo, der auf aztekisch »Schildkrötenhase« hieß, was das Panzertier auch nicht wirklich gut beschreibt, sondern eher eine Geschmacksrichtung zeigt. Das »Bürgerkriegsschwein der Armen« heißt er manchmal. Über 30 Millionen soll es im Süden der USA geben – leider sieht man sie meist nur tot am Rand der Highways – nicht schnell genug für die Zivilisation.
Obwohl am ersten Samstag im Mai »Armadillo-Day« ist, findet der seltsamerweise in Hamburg, Arkansas, statt.
Zur Jahrhundertwende aus Mexiko eingewandert, findet man das Tierchen inzwischen sogar in Florida und am Mississippi. Obwohl es windschlüpfrig wirkt, kann es nicht schwimmen. Aber unter Wasser ohne Sauerstofftank auf Nahrungssuche zu gehen, das schafft es fünf bis sechs Minuten lang.
Faszinierend, sagt deine Freundin, und du weißt nicht, meint sie die Armadillo-Geschichte oder den Anblick der unendlichen Wolkenmassen über euch.
Interessant findet sie auch die Tatsache, dass Armadillo-Weibchen immer vier Jungen gebären – und zwar eineiige. Klone, sozusagen. Ganz ohne menschliches Zutun, seit Jahrtausenden. – »Wirklich?«, fragt sie skeptisch. – »Wirklich«, bestätigst du. Aber noch etwas Medizinisch-Technisches zeichnet sie außerdem aus: Man kann Impfstoff gegen Lepra aus ihnen gewinnen.
»Wirklich?«, fragt sie wieder. Es ist zu heiß, um über Lepra zu reden, findest du, und nach dem Essen in einem Hafenrestaurant macht ihr euch auf nach Houston.

Längst über 80 Kilometer vom Meer entfernt, ist es doch der drittgrößte Hafen der USA. Großzügig, wie Texaner sind, bietet dir diese Stadt eine Gratis-Hafenrundfahrt und ihr versucht, euch telefonisch zwei Plätze auf einem dieser Schiffe zu organisieren, aber das erweist sich als

schwierig. Jetzt, im Sommer, wird euch bedeutet, seien die Ausflüge meist schon Wochen im Voraus von amerikanischen Reisegruppen belegt, aber ihr könnt ja mal hinfahren, vielleicht gibt es doch noch ein Plätzchen.
Gar nicht so einfach, der Karte zu folgen, die ihr im Motel ergattert habt. Wieder einmal keine Rede davon, dass dieser schön gezeichnete Lageplan entfernungsmäßig irgendwie mit der Realität von Entfernungen zu tun hätte. Was sind schon ein paar Meilen mehr, dies ist ein Ölland ...
Als Houston-Besucher kennst du die angeführten Straßen natürlich nicht, mit ihren Nummern und Namen, stellst dir unter *boulevard* etwas Großartiges vor, und magst gar nicht in die einspurige kleine Gasse gleichen Namens einbiegen. »Endlos durch die Vorstädte« – das wäre eine eigene *american story* wert ... Links von euch eine gut 20 Meter hoch künstlich aufgeschüttete Uferböschung, auf der Jogger mit oder ohne Hunde trotten. Das Wasser dahinter bleibt euch konstant verborgen. Einmal quert ein endlos langer Frachtzug mit Loren voller Industrieschrott eine schwarzgittrige Eisenbahnbrücke hoch über euch. Es bleibt viel Zeit, das Auto zu parken und die Videokamera herauszuholen. Der Zug scheint endlos.
Endlich findet ihr den Hafen.
Ein futuristischer Steinpavillon von Bierzeltgröße erwartet euch, so könnt ihr wenigstens im Schatten sitzen, nachdem euch der nette Mensch an der Kasse gesagt hat, was ihr schon wisst, nämlich, es gäbe keinen Platz, – aber, zwinkernd, für zwei *girls,* die von so weit herkämen, sei vielleicht doch etwas zu machen, möglicherweise fiele ja jemand aus.
Als die Busse mit den Rundfahrtsteilnehmern anrollen, bekommt seine Bemerkung ein ganz eigenes Gewicht: Die Damen und Herren, die langsam bis microlangsam die Busse verlassen, scheinen direkt aus verschiedenen Altersheimen zu kommen. Niemand ist jünger als gepflegte siebzig.
Es macht ihnen Spaß, euch zu sehen. Obwohl keineswegs der 4. Juli ist, tragen sich einige stark patriotisch. Während viele der Frauen gewaltige Mengen verdrückt haben müssen, um dieses Lebendgewicht zu erreichen, was sie nicht hindert, – meist dunkelblaue – Shorts zu tragen, dazu

weiße Söckchen in ihren bequemen weißen Laufschuhen mit der berühmten Luftsohle, und die T-Shirts tragen stolze Aufschriften wie z.B., dass sie der Welt beste Großmutter seien oder ein Universitäts-Team unterstützen – aber meist sind sie doch vor allem »stolz aus Texas zu sein«. Die Männer sind teilweise sehr mager und könnten jederzeit in einem Film auftreten. Ihre Hüte haben gewaltige Dimensionen und trotz der Hitze tragen sie Stiefel, die ihnen diesen Cowboygang aufzwingen, der wahrscheinlich relativ früh zu künstlichen Hüften führt. Statt der Krawatten tragen sie *bolos* mit Türkisen oder großen Silberornamenten. Einer der Männer scheint ein beliebter Charmeur und Tänzer zu sein, er tänzelt von Gruppe zu Gruppe der Frauen, macht Witzchen in gehobener Lautstärke – natürlich stecken in vielen Ohren kleine rosa Hörgeräte – und das schrille Gelächter, das laute Lachen, wie bei einer Kindergeburtstagsfeier, das anfeuernde Klatschen, folgt wie in einer Fernsehsoap. Fasziniert beobachtest du ihr Vergnügen. Als nach einigen Minuten eine alte Lok mit Tender und Frachtwaggons über die Brücke rechts kriecht, freuen sie sich, als sei dies Schauspiel eigens für sie inszeniert worden. Hüte und Baseballkappen werden grüßend geschwungen, Spaß ohne Ende.

Ihr geht vor an die Rampe und seht das riesige graue Schlachtschiff an der Mole gegenüber. Es ist sicher höher als ein vierstöckiges Haus und sieht bedrohlich aus – aber auch beeindruckend. Während du es filmst und heranzoomst, kommt die Barkasse, die euch – hoffentlich – mitnehmen wird. Brav stellt ihr euch an dem *gate* rechts an, das für euch als »nicht reservierte Besucher« bestimmt ist. Kichernd und kreischend traben die vielen schweren alten Damen an euch vorbei.
Du hast ungefähr die Anzahl der Anwesenden durchgerechnet und mit der Maximallast, die die Barkasse befördern darf, verglichen. Eure Chance mitgenommen zu werden, erscheinen dir gewichtsmäßig gleich Null.
Aber ihr habt Glück.
Über Lautsprecher werdet ihr freundlich begrüßt, bekommt Zahlen und Statistiken geliefert. Die freundliche

Frauenstimme macht euch auf maritime Sehenswürdigkeiten links und rechts aufmerksam, als wärt ihr blind. Fasziniert siehst du die Riesenfrachter aus wirklich aller Herren Länder oder zumindest unter deren Flagge, wie sie sich über euch multitausend Tonnen schwer und häuserhoch aufzubäumen scheinen. Über eine riesige fauchende Stahlanlage, die aus purem Rost zu bestehen scheint, vor einem Vorhang aus Feuernebel, erfahrt ihr nichts.
Du fotografierst alte abgewrackte Eisenteile und flinke barfüßige indische Stauer mit gleicher Hingabe, was dir manch belustigten Blick von alten Damen einbringt, die sich mit Wegwerfkameras gegenseitig fotografieren.
Auf halber Fahrt spendiert euch die Stadt Houston auch noch ganz gratis ein kühles Getränk, und der Beifall, der dieser Durchsage folgt, wäre eines Footballsieges würdig. Amerikaner können sich einfach ganz anders freuen, denkst du manchmal, ihre Begeisterung weit über den Anlass hinaus hat dich anfangs oft befremdet, vor allem bei älteren Menschen, so wie hier.
Aber ihr winkt ihnen ebenfalls grüßend zu beim Aussteigen, helft mit der einen oder anderen Gehhilfe, die sie mit sich führen, Stufen zu überwinden, obwohl rechts die Rollstuhlrampe wäre, denn, wie überall in den Staaten, ist jede öffentliche Einrichtung ganz selbstverständlich behindertengerecht.
»Ja«, sagt dein Beamter zuhause, »die haben es leicht, bei denen ist das ja auch ein gutes Geschäft, bei den Einwohnerzahlen.« »Behinderte sollen sich also rechnen?«, fragst du. Aber darauf will er nicht eingehen.

In *downtown* Houston ist gerade ein Jazz-Festival angesagt, Gruppen aus vielen Ländern spielen drei Tage lang, teilweise bei freiem Eintritt und unter freiem Himmel. Noch dazu direkt neben der *City Hall*, bei dem Park, den ihr ohnehin sehen wollt, einer Oase der Ruhe unter einem riesigen Wolkenkratzer. Hier im *Tranquility Park* stehen drei raketengleiche 32 *feet* hohe Säulen, über die Wasser fließt, das im Park weiter in eine Anlage mäandert. Auf einer Bronzetafel wird die Geschichte der Apolloflüge in 15 Sprachen erzählt.

»*Houston, the Eagle has landed.*« Eine ganze Welt war damals vor den Fernsehern versammelt, egal, wie spät es war, erzählst du deiner Freundin.
Ihr habt Glück, überholt ein Auto noch gerade mit Schwung und schnappt euch so den letzten Parkplatz direkt am Parkeingang.
Das ausgetrickste Auto parkt halb parallel zu euch, ein riesiger Schwarzer steigt aus, setzt sich einen Helm auf und kommt drohend auf euch zu. »Fenster auf«, befiehlt er euch.
Ihr habt einem Polizisten den Parkplatz weggenommen!
Ehe du dich noch mit »Gehbehinderung« entschuldigen kannst, donnert er schon los, was ihr euch eigentlich einbildet, er hätte doch klar und deutlich signalisiert, dass *er* diesen Parkplatz anfahren hätte wollen.
Generationen europäischen Untertanentums sitzen euch im Genick. Was wird er tun? Was wird es kosten?
Dann lächelt er breit. »Hab ich euch einen Schrecken eingejagt? Dann iss ja gut. Hätt euch 50 Dollar abnehmen können, wisst ihr ja. Also, eine Stunde könnt ihr da parken, ich kann ja in zweiter Spur stehn, bin schließlich im Dienst. Aber nächstes Mal passt auf, wen ihr auslacht, wenn ihr einen Parkplatz stehlt!«
Immer noch grinsend steigt er wieder in sein ziviles Auto. Glück gehabt.
Die drei Apolloraketen ähnelnden Skulpturen in den Brunnen des *Tranquility Park* sind beeindruckend, nur dein Fotoapparat weigert sich, im Hintergrund den gläsern schwarz schimmernden Skyskraper in voller Höhe mit drauf zu bringen. Spaziergänger werden dich für einen Schlangenmenschen halten, bei all deinen Verrenkungen. Am Ende versuchst dus mit einer senkrechten Panoramaaufnahme, die zwei Wochen später sehr gelungen ausfällt.

Später erforscht ihr noch *Houston Underground* ... Mitten unter der Stadt gibt es ein sechs Meilen langes unterirdisches Houston, mit Geschäften, Bars, Restaurants und Kunstgalerien. Witzig findet ihr diese unterirdische Welt, an manchen Ecken aber auch ein wenig unheimlich. Dazwischen gibt es wieder gläserne Überführungen und

Verbindungsgänge zu Hotels und Shoppingcentern an der Oberfläche. Dort hinauf zieht es euch auch wieder. Euren Nachmittagskaffee wollt ihr bei Jazzmusik genießen.

Am nächsten Morgen hast du ein besonderes Zuckerl, sagst du abends im Motel. Es gibt bei Houston etwas, das zwar makaber klingt, aber dennoch sehr interessant ist: das *American Funeral Service Museum*.
Deine Freundin glaubt nicht, dass das für sie sehr interessant sein könnte, aber sie muss dich hinfahren, auch wenn sie nicht mit hineinkommt.
Gerade ist hier ein Kongress der Bestattungsunternehmer aus ganz Amerika im Gange in dem riesigen Gebäude. Angemessen dunkel gekleidete Männer und Frauen mit Namensschildern haben gerade Kaffeepause, als ihr durch den falschen Eingang hineintrabt.
Schon wird euch die Tagesordnung in die Hand gedrückt, will man euch Schildchen für eure Namen geben, runzelt die Sekretärin ein wenig die Brauen über euer nicht ganz standesgemäßes *outfit*.
»Oh, *sorry*, nein, das Museum ist auf der anderen Seite, Schätzchen, komm, ihr könnt da durch den Korridor abkürzen, ich zeigs euch.« Sie lächelt erleichtert, dass ihr doch nicht dazugehört.

Das Museum ist unglaublich. Von eisernen Särgen aus dem Bürgerkrieg über Displays von Bestattungsformen aus aller Welt, von pferdegezogenen Begräbniswagen in vollem Schwarz- und Silberschmuck bis hin zu einem elaborierten Dreipersonensarg oder einem reich mit Gold- und Silbereinlagen geschmückten chinesischen Begräbnisdrachenauto aus San Francisco, gibt es die seltsamsten und schrecklichsten Dinge. Begräbnisse berühmter Persönlichkeiten in Wort und Bild, Wohnzimmernachbildungen aus dem frühen 19. Jahrhundert mit aufgebahrten Toten und ihrer Familie bis hin zum schwarzgeränderten Taschentuch und den Witwenschleiern detailgetreu nachgestellt.
Fotoalben toter Kinder aus der frühen Siedlungszeit, Kinder, die an Stühle gebunden wurden, manchmal mit dem

Köpfchen an die Schultern der noch lebenden Geschwister gelehnt, als schliefen sie. Kleine Mädchen in Petticoats, die Puppe im Arm, auf einem Bett voller Blumen.
Viele der Kinder waren schon Tage tot, ehe der Wanderfotograf sie für die Eltern noch einmal »wie lebend« arrangierte.

Einer der Museumsangestellten erzählt euch, dass er hier eigentlich auch als *securityguard* arbeitet. Eine richtige Ausbildung dafür habe er sich damals bei der Polizei in Dallas geholt. »Ich war im Konvoi, als der Präsident erschossen wurde, das werd ich nie vergessen«, sagt er, »nie. Ein schwarzer Tag für die Nation.«
Skurril sind die etwa ein Dutzend Särge aus Afrika, die einen richtigen Boom erleben, wie die Tafeln erklären. Ein Tischler hatte seinem Vater den letzten Wunsch erfüllt: Dieser wollte – wenigstens im Tod – ein westliches Auto haben. Und so zimmerte der Sohn ihm einen Sarg in Form eines schnittigen Vehikels. Das sprach sich herum und hier seht ihr die seltsamsten Formen von Särgen. Statt der gewohnten eckigen Form aus Hölzern aller Art, mit Seidenkissen und Damastinnenbezug, wasserresistent und 100 Jahre Garantie, steht hier eine bunte Palette von Särgen in Form tropischer Vögel, Rennwagen, Fischerboote, Riesenfrüchten und vielem mehr.
Deine Freundin ist fasziniert.
»Bestattungsunternehmer ist ein sicheres Geschäft«, sagst du zu ihr. »Das hat schon meine Großmutter gesagt. Bäcker ist gut, essen müssen die Leute immer, Fleischer auch, aber in schlechten Zeiten kann sein, dass sie nichts zu verkaufen haben. Aber sterben, sterben müssen die Menschen immer, und da wollen sich die Verwandten nichts nachsagen lassen, das ist immer ein Geschäft.«
»Vielleicht sollte ich mich an der Schule drüben anmelden?«, fragt sie spitzbübisch. »Die Ausbildung scheint wirklich profund zu sein und für die Studiengebühren könnte ich ja Deutschunterricht geben, oder?«
Ihr spinnt den Gedanken weiter. In Texas habt ihr immer das Gefühl, bleiben zu wollen, und ihr verbringt viele Autostunden damit, euch Berufsmöglichkeiten auszudenken, die euch das erlauben würden.

Noch einmal schleppt ihr die Videokamera durchs Museum, pickt euch die *Highlights* heraus. Zuhause werdet ihr feststellen, dass ihr 35 Minuten Film gedreht habt.

Dabei habt ihr ja mit der Kamera noch Glück gehabt.
Du hast sie seinerzeit in Virginia gekauft; technisch unbegabt wie du bist, hast du nicht daran gedacht, dass sie ja ein anderes System hat, und du das Ergebnis zwar auf deinem Fernseher mit amerikanischem System abspielen kannst, aber das Umspielen auf VHS-Kassetten, um sie anderen zu zeigen, ziemlich teuer ist. Die zwölf Stunden (ungeschnitten) jener ersten Reise hat niemand außer euch in Europa je gesehen. Deshalb habt ihr die Kamera wieder beim nächsten Mal nach Virginia mitgenommen, das Geschäft – zwei Jahre später – wieder aufgesucht, den selben Menschen vorgefunden, der sie dir verkauft hatte, und ihn gebeten, sie zurückzunehmen, da ihr inzwischen eine europäische habt.
Ihr steht in dem dunklen Geschäft voller flimmernder Fernseher, die Rechnung von damals und die Betriebsanleitung, alle Extras und die Kamera samt Tasche in Händen, aber nein, leider, er kann da gar nichts machen, das Modell ist schon zwei Jahre alt, es gibt bessere, billigere.
O. k., sagst du, aber sie ist fast neu, nur ein paar Stunden gebraucht, kann er dir nicht einen Teil des Geldes rückerstatten, oder dir wenigstens eine Gutschrift geben? Deine Freundin sieht sich inzwischen um, ob es irgendein Gerät gibt, das du brauchen könntest. Doch er bleibt hart. Nein, leider, er kann nichts für euch tun. Aber ein paar Blocks weiter ist ein Elektroflohmarkt, so 250 Dollar ist das alles vielleicht noch wert, ihr könnts ja da unten mal versuchen.
Ein Elektroflohmarkt im Freien bei 32 Grad im Schatten scheint euch keine gute Sache zu sein. Bedrückt gehst du Richtung Ausgang, denkst, du wirst die Kamera hier bei Freunden lassen, vielleicht findet sich ja ein Käufer in den nächsten paar Monaten oder Jahren.
»Was hab ich gehört, ihr habt ne Videokamera zu verkaufen?«, sagt ein fremder Mann zu dir. »Kann ich sie sehen? Ich versteh ja nix davon, aber meine Frau und ich wir wollen schon lang eine. Was soll se denn kosten?«

Leider steht der Verkäufer jetzt wieder bei euch, sonst hättest du einen höheren Preis verlangt. »Zweihundertfünfzig, und sie hat alles Zubehör, hier.« Du hältst ihm die Kamera hin.
»Gut, ich schreib dir einen Scheck«, sagt er, »muss nur noch ein paar Sachen von da hinten holen.«
Als er dein Gesicht sieht, fügt er sofort hinzu »O. k., ich würd auch keinen Scheck von 'nem Fremden nehmen, hast recht. Ich fahr zu meiner Bank, ihr fahrt hinterher und ich geb euch das Geld in bar, abgemacht?«
Du bist noch gar nicht auf die Idee gekommen, dass er dir einen faulen Scheck andrehen könnte, nickst aber eifrig.
Er läuft draußen zu seinem Auto, winkt euch zu und fährt los. Hoffentlich verliert ihr ihn nicht aus den Augen, denkst du, er fährt nicht gerade langsam und ihr habt keine Ahnung, zu welcher Bank er will. Gerade seht ihr ihn noch abbiegen. Bis ihr ihn auf dem Parkplatz der *drive-thru* Bank eingeholt habt, hat er schon euer Geld aus dem Körbchen geholt, steigt aus dem Auto und kommt an euer Fenster.
»Zähls nach, 250 schön gebügelte Dollar, o. k.?«
Ihr tut wie geheißen, alles hat seine Ordnung und du reichst ihm die Tasche aus dem Fenster.
»*Thanks girls, my wife will be happy. Shake.*« Und er schüttelt deine Hand, wie es sich nach einem ordentlichen Deal gehört, rennt zu seinem Wagen und weg ist er. »*Hey, gimme five*«, sagst du zu deiner Freundin, und ihr klatscht eure Handflächen zusammen wie im Film und lacht.
»Unglaublich«, wird eure Freundin aus Roanoke später sagen. »Ihr habt sie nicht im Geschäft verkauft, sondern einfach so, an einen zufälligen Wildfremden? Ihr seid wirklich unglaublich!« Ihr nickt bloß.
Nachmittags in Houston habt ihr noch eine skurrile Besichtigung vor. Die *Orange Show.* Mehr als 25 Jahre hat ein Postbote bei seinen Fahrten über Land alte Sachen gesammelt und aus ihnen diese »Show« gebastelt. Sie sollte ein »Denkmal« sein für die Wichtigkeit dieser Zitrusfrucht, an deren gesunden Einfluss er glaubte.
Ein weißes, hausartiges Konglomerat von Treppen, Gängen und Terrassen, ein Minitheater im Freien – alles zum

Lob der Orange. Tinguely hätte seine wahre Freude an diesem Bau, denkst du.

Oder, wie »Texas Monthly« so schön schrieb: « ... sieht aus wie ein Oben-ohne-Kastell, das ein Komitee, bestehend aus Alexander Calder, Rube Goldberg und König Ludwig dem Wahnsinnigen aus Bayern, erbaut hat.«

Arenasitze aus alten Traktorsitzen, Geländer aus Pleuelstangen, Keramikscherben als Wandmosaike. Die dominierenden Farben sind Weiß, Blau und natürlich Orange. Wie ein Minilabyrinth ist das alles kunterbunt angelegt, Treppchen nach oben und unten, selbst die Toiletten sind in einer Art maurischen Stils gehalten, und die Damentoilette hat er besonders liebevoll gestaltet.

Fünfundzwanzig Jahre, jede freie Minute, hat da einer manisch an der Verwirklichung seines Lebenstraums gearbeitet, die Landschaft abgesucht nach Brauchbarem, achtlos Weggeworfenem, gehortet, es nach Hause geschleppt, der *Orange Show* einverleibt.

Ihr steht auf der Terrasse und seht in den blauen texanischen Himmel mit ein paar wenigen weißen Wolken und du erzählst deiner Freundin von dem Österreicher, der in seiner Scheune eine Weltmaschine gebaut hat, ebenso besessen wie der Erbauer dieses Lobliedes auf die Orange, das hier alle Mauern ziert. Kinder sollten in dem Amphitheater sitzen, Orangensaft trinken und das Loblied auf diese Frucht erzählt bekommen.

Vieles hatte er sich vor seinem Tod noch ausgedacht, das unvollendet geblieben ist.

Natürlich wollte man sofort nachher das Werk dieses leicht Verrückten abreißen, aber glücklicherweise fanden sich ein paar Leute, die es bewahrt haben und in Stand halten. Die etwas heruntergekommene Nachbarschaft ist inzwischen sogar schon ein bisschen stolz, dass so viele Besucher kommen, auch wenn die ihre Parkplätze nicht immer respektieren.

Im kleinen Ticketoffice, das auch übertenerte Souvenirs verkauft, siehst du ein Leporello mit weiteren 11 Sehenswürdigkeiten ähnlicher Art in Texas. Selbst die *Cadillac Ranch* bei Amarillo bekommt so etwas leicht Verrücktes, trotz aller Berühmtheit.

Inlandfahrt auf Hinterlandstraßen. Manchmal eine Ranch, an deren Begrenzungszäunen ihr eine halbe Stunde entlangfahrt. Der Himmel ist blankgefegt.
Abstecher nach Texas City, nur des Namens wegen. Es ist eine Kleinstadt, die inzwischen mit La Marque zusammengewachsen ist, und eigentlich vorher Shoal Point hieß. Außer Industrie, einem üblichen Pier voller hoffnungsvoller Fischer und jeder Menge Motorboote hat die Stadt nichts zu bieten – höchstens eine riesige Arena, an der ihr motelsuchend zufällig vorbeikommt. Hier finden Greyhound-Rennen statt, und wie ihr der Broschüre im Motel interessiert entnehmt, wären die Zuschauertribünen sogar klimatisiert und es gäbe Essen und Trinken.
Dass es – natürlich auch – Wettbüros gibt, wird amerikanisch schamhaft verschwiegen. An der Arena selbst gibt's die Informationen natürlich alle, aber leider, heute Abend läuft nichts, und die Geschichte mit dem Hunderennen ist deiner Freundin, die mit Hunden aufgewachsen ist, ohnehin mehr als suspekt, so etwas würde sie sich nie ansehen, behauptet sie.

Ihr habt vor, die ganze Golfküste gemütlich nach Süden hinunterzufahren, und nachdem ihr Galveston besichtigt habt, seht ihr euch die Dokumentation über den »Großen Sturm«, wie sie den Hurricane, der 1900 die ganze Stadt verwüstet und tausende Tote gefordert hat, verschämt nennen, an. Mit alten Fotos und Schwarzweißfilmen wird die Gewalt dieser Naturkatastrophe anschaulich geschildert, und als ihr aus dem dunklen, klimatisierten Raum nach draußen geht, in dieses bunte, texanische, heiße Heute, scheint das Gesehene viel weiter zurückzuliegen als nur gut hundert Jahre. In der Zwischenzeit gibt es auch ein Buch und einen Kinofilm, den du dir vielleicht in ein, zwei Jahren zuhause ansehen kannst.
2009 besucht ihr die Stadt wieder, ein Jahr nach dem Hurricane »Ike«, der in Europa keine Riesenschlagzeilen gemacht hat. Anfänglich erkennt ihr die Schäden kaum, die er hinterlassen hat.
Erst als ihr eine »Duck-Tour« in einem dieser Amphibienfahrzeuge, die die USA gegen Ende des 2. Weltkriegs

noch – hauptsächlich von Frauen – bauen ließen, und die in einigen Städten als Besichtigungsfahrzeug an Land sowie im Wasser dienen, könnt ihr von dieser Höhe aus die Zerstörung erkennen.

Die Dächer der meisten einstöckigen Häuser der riesigen Militärsiedlung sind eingefallen, von vielen Unterkünften sind nur noch Mauerreste zu erkennen. Die Army hat das Gelände aufgegeben, sagt die Fahrerin bedauernd. Allenthalben in den Vorstädten werden Häuser repariert, der riesige Vergnügungspark ist kaum wiederzuerkennen und liegt beängstigend leer in der Hitze. Ja, mehr als 10.000 Einwohner sind nach über einem Jahr noch nicht zurückgekommen, wird euch erklärt, die Stadt leidet gewaltig. Auch die wunderschöne uralte Schattenbaumallee vom Meer weg wird bald nicht mehr existieren. Die meisten Bäume sind nicht mehr zu retten, standen zu lange im Meerwasser ...

Das wunderschöne Art-deco-artige Hotel draußen auf dem Pier entpuppt sich bei näherem Hinsehen als gewaltige Ruine. Die Betonzufahrtsrampen sind wie Bauklötze zerbrochen und verstreut, viele Fenster gähnen leer. Sie wissen nicht, ob sie einen Käufer dafür finden werden, sagt die Führerin bedauernd, und dass man es sprengen und dann neu bauen könnte, ist wegen der komplexen Statik eher unwahrscheinlich. Auf einem anderen abgebrochenen Holzpier steht noch der Teil eines Häuschens. In die verdrehten und zerborstenen Holzstufen vom Strand hinauf hat sich ein komplett zerstörtes rotes Auto in etwa vier Metern Höhe verheddert. Später in der Innenstadt könnt ihr gratis parken. Seit Ike funktionieren die Parkuhren nicht mehr. An den Büro- und Geschäftshäusern sind überall in drei, vier Metern Höhe weiße Markierungen angebracht: »Ike«. So hoch peitschte der Hurrikan das Wasser weit ins Land hinein ...

Ihr aber wollt nach Indianola, einer inzwischen verschwundenen Stadt, auf deren Terrain noch etwa 100 Menschen leben. Nur Sand und Meer scheint es hier zu geben – doch das war nicht immer so.

Mitten in dem buschigen, windverwehten Küstenwäldchen steht, wie ihr erstaunt seht, eine riesige rosa Granitstatue, mitten im Nichts. Ein Denkmal für den französischen Entdecker La Salle, der vor über 300 Jahren hier als Erster an Land ging.

Den sprichwörtlich fleißigen Deutschen, die unter Prinz Karl von Solms-Braunfels um 1840 hier landeten, und unter dem Namen Karlshafen in Indianola eine der bedeutendsten Hafenstädte errichteten, die weder der Bruderkrieg noch das Gelbfieber zu erschüttern vermochte – ihnen hat niemand ein Denkmal aufgestellt.

Hier in Indianola landeten übrigens die ersten Kamele in Texas, erzählst du deiner Freundin, die dich forschend ansieht. Ihr macht gerade Rast, um etwas zu trinken, und »du hast keinen Hut auf«, sagt sie vorwurfsvoll, »was soll denn das, Kamele in Texas. Auch wenn es hier genügend Wüsten gibt«, fügt sie einlenkend hinzu. Aber von Kamelen weiß sie nichts. Später, versprichst du ihr, später wirst du ihr etwas darüber erzählen. Aber dann kannst du's doch nicht für dich behalten.

»Sie haben zwei Schiffe arabischer Kamele hergebracht, teilweise mit ihren einheimischen Führern, und weißt du, wofür? Im Winter hat man auf den Großen Seen im Norden riesige Eisblöcke geschnitten, sie dann nach Texas transportiert, und mithilfe von Kamelen ins Landesinnere verteilt wo sie zur Kühlung gebraucht wurden.« Deine Freundin sieht nach wie vor sehr skeptisch zu dir herüber. Viel später, im Museum von Waco erst, wird sie dir glauben.

»Indianola«, fragt sie dann, »wo zum Kuckuck ist endlich irgend ein Hinweis auf den Ort, außer die paar armseligen *Trailer* und Fischerhütten da hinten?«

»Davon ist nichts geblieben«, sagst du streng, denn das hast du ihr gestern schon erzählt. »Der Hurricane von 1875 hat mehr als drei Viertel der Stadt zerstört, und 900 Menschen sind getötet worden. Überleg mal. Trotzdem haben sie sie wiederaufgebaut und es musste elf Jahre später nochmal ein Hurricane kommen, um auch die wiederaufgebaute Stadt so zu zerstören, dass da vorne am Meer, wo ich die bronzene Hinweistafel fotografiert habe, nur mehr mit gutem Willen ein paar Fundamentreste des Rathauses und einer Zisterne draußen im Wasser zu sehen sind.« – »Das ist alles?«, fragt sie. »Ich dachte, das wäre eine Geisterstadt,

so wie im Wilden Westen irgendwie, nicht unter Wasser.«
Ihr seht über den wilden freien Strand, der sich kilometerlang hinzieht, und du versuchst dir statt des unberührten Sandes und der schläfrigen Mittagsstille eine geschäftige Stadt vorzustellen, den nachtschwarzen Himmel, den kreischenden, heulenden Wind, die Feuer, die zwanzig Meter hohen Wellen, aber es will dir nicht gelingen.

Spaßeshalber fahrt ihr einem kleinen, in den Boden gerammten Richtungsschild nach, das »Kunst und Antiquitäten« verspricht. Vielleicht findet ihr hier ja ein kleines Andenken und ein paar freundliche Einheimische für Plausch und Kaffee. Immer wieder gabelt sich das zerfurchte, knackende Muschelsträßchen und langsam verliert ihr die Geduld, bis endlich ein Einfamilienhäuschen am Waldrand auftaucht und mit Plastiksonnenblumen geschmückt freundlich einladend auf amerikanische Käufer wirkt. Im dämmrigen Inneren sitzt eine ältere Dame in T-Shirt und Shorts aus vergangenen Sommern und ist damit beschäftigt, ein weißes Keramikhausmodell, von denen es in den USA mehrere Millionen in allen Größen geben muss, mit verschiedenen Farben zu bemalen, um es so richtig »nice« aussehen zu lassen, ihr sollt euch inzwischen umsehen.
Ihr seht euch stattdessen an.
Keine Chance sichtlich, euren nachmittäglichen Kaffeedurst zu stillen, und auch der Kunst- und Antiquitätendrang hält sich angesichts der Kalenderbilder, echter Ölgemälde von Sonne, Sand und Meer mit oder ohne Vögel, eher in Grenzen. Eine Vitrine voller Ohrclips aus den Sechzigerjahren könnte wohl aus dem Besitz der eifrig malenden Frau stammen, zeigt aber nur, dass selbst damals Geschmack bei Cocktailschmuck Geschmackssache gewesen sein muss.
Im Doppelfenster, das auch gleichzeitig als Minivitrine nach draußen zeigt, entdeckst du endlich eine wunderschöne kitschige Armbanduhr mit protzigem Gliederband und relativ großem Zifferblatt, in das Strasssteine eingelassen sind, die die Umrisse des Staates Texas zeigen.
Zwanzig Dollar soll das gute Stück kosten, erklärt die stolze Exbesitzerin. Tja, das ist es euch nicht wert, schade, ihr

wolltet nur ein kleines Souvenir an diesen Tag in Indianola, und ihr liebt Texas einfach.
Ihr seid nicht von hier, bestätigt die Frau. »Muss kalt sein im Norden.« Sie hat die Wetterkarte gesehen, deutet mit dem enormen Kinn auf den kleinen Fernseher in der Ecke. Diesmal widersprecht ihr nicht. Trotzdem, plötzlich möchtest du dieses texanische Ding unbedingt haben. »Und zehn Dollar?«, fragst du eher hoffnungslos. Sie zögert. Wahrscheinlich verirrt sich selten jemand hierher.
»Sie geht aber nicht«, sagt deine Freundin, praktisch veranlagt wie immer. »Und eine neue Batterie für das Ding kostet auch nochmals einige Dollar, nein, das kommt zu teuer. Und vorher wissen wir nicht einmal, ob sie überhaupt funktioniert.«
Die Besitzerin trägt eine normale Armbanduhr, die sie flugs abnimmt. »Wir können ja mal nachsehen«, meint sie und drückt sie dir in die Hand. Keine Ahnung, was du damit sollst. »Sie meint, du sollst die Batterie rausnehmen, und in der Texasuhr ausprobieren«, zischt deine Freundin nah an deinem Ohr und nimmt dir beide Uhren ab, fummelt die Batterie aus der einen und setzt sie in die andere ein. Sofort beginnt der Sekundenzeiger durch Texas zu rasen. »Toll, sie geht«, sagst du auf Englisch.
So geht ihr zum Auto zurück mit einer neuen Uhr, die am Ende plus Batterie um ganze zehn Dollar zu haben war, und dir heute noch viel Freude macht.

Gemütlich fahrt ihr weiter Richtung Corpus Christi, macht einen Stop in Port Aransas. Wenn ihr schon im Norden Port Arthur ausgelassen habt, in dessen MacFaddin Wildlife Resort die angeblich dichteste Population amerikanischer Alligatoren lebt und zu beobachten wäre, so wollt ihr wenigstens hier unten mit etwas Glück an den endlosen Stränden des Festlands und den vorgelagerten Inseln ein paar Vögel beobachten und filmen.
Obwohl hier überall Artenschutzgebiete ausgewiesen sind, hindert das anscheinend niemanden, mit dem Auto bis dicht ans Ufer zu fahren. Haben sich die Tiere daran gewöhnt? Immer wieder wird euer improvisiertes Strandpicknick von plötzlich herankommenden lärmenden Jeep-

Cherokees gestört. So wie ja auch in den meisten Seen deine Angst vor menschenverachtenden Motorbooten, die aufheulend ihre Kurven möglichst nahe am Strand ziehen, hier beinahe manisch ist. Vogelschwärme seht ihr zwar, aber nichts, das euch exotisch genug erscheint. Du filmst nur die endlose Weite des Strandes, die lappenden Wellen in ihrem faszinierenden Rhythmus und zoomst die unglaublichen Wolkenformationen am Horizont bildfüllend heran, bis ein paar Reiter, die den Strand entlang traben, dir einen Bildwechsel anbieten. Die Pferde laufen durchs Wasser, Köpfe zurückgeworfen, und der Salzschaum spritzt bis zu euch herüber. Freundlich winken die beiden letzten Männer der Gruppe euch zu.

Im *Brazoria County* fahrt ihr das *County Historical Museum* der Brazosport Area an. Eine Stadt, die aus elf Gemeinden besteht, die zusammen etwa 90.000 Einwohner haben. Hier herum sind die ersten Siedler in Quintana Beach gelandet, hier wurde die erste texanische Stadt von Stephen F. Austin und seinen 300 Siedlern gegründet. Hier begann der Staat Texas seine eigentliche Geschichte, hier werden frühe Dokumente und Chroniken aufbewahrt, die die Geburt einer Nation dokumentieren. Auch als Nicht-Texaner seid ihr tief beeindruckt und schreibt das auch ins Gästebuch, worauf euch die freundliche Dame je einen großen Button schenkt, auf dem steht, dass auch ihr hier gewesen seid, »wo das Herz von Texas schlägt«.

In Corpus Christi fahrt ihr durch die Stadt zum Meer hinunter, spaziert die Strandpromenade entlang und seid froh um den Schatten des Kiosk, von dem aus man bequem die Hauptattraktion der Stadt, die *USS Lexington* sehen kann, die als schwimmendes Museum draußen vor Anker liegt. Ein Vorzeigeschiff der Navy aus dem Jahre 1943. Das erste Schiff übrigens, das nach dem Krieg wieder in einen japanischen Hafen einlief.
»Besichtigen ja oder nein?«, fragst du. »Weiß nicht«, antwortet deine Freundin. »Sie haben da auch einen Flugsimulator, wäre das nichts für dich?« Du grinst ein bisschen. Obwohl sie schon seit ihrem ersten Lebensjahr durch die

Welt geflogen ist, hasst sies noch immer. Zumindest Starts und Landungen. Sie sieht dich an. »No way.« »Aber die haben sicher fesche Jungs in noch fescheren Uniformen da auf dem Schiff«, versuchst dus noch einmal. Sie äugt dich an. »In Pensacola«, erinnerst du sie, »haben dir doch auch die Uniformen so gut gefallen, weißt du noch?«
»Aber das war doch etwas ganz anderes«, erwidert sie, »schließlich hat uns Greg die ganze *Airbase* gezeigt, das gesamte Gelände und alles.«
»Und, wars nicht interessant?«
»Und, sind wir nicht total nass geworden?«
Ihr seht euch an und lacht lauthals.

Greg hatte euch in seinem Camaro abgeholt, einem roten natürlich, und dann seid ihr von seinem Haus zur Basis gefahren. Mit offenem Dach versteht sich. Die langen blonden Haare deiner Freundin wehten dir ins Gesicht, während du im Fond zusammengekrümmt warst, ein Camaro taugt nur bedingt für drei Leute, aber er sieht schnittig aus, bestätigt ihr beide dem stolzen Besitzer.
Die Base ist ein wunderbares Gelände mit allem, was man an Land so braucht: Golfclub, Fitnesscenter, Parks, Schulen … Natürlich auch Mannschaftsquartiere und Übungsplätze aller Art, auf denen in glühender, feuchter Hitze filmreif Soldaten in Marschkolonnen im Laufschritt an euch vorbeikeuchen. Aber wichtig sind natürlich die Hangars für euch, die Flugzeuge. Ihr wollt Gregs Arbeitsplatz sehen, deshalb seid ihr hier.
Er parkt den Camaro in einer schattigen Ecke und ihr überquert den langen Platz. Windstöße reißen dich fast von den Beinen und plötzlich regnet es eine Minute aus heiterem Himmel. Durchweicht folgt ihr Greg in ein Gebäude, das so klimatisiert ist, dass du deine Lungenentzündung schon kommen spürst, nass wie du bist. Durch grüngestrichene Korridore mit geheimnisvollen Buchstaben- und Zahlenkombinationen an den Metalltüren plötzlich wieder ins Freie. Es hat aufgehört zu regnen, Klimawechsel vom unterkühlten Drinnen zu über dreißig Grad draußen. Greg merkt nicht, dass ihr nass seid, seine Haare sind militärisch kurz und Brillen, die anlaufen, kennt er

auch nicht. Unverdrossen, ohne sich umzusehen, quert er Plätze und Gebäude mit euch, bis es zwischen zwei Hangars wieder schüttet und auch er stehenbleibt und nervös nach Unterschlupf sucht.

Glücklicherweise diesmal in einem offenen Hangar, so dass es wenigstens warm bleibt.

Ein älterer Schwarzer macht sich an einem kleinen spitzzulaufenden Flugzeug zu schaffen und sieht kurz auf. Ihr habt keinerlei Identitätskarten zum Anstecken bekommen, wie das normalerweise in Militärgelände der Fall wäre, habt keinen *Securitycheck* machen müssen – irgendwie hast du ein mulmiges, verbotenes Gefühl, während der schwarze Mechaniker euch ansieht. Aber er sagt nichts.

Auch die Militärflugzeuge in den verschiedenen Hangars darfst du, sagt zumindest Greg, ohne weiteres filmen und fotografieren, hier kennt ihn jeder. Und er gibt ein wenig an mit der hübschen Blonden aus Übersee, lässt sich auch gerne mit ihr vor den Vögeln fotografieren.

Er ist Navigator, erzählt er dir, er sitzt hinten im Kampfflugzeug und berechnet die Ziele für den Piloten. Deshalb auch konnte er – was dich anfangs verwundert hat bei einer Größe von nur ca. ein Meter 67 – bei der Navy Karriere machen. Er muss so klein sein. »Sonst hätte ich keinen Platz auf meinem Platz«, sagt er zwinkernd.

In einem anderen Hangar stehen zwei wunderbar schlanke Flugzeuge der »Blue Angels«-Staffel, berühmt für ihre Formationsflüge und waghalsigen Manöver, die sie auch in Flugshows weltweit vorführen. Ihr seid sehr beeindruckt.

Später, nachdem Greg endlich gemerkt hat, wie nass ihr seid, zeigt er euch noch seinen Bodenarbeitsplatz, ein Gebäude, in dem sich auch die Offiziersmesse befindet, die ihr durch eine Glaswand sehen könnt, und wo ihr liebend gerne einen Kaffee getrunken hättet, aber es bleibt bei der Pappbecher-Variation im Vorraum, wo die Dienstpläne erstellt werden und zurückkehrende Pilotinnen und Piloten sich melden und ihre Papiere abgeben. Eine junge Pilotin sieht aus, als habe sie gestern erst ihre Zahnspangen abgelegt. Spitzbübisch und überzart in der Kampfuniform mit den vielen praktischen Taschen von den Schultern bis unters Knie, die an ihr wie eine Verkleidung wirkt, die sie

nie ausfüllen wird. Aber sie hat schon Kampfeinsätze in Übersee mitgemacht, wird sie euch erzählen, eine tolle Erfahrung.
Schade, denkst du, dass sie keine Zeit hat, euch mehr darüber zu erzählen.
Abends im Motel schwärmt ihr von den tollen Aufnahmen, die ihr euch auf dem Bildschirm der Videokamera anseht, ehe ihr sie neu aufladet.
Und deine Freundin ist nach wie vor von der praktischen Uniform angetan. Viel praktischer, als ewig einen Rucksack mitzuschleppen, sagt sie träumerisch. Am liebsten würde sie sich zumindest *second hand* so eine Jacke kaufen. Du schilderst ihr, welche Probleme sie möglicherweise zuhause darin hätte, die Art von Tarnjacke würde wahrscheinlich nicht gerade apolitisch nur als »praktisch« gesehen. Sie gibt dir Recht. Aber ungern.
Also beschließt ihr, die USS Lexington im wahrsten Sinn des Wortes links liegen zu lassen, und fahrt zu einem Restaurant auf einer kleinen Landzunge, wo ihr euch ein mittägliches Fischfest gönnt, und dann sogar Kuchen und Kaffee zum Nachtisch, und den Fähren, Motorbooten und Fischern zuseht.
Dann sucht ihr euch den Highway 77. Weg von der Golfküste, weiter nach Süden nach Brownsville an der Grenze zu Mexico.

Oft seid ihr auf dieser Straße ganz alleine, eine Art monotoner Rausch erfasst dich, du darfst nicht zu lange in die Wolken sehen, ein Sog geht von ihnen aus, und du schiebst eine Musikkassette ein, ein altes Woodstock-*medley*, das euch wachhält bis zum nächsten Motel, das irgendwann gegen 15 Uhr auftauchen wird, damit ihr zwei ungestörte Stunden am Pool verbringen könnt, ehe die anderen Reisenden ankommen, die nicht so viel Zeit haben wie ihr, sich mit Kind und Kegel in ihr klimatisiertes Refugium für eine Nacht zurückziehen, telefonisch mehr Handtücher bestellen, den Pizzaservice anrufen, während der Fernseher und die Dusche nonstop laufen.
In Harlingen merkt ihr schon die nahe Grenze, im *Visitor Center* werdet ihr gleich auf Spanisch begrüßt, obwohl ihr

blond seid, was euch zum Kichern bringt, aber die freundliche ältere Frau will einfach ihre Sprachkenntnisse testen. Wärest du aus Mexico, hättest du einige Mühe, sie zu verstehen, denkst du gemeinerweise. Ihr Akzent ist herzerweichend. Ihr seht euch um und sammelt Prospekte und Informationen wie immer.

Vor allem die örtlichen Gratiszeitungen haben es dir angetan. Was man im jeweiligen Telefonbuch an Infos vielleicht nicht findet, gibt es darin zuhauf. Dinge, die sich kein Reiseführer träumen lässt. Und natürlich immer wieder eigene Antiquitätenzeitschriften, aus denen ihr euch eine entsprechende *mall* heraussucht, um ein paar Stunden zu kramen und den mehr oder weniger kitschigen oder doch nicht so »antiken« Gegenständen Geschichten zu verpassen, die ihr euch unter Grinsen zwischen den Regalen erzählt.

Hier in Harlingen findet ihr Mengen von mexikanischen Souvenirs, die nach einigen Jahren dann doch irgendjemandem nicht mehr gefallen, und eine Keramikmaske oder ein Obsidian sind so immer noch beträchtlich billiger als in einem preisgebundenen staatlichen Laden in Mexiko, wisst ihr bereits.

In Brownsville entschließt ihr euch auch zu einer *Trolley-Tour*, die euch die Highlights der Stadt näherbringt, weil sie gleich vom Visitor Center weggeht, und das Parkplatzproblem so sicher gelöst ist. Für müde Füße sind diese meist kostengünstigen Stadtfahrten sehr erfreulich, und bringen euch nebenbei auch immer wieder zu Bewusstsein, was Amerikaner als »nice« apostrophieren.

Jedes Haus, das älter ist als 100 Jahre, hat gute Chancen, als Trolleystop zu dienen. Die Touristen aus dem Norden sind auch gebührend beeindruckt, obwohl der Trolley nicht klimatisiert ist und viele der etwas übergewichtigen Touristinnen unter ihrer gepflegten Puderschicht zu transpirieren beginnen, während sie sich mit Zeitungen Luft zufächeln und deinen kleinen runden japanischen Klapp-Papierfächer sehnsüchtig beäugen.

Ihr findet ein passendes Motel und überlegt am Pool die verschiedenen Möglichkeiten über die Grenze nach Mexiko zu kommen.

Matamaros ist eine wesentlich größere Stadt als Brownsville, aber ihr wollt nicht riskieren, mit dem Auto hinüberzufahren. Es gibt auf US-Seite bewachte Parkplätze, das sollte genügen. Dann könnt ihr die Brücke zu Fuß überqueren.
Zu Fuß? Schon morgens hat es über dreißig Grad, alleine der Weg vom Parkplatz bis zur Brücke würde deine gesamte verbliebene Gehenergie möglicherweise verbrauchen, wirfst du ein. Lass uns einfach ein Taxi rüber nehmen und bis ins Stadtzentrum fahren, die paar Dollar willst du deiner Bequemlichkeit gerne opfern. »Dann fahren wir mit dem Bus«, stellt deine Freundin kategorisch fest. »Es muss auch Busse geben.« Am Ende gewinnst du aber und ihr fahrt mit dem Taxi.

Matamaros ist natürlich eine einzige *Shopping Mall* für mexikohungrige US-Touristen, und das Stadtzentrum wimmelt von ihnen einerseits und fliegenden Verkäuferinnen und Verkäufern andererseits. Was wird die pensionierte Lehrerin wohl in Idaho mit dem grellpinken Bündel Federwische tun? Jeder Freundin einen mitbringen? Und wie transportiert man wagenradgroße Sombreros in allen Farben, mit Flitter übersät und relativ schwer, dann im Auto oder Flugzeug? Wer wird sie je tragen?
Du suchst dir einen Platz im Schatten und beobachtest mit der laufenden Kamera auf dem Tisch das bunte Treiben, ohne dass es die Betroffenen merken. Deine Freundin erkundet inzwischen die Seitensträßchen für dich. Langsam wirst du schwindlig von all diesen Farben und dem nimmerendenden Strom der bunten Geschäftigkeit um dich herum und du bist froh, als sie zurückkommt und ihr aus der Menge kommt, von grellen Holzpapageien und andere Riesenvögel tragenden Händlern kurz verfolgt.

Ihr gönnt euch ein Einheimischenlokal etwas abseits. Der Besitzer stellt euch einen alten Ventilator neben den Tisch und grinst freundlich. Luxuriös bedient er euch mit zwei Plastikbechern voller lauwarmem Leitungswasser als Begrüßung und faltet zwei karierte Papierservietten vor euren Augen zu Dreiecken, die er zeremoniell auf den

nicht allzusauberen Tisch legt, um dann aus einer Schublade verbogenes Aluminiumbesteck zu holen und euch zu präsentieren, ehe er es dazulegt. Die Speisekarte ist in Plastik verpackt und handgeschrieben. Durch die offene Tür kommt ab und zu ein Anwohner, tratscht kurz mit dem Besitzer, dabei immer bemüht mit dem Kopf in die Nähe des Drehventilators zu gelangen, der auf dem Tresen steht. Ihr seid die einzigen Gäste, aber es ist auch noch früh.
Als du dir eine Zigarette anzündest, bringt der Wirt sofort den unglasierten Keramiktopf voller Sand, in dem noch ein paar Kippen liegen.
Euer Bier ist handwarm, aber trinkbar, während ihr versucht aus der Speisekarte schlau zu werden.
Der Wirt hat sich hinter den einfachen Tresen zurückgezogen und malt mit verkniffenem Gesicht an einer Zahlenreihe, wie du im Spiegel erkennen kannst. Ein amerikanisches Ehepaar kommt zögernd herein, sichtlich von der relativen Wärme und dem ärmlichen Ambiente verunsichert.
Der Wirt kommt freundlich auf sie zu und sie lächeln zurück, stumm, bis sich die Frau ein Herz faßt und »*comer*« sagt, worauf er sie mit einem Schwall von Spanisch überschüttet, ihr all seine Tische zeigt und sichtlich deren individuelle Reize erklärt. Eine Falte erscheint auf seiner Stirn, dann läuft er hinter die Theke, montiert seinen Ventilator ab und hält ihn einladend in der Hand, um ihnen zu zeigen, dass er auch ihren Tisch klimatisieren kann, *si, si*. Die beiden entscheiden sich schließlich für einen der Tische und du bist gespannt, ob die kleinen krummen Holzstühlchen dem Gewicht gewachsen sein werden, aber deine Sorge war unbegründet.
Ihr habt euch für eines der üblicheren Gerichte entschieden und er ruft die Bestellung in die rückwärtige Küche, während er schon wieder Servietten faltet und Besteck organisiert. *Si, si*, auch Cola hat er, natürlich, er bringt zwei Dosen an den anderen Tisch, und schon aus der Entfernung kannst du sehen, dass die beiden unglücklich sein werden. Keinerlei Verdunstungsspuren an den Dosen, auch das Cola wird – amerikanischer Überhorror – handwarm sein, aber das kann er nicht wissen. Geschäftig geht er zur

Wasserleitung und bringt ihnen auch ebenfalls jeweils ein Plastikglas mit Wasser, wie sich das gehört. Die beiden Amerikaner sehen sich an, sagen aber nichts.
Ihre Enttäuschung ist greifbar, aber sie könnten sich ohnehin nicht verständigen, also lächeln sie sportlich und überlegen schon, was sie zuhause über diese primitiven Menschen erzählen werden, wie du unschwer hören kannst. »Aber gastfreundlich sind sie«, sagt der Ehemann, »und das T-Shirt für Tony jr. haben wir auch viel billiger bekommen. Man kann so gut handeln, richtig wie sies uns im Ramada gesagt haben.« Stolz sieht er zu euch her und lächelt komplizenhaft. »I'm Fred and this is Marge, habt ihr Mädchen auch ein paar Schnäppchen gemacht?«, fragt er, seiner Sache ganz sicher.
Aus Spaß antwortest du ihm auf Spanisch, entschuldigst dich dann auf Englisch, was ihn auf die Idee bringt, »dass ihr aber auch nicht von hier seid«. Auch seine Frau Marge glaubt das nickend.
Unter dem Tisch steigt dir deine Freundin leicht auf den Fuß. Sie kann das Grinsen nicht mehr unterdrücken. »Wir sind aus Michigan«, erklärt Fred unbeirrt. »Ich bin im Immobilienbusiness.« Fragend sieht er euch an. »Ist die Toilette sauber?«, fragt Marge dazwischen. Leider, ihr hattet noch keine Gelegenheit, sie zu überprüfen, gibst du zurück. Aber einfach wird sie sicher sein, so wie das ganze Lokal. Marge seufzt. »Dann trink ich lieber nichts mehr«, sagt sie ergeben.
Glücklicherweise kommt nun euer Essen.
Und nachher verabschiedet ihr euch freundlich von den beiden, die sich noch mit der Bohnensuppe herumschlagen und von der Wärme schon Schweißperlen auf den Oberlippen haben. Ein letzter Blick zeigt euch den Wirt, der gerade euren Ventilator abmontiert und nun zusätzlich zu den willkommenen *Gringos* plaziert.
Ihr spaziert noch durch ein paar Gassen, setzt euch auf eine Bank im Schatten vieler Bäume neben einem größeren Autobusparkplatz und du filmst angeblich eifrig ein paar Kinder beim Spielen und hoffst, dass hinter dir niemand in den Bildschirm sieht, während du die Busgäste filmst, die einfach nur mehr heim wollen an diesem Tag,

und mit ganz normalen Dingen beladen sind, außer ein paar Händlerinnen, die ihre unverkauften bunten Gerätschaften mit in die Busse schleppen.
Später inspiziert ihr in Gemütsruhe den staatlichen Souvenirladen und deine Freundin findet eine zeitlos schöne Obsidianfigur.

Am nächsten Morgen fahrt ihr ein Sträßchen entlang des Rio Grande, den die Amerikaner ohne das betonte E am Ende aussprechen, was dir eine Beleidigung für diesen Fluss zu sein scheint, du weißt auch nicht warum. Es ist gewöhnungsbedürftig, dieses gezogene, gequetschte *Rio Graaan*.
Ihr bleibt in Pharr, einfach weil deine Freundin eine nostalgische Musicbox zuhause hat, und hier gibt es nicht nur ein Glockenmuseum mit angeblich über 2000 Glocken, deren älteste von 1690 sein soll, sondern eben auch ein Jukebox-Museum. Leider habt ihr euch ein wenig verschätzt, und kommt erst um halb vier Uhr nachmittags hin. So bleiben euch nur 30 Minuten, all die bunten Musikmacher und Automaten im Schnellgang zu besichtigen. Aber Spaß macht es allemal, vor allem, weil der Besitzer einem Begleitschwätzchen nicht abgeneigt ist und sehr erfreut, Besuch aus Übersee zu haben. Schade, dass ihr die Videokamera im Motel gelassen habt.

Weiter, dem Fluss folgend Richtung Nuevo Laredo.
In Los Ebanos ist eine handbetriebene Fähre über den Rio Grande, die ganze drei Autos samt Passagieren von den USA nach Mexiko bringt. Du kennst noch eine andere, in Virginia, über den James River, bei Hatton. Aber diese hier ist wirklich pittoresk. Der Fährmann steht unter einem kleinen Holzschattendach und zieht mit seinen Händen an dem Doppelseil die Fähre ans andere Ufer. Funktioniert wie eine italienische Wäscheleine, sagst du erklärend zu deiner Freundin.
Am jenseitigen Ufer könnt ihr kein Zollhäuschen erkennen, wahrscheinlich ist es den Mexikanern egal, wer da herüberkommt. Oder sie kontrollieren weiter innen im Land, die Grenze ist ja noch ein paar Meilen entfernt.

Später erfährst du, dass du per Zufall die beiden einzig noch existenten »Handfähren« der USA gesehen hast.

In Zapata fahrt ihr lange über einen See und seid nun immerhin schon über 100 Meter hoch, findet ihr bei einer Kaffeepause heraus. Du liebst das an Texas. Es hat wirklich alles. Jede nur erdenkliche Landschaftsform, Meer, Wüste, Berge, Prärien … Und natürlich jede Menge Ortsnamen von zuhause. Nach Rio Grande City, einem unauffälligen Kleinstädtchen, seid ihr zum Beispiel durch Roma gefahren. Ihr malt euch aus, wie ein Touristenaustausch zwischen den beiden Städten verlaufen würde und entwerft kichernd skurrile Szenarien.

Laredo enttäuscht dich ein wenig, du hattest eine irgendwie romantischere Vorstellung dieses Grenzortes, und ihr beschließt spontan diesmal nicht über die Grenze zu fahren, vor allem, da Nuevo Laredo wesentlich größer ist als Matamaros.

So fahrt ihr am nächsten Morgen schon nach San Antonio, wo du mindestens drei Tage bleiben willst. Ein wenig Ausruhen wird euch guttun.

Die Stadt hat zwar nur etwas über eine Million Einwohner, wenn es um offizielle Zahlen geht, aber eben nur dann. Hier leben Menschen vieler Nationalitäten, aber vor allem auch viele – oft illegale – Mexikaner. Eine Großstadt mit der üblichen Skyline, hat dieser Ort dennoch viele kleine »Inseln« fast europäischen Zuschnitts.

Das Einladendste für Besucher ist wahrscheinlich der *Paseo* oder *Riverwalk*. Hier kann man nicht nur, hier *muss* man zu Fuß gehen.

Ein kleines Wunder eines weisen Stadtpolitikers hat seinerzeit verhindert, dass die alten, ein paar Meter unter Straßenniveau liegenden Kanäle zugeschüttet und mit Autobahnen überzogen wurden, die den Stadtkern wie sonst üblich ausgehöhlt und menschenleer gemacht hätten. Nein, er schuf ein Klein-Venedig, Wasserwege von ein paar Meilen Länge, auf denen Vergnügungsboote kreuzen, und deren Ufer Spazierwege unter exotischen Bäumen und Blumen bieten, die im Sommer zum Hindernisparcours werden, wenn auf engstem Raum Touristen, Einheimische und Kellner der dichtgedrängten Restaurants aneinander vorbei wollen. Ein konstantes Ohh und Ahh ist zu hören und in Minutenabständen fahren bunte Boote vorbei, in deren Heck die Führer stehen, die mit verschiedenen Späßchen die jeweiligen Gruppen unterhalten, und in der Saison, erzählt euch einer der Studenten, der diesen Job schon das dritte Mal macht, mit etwas Glück so viel verdient, dass er sein Studienjahr davon bezahlen kann. Knochenarbeit sei es schon, das ja, aber Spaß doch auch, sicher. Er muss es ja nicht als Beruf ausüben, nein, das könnte er nicht.

Während ihr mit ihm und anderen dichtgedrängt auf der Holzveranda im ersten Stock eines der vielen Lokale sitzt und schwatzt, dabei immer ein wechselndes Schauspiel unter euch genießend, kämpfst du trotzig mit deiner Freundin, die so etwas Touristisches wie eine Bootsfahrt, hier, wo das alle tun, auf keinen Fall machen möchte. Nein, und abermals nein.

Nun ja, du wirst das eben ohne sie machen. Aber vielleicht kann sie wenigstens die Karte für dich kaufen, die Schlangen an den Schaltern sind extrem lang, es ist schweißtreibend heiß, das hältst du nicht aus. »O. k.«, sagt sie, »aber nur für dich. Ich fahr da sicher nicht mit.« »Aber wir haben einen Gutschein«, sagst du, »ein Preis für zwei Leute, sieh mal.« Das besänftigt sie zwar ein wenig, wenn es sie wenigstens nichts kosten soll, aber trotzdem. »Touristentum«, murmelt sie. »Widerwärtig.« »Aber wir *sind* doch Touristen«, maulst du, »lass mich doch was Touristisches tun, zur Abwechslung.« Sie bringt dich, immer noch widerstrebend, zu einem Sitzplätzchen in der Nähe der Anlegestelle und reiht sich murrend in eine der Schlangen ein.

Als sie endlich die Tickets ergattert hat und ihr das Boot besteigt, erscheint wie aus dem Nichts auch noch eine Fotografin, die all die *happy people* vor dem Einsteigen fotografiert, damit sie nach Ende der Tour ein garantiert einmaliges Souvenir mit nachhause nehmen können. In wenigen Minuten siehst du mehr Zahnspangen bei Kindern und gute Zahnarztarbeit bei Erwachsenen aus allen denkbaren Bundesstaaten, als du je vorher auf einmal gesehen hast, denkst du und grinst, was die Fotografin mit

»Thanks, honey« belohnt. Deine Freundin hält ihre Baseballkappe vors Gesicht. Hat sie »ätsch« gesagt dabei?
Jedenfalls gefällt euch die Fahrt trotzdem sehr gut und sie geht fast zu schnell vorüber. Du merkst dir vor, an einem der Abende herzukommen, um im Freilichttheater eine Vorstellung zu besuchen. Der Kanal dient quasi als Orchestergraben und trennt die Zuschauertribüne von der Bühne. Versprochen wird dir ein Spektakel von Musik und Tanz, fast ein Musical, das alle hier lebenden Ethnien beispielhaft vorführt. Da man dabei im Freien sitzen kann, stellst du dir das im wahrsten Sinn spektakulär vor. Deine Freundin ist nicht dieser Meinung. Kitschig wird es sein, befindet sie. Und teuer außerdem. Du rechnest ihr heimatliche Musicalpreise vor und wie selten du zuhause Gelegenheit hast auszugehen. Dies ist ein bisschen Freiheit für dich, beharrst du, das wird sie dir doch nicht wegnehmen wollen? Nein, das natürlich nicht. Aber einladen darfst du sie nicht, sie bezahlt das selbst. Umso schlimmer, wenn es ihr dann nicht gefällt.
Viel später erinnerst du dich wieder, dass das Spektakel ja im Freien stattfindet, und sie einen Horror vor Moskitos hat. Aber da habt ihr den Abend schon im Theater verbracht und ein paar tolle Beleuchtungseffekte, viel amerikanische und mexikanische Musik, einige exzellente Tanzauftritte und alles in allem zwei fast mückenlose Stunden unter einem tollen Sternenhimmel verbracht. Störend nur anfänglich alle zehn Minuten ein Touristenboot, das vor der Bühne kurz anlegte, um auch diesen Leuten an Bord Lust auf so einen tollen Abend zu machen.

Ein Muss für jeden amerikanischen Besucher ist natürlich der »Alamo«. Mitten in *downtown* steht dieses texanische Heiligtum, von Wolkenkratzern umzingelt, die aber die Bauauflage hatten, dass trotzdem nie ein Schatten auf das Alamo fallen und es verdunkeln sollte.
Das gleichnamige Fort wurde 1836 von General Santa Ana und seiner Armee nach mehreren Anläufen gestürmt und die »Helden von Alamo«, die es unter unsäglichen Bedingungen gegen eine Übermacht verteidigt hatten, fielen alle 189. Eigentlich die Geschichte eines überehrgeizigen

Mannes, von fehlender Weit- und Einsicht, behaupten Nicht-Texaner hinter vorgehaltener Hand. Aber die Kapelle und Baracke, die noch stehen, sind einfach *das* Nationalheiligtum hier, und »*Remember the Alamo!*« ist ein Schlachtruf in allen Kriegen seither geblieben. »*Don't mess with Texas*« ein anderer.

Am nächsten Vormittag möchtest du auf den *Tower of the Americas*, keine Widerrede.
Der umgebende Park ist schön angelegt, viele Wasseroberflächen, sogar kleine künstliche Wasserfälle und gepflegte Anlagen. Leider habt ihr ein wenig Pech, die Wasserspiele sind in Reparatur, d. h. trockengelegt, und die Betonwannen nicht sehr pittoresk. Aber der 750 Fuß hohe *tower* mit den gläsernen Liften an der Außenseite ist doch beeindruckend. Tapfer verbergt ihr eure Höhenangst voreinander und lasst euch mit ein paar Japanern zum *observation deck* beamen, beide an die hinterste Wand gepresst, aber der Lift ist nicht voll genug, als dass ihr nicht den luftigen Aufstieg durch die Sichtfenster magendrückend mitbekommt. Das *observation deck* überlasst ihr den ernsthaften Japanern in ihren unvergleichlichen scharfen schwarzen Anzügen und steigt schon bei der Bar einen Stock tiefer aus. Das Restaurant dreht sich, und so könnt ihr gemütlich bei einem Fruchtsalat die Stadt unter euch und den Blick weit ins Hügelland genießen. Es ist etwas diesig, aber an guten Tagen kann man 100 Meilen weit in das texanische Hügelland sehen, erzählt euch die Kellnerin »Hey,mein NameistKatewaskannichfüreuchtun«. Da müsste man fast die Hauptstadt Austin sehen können, denkst du. Aber dorthin werdet ihr ohnehin noch fahren.
Am Nachmittag dann nach La Villita, wie die Rekonstruktion der ersten Siedlung in San Antonio heißt. Es erweist sich als hübsch bunt und folkloristisch, die spanische *heritage* ist unverkennbar und mit mexikanischer Folklore *made in the USA* gut kombiniert. Dennoch ist es lustig in den Geschäften zu stöbern, eine kleine Stadt in der Stadt vorzufinden, in der sich neben Touristen auch Einheimische bewegen. Über den Restaurantterrassen im Freien liegen Schleier aus Wasserdunst gegen die Hitze, und

beim ersten Mal werdet ihr beide ganz schön nass, da ihr auf die andere Straßenseite gesehen habt, und ein ganzer Schwall wie ein Vorhang vom Wind angehoben und in eure Richtung geweht wird. Aber die Abkühlung ist nicht schlecht. Erst abends werdet ihr euch wundern, warum eure Kleidung und Haut so nach Chlor riechen.
Es gibt viel zu sehen hier, wie eine Fiesta, die nicht endet. Seiltänzer, Kindertheater, Pantomimen, Straßenkünstler aller Art. Wieder bewunderst du die amerikanische Art auf – auch kleinstem – Raum Ferienvergnügen für jedermann zu inszenieren, denn Urlaub hier muss vor allem eines, nämlich ununterbrochen Spaß machen.
Die wenigen Tage eines Durchschnittsverdieners, die ihm dafür zur Verfügung stehen, werden sorgfältig rund um den Spaßfaktor geplant: zuerst der Kinder wegen und später dann wahrscheinlich aus Gewohnheit.
Und die kindliche Freude der über Siebzigjährigen ist immer wieder ansteckend. Zuhause wären sie wahrscheinlich in ein Kurhotel verbannt und kämen nicht auf die Idee, zum eigenen Vergnügen in Vergnügungsparks herumzuhängen und mit Gleichaltrigen und Gleichgesinnten Tagesfreundschaften zu schließen, um noch mehr Spaß zu haben. Im *land of plenty* können sie Achterbahn fahren oder Karussell, ohne auch nur ein einziges Enkerl als Ausrede vorschieben zu müssen ...
Ähnlich geht es auch im *Mercado*, dem »alten« Markt, heute zu, einer ehemaligen wirklichen Markthalle, die vor über 100 Jahren gebaut wurde. Inzwischen ist sie ausgehöhlt, renoviert und von jeder Menge *shops* umwuchert. Leute aus dem Norden finden vor allem den *farmers market* immer »entzückend«, weil sie zuhause selten Gelegenheit haben, wirklich frisches Obst oder Gemüse der Saison unverpackt und eingesiegelt wie im Supermarkt zu erstehen. Da spielen ein paar Cent mehr keine Rolle und alle sind zufrieden. Und handeln kann man auch, erzählen sie sich ganz glücklich und verschämt. Nicht, dass sie es nötig hätten, natürlich nicht, aber es macht doch Spaß, und San Antonio ist sooo viel zivilisierter als Mexiko, und doch kann man hier nach Herzenslust alles erstehen, wofür man sonst hunderte Meilen weiter fahren müsste.

Am nächsten Morgen besucht ihr das Institute of Texas Cultures. Schnell dringt ihr zur Multimediashow vor, die gleich beginnen wird, und lasst euch einstimmen auf Menschen und Kulturen, die Texas groß gemacht haben. Beeindruckend in Ton, Wort und Bild, sehr texanisch, befindet ihr hinterher etwas fröstelnd. Das Museum selbst ist nicht ganz so kalt, aber du wünschst dir schon in Kürze einen Rollstuhl für deine müden Füße. Diorama folgt Diorama, Indianergeschichte wird ebenso dreidimensional aufbereitet wie die der spanischen Eroberer ... Texas ist ein großes und lange umkämpftes Land.

Da Sonntag ist, sind viele Texaner mit ihren Familien hier, und den *kids* wird auch viel geboten. Ein Indianer zeigt ihnen in einem Arrangement von Tipis vor einem Felsen Gebrauchsgegenstände und ihre Anwendung, zeigt, wie man mit gegeneinandergeriebenen Stöcken wirklich Feuerfunken erzeugen kann, lässt es sie probieren. Auch Erwachsene hocken sich hin und hören zu.

Unzählige Knöpfe kannst du drücken, um Stimmen von früher zu hören, Texte von texasbezogenen Schlachten oder Verträgen, und du kannst die Sprache wählen: Englisch oder Spanisch. Dass der Museumsshop unendlich groß ist, und du außer Büchern, T-Shirts und Kaffeetassen, den gängigsten Mitbringseln jedes Museums, hier noch eine unübersehbare Fülle anderer Dinge erstehen könntest, macht dich völlig schwindlig. Du begnügst dich mit einem Aufkleber, auf dem steht, dass du zwar nicht in Texas geboren bist, aber sofort, als du alt genug warst, das zu merken, alles getan hast, um hierher zu kommen. Dann verliebst du dich noch in ein Buch über *Rednecks*, und weil du beim Anlesen laut lachst, findet dich deine Freundin zwischen all den Souvenirkäufern doch wieder, und nach einem Kontrollblick und Grinsen ihrerseits, kaufst du das Buch doch auch.

Und weil das Cowboy Museum nicht weit ist, nehmt ihr das auch noch mit, aber diesmal darfst du dankbar in den ausgeliehenen Rollstuhl sinken und wirst herumgeschoben und hast so auch einen Einblick in eine »authentische« Westernstadt. Bloß den Cowboysouvenirshop schenkt ihr euch.

Unverdrossen, trotz ein paar Gehwerkzeugen, die von Größe 36 1/2 auf 42 angeschwollen zu sein scheinen, raffst du dich am nächsten Morgen stöhnend auf, nachdem dir deine wunderbare Freundin den Motelkaffee ans Bett geschleppt hat, und ihr zieht aus, *Buckhorn saloon* und Museum zu suchen, zu finden und zu besichtigen.
Draußen ist es bereits um 9 Uhr früh drückend heiß, aber die dunklen Wolken verheißen nichts Gutes. Glücklicherweise fängt der Regen erst an, als ihr schon den Parkplatz erspäht habt, und unter hochgehaltenen Zeitungs-Schirmen lauft ihr zum gedeckten Eingang, während Regen von der Stärke eines mittleren Hagelschauers herunterkommt. Andächtig stehen hier vor allem Männer nach Tickets an. Stiefel und große Hüte dominieren. Dies ist ein Männermuseum, ein Stück texanischer Erlebnis-Staunwelt.
Alles, was man hier zu sehen bekommt, ist unter Zuhilfenahme von Kuh- oder Stierhörnern gemacht. *Yesss sir.* Eure europäischen Augen haben dergleichen in so großer Auswahl noch nie gesehen. Da gibt es vor allem jede Menge Stühle aus Rindsleder mit Füßen und Lehnen aus Horn, ganze Zimmereinrichtungen, die ähnlich gestylt sind, Wände voller bemerkenswert weitausladender Rinderhörner, Schädel mit Hörnern verschiedenster Rinderrassen, Gewehre, Stacheldrahtzäune, aber eben vor allem alptraumhafte Mengen an gehörnten Gebrauchsgegenständen. Mehr als viertausend, das steht zumindest in der kleinen Broschüre, die du zum Ticket erhalten hast.

Höhepunkt für Einheimische ist sicher der Longhornstier namens OldTex, dessen Hörner immerhin eine Spannweite von 2 Metern 70 haben ... *Wow!* Dabei wären die Texas-Longhorns beinahe ausgestorben und haben nur durch Zufall und Rückkreuzen überlebt – vor allem erstmal der Filmindustrie zuliebe, bist du versucht zu denken. Aber hier, wo eine Rinderfarm ohne weiteres ein paar tausend Morgen umfasst, gehören die Longhorns einfach dazu.
Zwischendurch geht ihr hinaus auf die gedeckte Veranda, wo ein paar alte Spielautomaten hängen. Für einen Quarter könntest du dir zum Beispiel von einer nickenden Frau in orientalischer Tracht in ihrem Kästchen ein Kärtchen

ausgeben lassen, auf dem dein weiteres Schicksal steht ... ihr wollt es aber nicht herausfordern.

Beschenkt werdet ihr auch, denn der erste Saal, den ihr betretet und durch den ihr eher noch geschoben werdet, ist eine etwa 120 Jahre alte originale Cowboybar, und hier bekommt ihr einen Getränkebon, mit dem ihr später zurückkehren und in diesem »stimmungsvollen, freundlichen und gut texanisch nachbarschaftlichen Ambiente« euren Drink zu euch nehmen sollt. Doch ihr verschmäht ihn einfach genauso wie das Wachsmuseum.

Die Sonne ist wieder da und es sind noch etwa hundert Meilen nach Fredricksburg. Dort wartet irgendwo das richtige Motel samt Swimmingpool auf euch. *Howdy, friends and neighbours. We're on the road again ...*

Hättet ihr Judy Savages Ranch gleich gefunden, wo sie unter anderem kranke exotische Tiere pflegt und hält, hättet ihr einen kurzen Stop eingelegt.

Emus, Strauße, afrikanische Baumziegen, Hängebauchschweine, ja selbst Tiger hat sie. So ein niedliches Hängebauchschweinchen kostet circa 200 Dollar, wenn es klein ist, ist es aber ausgewachsen, will niemand es mehr, nicht mal zwei Dollar kann man dafür erlösen.

Ähnlich ist es mit den Tigern, die einem Mann so richtig ein Machogefühl geben müssen, sagt Judy in einem Fernsehinterview. Wenn das Tier dann zu groß und aggressiv sei, kein Zoo es nähme, dann käme es zu ihr.

In Texas allein gibt es 2400 Tiger in Privatbesitz, das muss man sich mal vorstellen, sagt sie seufzend.

Dennoch gibt es in den USA natürlich wesentlich mehr Waffen in den Haushalten als Haustiere.

Wie jeden Morgen gehst du sicherheitshalber einmal rund ums Auto und siehst nach den Reifen. In dieser Hitze sehen sie etwas verbeult aus, denkst du, aber das ist normal. Während ihr an der Ausfallstraße an einer Kreuzung steht und auf Grün wartet, hupt euch einer dieser großen Vieltonner hinter euch an. Du drehst dich um und siehst, dass er wirklich euch, beziehungsweise euer Auto meint. Wiederholt deutet er nach unten und formt einen Kreis mit Zeigefinger und Daumen. »Fahr links rüber«, sagst du zu

deiner Freundin. »Irgendetwas stimmt mit einem Hinterreifen nicht.« Genau über der Kreuzung ist eine Tankstelle und sie hat auch gleich die richtige Werkstatt dabei, soviel Glück muss man erst einmal haben, sagst du. Ein paar Minuten später wärt ihr auf der Highway gewesen, womöglich mit einem Reifenplatzer bei 65 Meilen in der Stunde. Der freundliche Besitzer hat zwar nicht sofort Zeit, die Panne zu beheben, meint aber, dass ihr mindestens zwei große Nägel in dem Hinterreifen habt, und das schon einige Zeit.
Es riecht nach Benzin und Diesel, die Sonne glüht herunter, und deine Freundin geht mit dir ein paar Ecken weiter zu einem Café, wo du in Ruhe warten kannst, während sie beim Auto bleibt und vom Besitzer freundlicherweise mit einem Ventilator und einem Stuhl versehen wird, bis er Zeit haben wird, sich das Auto vorzunehmen.
Nach einer guten Stunde seid ihr wieder unterwegs. Nach dem Schock findest du, habt ihr euch eine Pause verdient, und so bleibt ihr am Guadalupe River in dem kleinen Städtchen Comfort, das so anheimelnd ist wie sein Name.

Vor über 150 Jahren ist diese ganze Gegend hier von braven Deutschen besiedelt worden. Davon zeugt auch noch das Monument in der Nähe des Highschoolcampus, sagt der freundliche Mensch an der Rezeption. Es heißt *»Treue der Union«* – ein deutscher Ausdruck, den ihr zweimal hinterfragen müsst, weil er so geknödelt wird. Die Deutschen waren sehr unionstreu und eine Gruppe von etwa 60 von ihnen, unter der Führung eines gewissen Fritz Tegener, beschloss nach Mexiko zu gehen, wurde aber von Konföderierten überfallen, wobei 19 Deutsche fielen und 9 schwer verwundet – und dann trotzdem exekutiert wurden. Aus Dankbarkeit für diese Treue zur Union wurde ihnen dieses Denkmal errichtet, und seither darf auf dem Friedhof als große Ehre die US-Fahne auf Dauer auf Halbmast flattern, was nur noch fünf anderen Friedhöfen erlaubt ist.
Es erinnert dich wieder daran, dass dieser Bruderkrieg immer noch sehr im Gedächtnis der Amerikaner verhaftet ist, und die Wunden, die er gerissen hat, nicht überall verheilt sind.

Auf den Militärfriedhöfen in Virginia zum Beispiel durften die Nordstaatler ihre Gedenksäulen und Statuen oft erst um 1970 errichten, fast hundert Jahre mussten sie darum kämpfen.
Fredricksburg lebt von seiner ehemalig deutschen Vergangenheit ganz gut. Zwar spricht niemand mehr Deutsch, außer zwei oder drei College Studenten, die hier ihren Sommerjobs nachgehen, aber an der langen *Main Street* wimmelt es von »deutschen« Geschäftsnamen, wie »Der Kleiderschrank« oder »Der Lindenbaum« und natürlich darf auch der »Ausländer«-Biergarten nicht fehlen. Die »Vereinskirche« indessen ist eine Replik. Hier konnten in früheren Zeiten Gottesdienste für verschiedenste Glaubensrichtungen gefeiert werden, und heute ist das Stadtarchiv hier untergebracht. Die Preise für *Bed and Breakfast* sind exorbitant, denkt ihr. Die meisten sind in ehemaligen »*Sonntagshäusern*« untergebracht, die entsprechend erweitert und modern ausgestattet wurden.
Ein Sonntagshaus, erfahrt ihr, war ein meist nur zweizimmriger kleiner Bau, den sich die Rancher aus der Umgebung zimmerten, um am Samstag mit der ganzen Familie am Markttreiben teilzuhaben, und am Sonntag den Gottesdienst miterleben zu können. Maultiere, Ochsen oder Pferde hatten einen einfachen Unterstand hinter dem Haus, um zu übernachten, und am Sonntagnachmittag wurden sie eingespannt und brachten Familie und Einkäufe wieder zurück.
John O. Meusebach, der den Comanchen hier einen langdauernden Friedensvertrag abluchste, wäre stolz auf seine Nachkommen, und wie sie ihre Traditionen pflegen. Inklusive Osterfeuer, – die hier allerdings auf eine ganz und gar unfriedliche Tradition zurückgehen: Weil sich die Kinder der Pionierfrauen nachts fürchteten, da auf den umliegenden Hügeln Comanchenlagerfeuer brannten, erzählten die Mütter, dies seien die Osterfeuer, an denen die Ostereier gekocht würden, alles ganz friedlich, alles in Ordnung. »Und was haben sie ihnen in den anderen Nächten erzählt?«, will deine Freundin wissen. Wird ihnen schon etwas eingefallen sein, sagst du. Jedenfalls ist der Osterfeuerbrauch in Fredricksburg nicht mehr auszurotten.

Unten an der Kreuzung Main und Washington steht das wohl berühmteste Haus in Fredricksburg. Schon von weitem zu sehen, liegt es wie ein großer weißer Dampfer an der Ecke. Es ist das »Hotel Nimitz«, vom gleichnamigen deutschen »Capt.« Etwa 1853 erbaut und bis 1960 auch wirklich als Hotel genützt. Er war der Großvater des bekannten Admirals Chester Nimitz, der im zweiten Weltkrieg Kommandeur einer der größten Kriegsflotten überhaupt war. Heute kann man sich im Museum ein japanisches Zwerg-U-Boot ansehen, das gleich nach Pearl Harbor gekapert wurde oder auch auf dem »Walk of the Pacific« einen japanischen Harakiri-Bomber, oder die Hülle einer »Fat-Man«-Atombombe ...
Manche ziehen es vor und sehen sich nur den Friedensgarten an, ein Geschenk der besiegten Japaner ... Euch ist das alles zu militärisch, und das gilt auch für die »George Bush Galerie des Pazifikkrieges«.
Da besucht ihr lieber *Dooleys* »5 and dime«-store, eine Original Greißlerei von 1923, in der die »modernen« Dinge allerdings auch moderne Preise haben. Lustig sind einfach die Einkaufenden. Kinder, die noch nie so enge Regalabstände gesehen haben, fasziniert auf Glasbehälter voller Süßigkeiten sehen, die man einzeln und unverpackt kaufen konnte, damals, lange lange her. Und die Großmütter im besten Make-up und gebügelten Shorts sehen ein bisschen wehmütig aus bei den Fotos der Verkäuferinnen in langen dunklen Kleidern und weißen Rüschenschürzen, die das Besitzerehepaar einrahmen. Das hätten sie noch sein können, jenes ihre Eltern. Oh ja, die Uhrkette über dem Hemd, das weckt Erinnerungen, sagen sie zu den Enkeln, die das Kettengerät nie als Uhr erkannt hätten und sich langsam langweilen, während Oma diskret ergriffen schnauft.

Eher zufällig siehst du ein Geschäft, das *Dulcimers* verkauft. Das einzige Musikinstrument, das in der Neuen Welt erfunden wurde, wie du deiner klavierspielenden Freundin ungefragt mitteilst.
Der Oldtimer, der im dunklen Laden sitzt und eins der Instrumente repariert, hat nichts dagegen, dass ihr

hereinschaut. Wenn ihr möchtet, könntet ihr euch auch seine kleine Fabrik ansehen, die etwas weiter draußen liegt. Dulcimermusik klingt aus dem Lautsprecher, wirkt heiter, obwohl es ein Kirchenlied ist. Der lokale Radiosender spielt viel davon, *yep*, sagt der Alte, das gehört hier dazu. Und sie haben ein ganzes Orchester, das geht sogar ab und an auf Tournee in andere Bundesstaaten, was haltet ihr Mädchen davon? Ein Schwarzweißfoto zeigt eine Gruppe ernsthafter Menschen aus Fredricksburg, die ihre Instrumente festhalten, als trauten sie dem Fotografen nicht.

Du kannst nicht widerstehen und kaufst ihm eine Kassette ab. Die Musik passt hier ins Hill-County, noch dazu an einem wolkenlosen Sonntag. Dann gönnt ihr euch noch einen Kaffee. Das »Schuetzenfest« Anfang August habt ihr leider versäumt und für das »Oktoberfest« ist es natürlich zu früh, schade. Und euer Geld reicht auch sicher nicht für »Echte Gemuetlichkeit« im einen oder anderen *Bed and Breakfast*, oder das »Gasthaus Kaiser am Baron«, das mit dem Slogan »Schlaff bei dem Fluss« wirbt.

Ihr verlasst die »freundlichste Stadt in Texas« und macht euch auf nach Luckenbach, dem Ort, der damit wirbt, dass »*Everybody is somebody in Luckenbach*«. Ihr folgt dem numerierten Sträßchen nach Osten, guckt auf den Meilenstand, denn Luckenbach ist schwer zu finden. Es hat zwischen 3, 12 oder 25 Einwohner, je nachdem, wen ihr fragt. Trotz zweier Augenpaare habt ihr keine Chance.

Luckenbach ist unauffindbar. Ihr gebt ein paar Meilen zu, dreht dann wieder um. Ein befahrbarer Waldweg hügelan scheint dir vielversprechend, du hast irgendein Gebäude zwischen den Bäumen gesehen, hier könnt ihr den Weg erfragen.

Allerdings handelt es sich nur um ein historisches Schulhaus in der Ödnis, wie ihr der Tafel entnehmen könnt, also weiter die Straße bergauf, vielleicht gibt's eine Siedlung auf der Hügelkuppe.

Deine Freundin ist mehr als skeptisch. Doch nach der nächsten Kurve hört der Wald auf und ihr denkt in Tom-Sawyer-Land zu sein.

Zwei nebeneinanderliegende weiße, einstöckige, langgezogene Wohnhäuser mit Vorderveranda sind von dem längsten weißgestrichenen Lattenzaun umgeben, den du je gesehen hast. Ihr bleibt verblüfft sitzen. Kein Mensch ist zu sehen.

Ihr steigt endlich aus, öffnet das Gattertor, vorsichtig nach eventuellen Hunden Ausschau haltend, um über die Wiese zum Haus zu gelangen.

Ehe ihr klopfen könnt, öffnet sich die Tür und eine Märchengestalt tritt heraus. Eine schöne schlanke Frau mit dunklem, meliertem, aufgetürmtem Haar, in ein loses buntes Etwas gehüllt, das ihre nackten Füße fast verbirgt, lächelt euch an. Auf den Armen trägt sie ein sauberes kleines Ferkel, das zu grinsen scheint.

Hat die Sonne jetzt am Mittag etwa endgültig bei dir zu Halluzinationen geführt? Die Frau sagt nichts, steht nur abwartend und zufrieden da.

Endlich findest du deine Stimme wieder.

»Kommt herein«, sagt die Frau, »es ist kühler.« Ihr steht in einem langgestreckten Raum, der halb altmodische Kupferpfannenküche, halb Wohnraum ist. Hier ist nichts dem Zufall überlassen, ist alles in Szene gesetzt, wenn auch unaufdringlich. Die Frau setzt das kleine Schwein auf den dunklen Holzboden, wo es wie ein Kleinkind sitzenbleibt, ehe es sich seiner vier Beine entsinnt und unter einem Tisch verschwindet.

»Natürlich kann ich euch den Weg nach Luckenbach beschreiben«, sagt Sue freundlich. »Ihr fahrt wieder den Berg runter und dann links und genau nach einer Siebtel Meile rechts in den Wald hinein. Das Ortsschild aufzuhängen hat längst keinen Sinn mehr, das wisst ihr ja. Wird schneller gestohlen als wirs anbringen können.«

Ob es in Luckenbach irgendein Café gibt, fragst du, dein Magen knurrt bereits und es ist fast zwei Uhr nachmittags.

»Ich frag mal, ob euch Marge was zu essen machen kann, wartet kurz.«

Sie geht ans Telefon und redet mit jener Marge in Luckenbach, fragt sie auch, »ob Sie wohl noch Deutsch spräkken«, hier kämen zwei waschechte Österreicherinnen nach Luckenbach, das sei doch auch mal etwas Neues. »Sheriff sagt, es gibt noch ein paar Sandwiches« informiert Sue euch, nachdem sie aufgelegt hat. »Und von mir bekommt ihr ein paar Pfirsiche, hier, bedient euch.« Sie zeigt auf die Schale mit Früchten im Küchenteil des Raumes und ihr nehmt je zwei. Sie riechen köstlich, beinahe so, als seien sie zusätzlich parfümiert worden. Später werdet ihr beide behaupten, es seien die besten Pfirsiche gewesen, die ihr je im Leben gegessen hättet. Und der Geschmack von Pfirsichen wird untrennbar mit Sue, dem Ferkel und Luckenbach verbunden bleiben.

Diesmal findet ihr die Einfahrt, schleicht über den Waldboden und habt auch schon rechts eine große Scheune vor euch, als du am liebsten wieder umdrehen möchtest. Um das graue Gebäude stehen mindestens zwanzig aufgemotzte Motorräder und die paar Biker, die du sehen kannst, sehen aus wie Vietnamkämpfer. Ihre muskelbepackten Oberarme sind tätowiert und sie tragen Stirnbänder über meist langen Haaren. Du hast ein wenig Angst, dass sie eine langhaarige junge Blondine hier in der Wildnis missverstehen könnten. Aber im Vorbeifahren erkennst du einige Frauen bei den *bikes*, und schon hat die Szene ihre Bedrohlichkeit verloren.

Eigentlich wisst ihr nicht recht, was euch erwartet. Luckenbach soll aus einem Tanzschuppen bestehen, der in der Scheune da hinten liegt, und einem *General Store*, an den eine kleine Taverne angeschlossen ist. 1850 von Deutschen erbaut, war Luckenbach mit seinen kleinen Farmen in den umgebenden Hügeln ein texanisches Dorf wie viele andere. Aber dann, vor dreißig Jahren, hat es ein Scherzbold aufgekauft, Hondo Crouch, ein hier berühmter Karikaturist, Humorist und Autor, und beschlossen, alles so zu belassen, wie es war.

Eine Neuerung ist das geschnitzte Schild:
»Gratulation, du hast Luckenbach, Texas, gefunden. Wir haben täglich von 10-9 Uhr geöffnet. Manchmal auch später oder länger. Sonntags 12-9 Uhr. Mittwochs haben wir geschlossen (Ouch! Das ist womöglich heute).«

Der General Store ist wirklich interessant und hat auch noch das kleine Postamt integriert, mit den Postfächern für die Familien, die ihre Briefe und Kataloge hier abholen konnten.

Die Taverne ist ein relativ kleiner Raum, in dem euch Marge begrüßt und den paar Anwesenden, die alle sehr texanisch gekleidet sind, sofort erzählt, dass ihr *all the way from Austria* seid, das ist das Land, in dem es keine Kängurus gibt, sondern *Sound of Music*, fügt sie hinzu. Ihr seid gebührend beeindruckt und setzt euch an einen kleinen Tisch, bewundert das alte Eisenstövchen mit dem langen Rohr, die Dachbalken, die hunderte von Autonummernschilder aus ganz Amerika, die Wände, die mit Visitenkarten aus aller Welt tapeziert sind, und erfahrt so nebenbei, dass Marge Bürgermeisterin und Sheriff von Luckenbach ist. »Und ich mache wundervolle Sandwiches!«, fügt sie hinzu, während sie sie in rote Plastikkörbchen steckt und über den Tresen reicht. Dazwischen geht sie wieder und wieder zum Fenster hinter der Bar, nimmt Bestellungen auf von Menschen, die ihr nur hören aber nicht sehen könnt, hat für jeden ein Wort, einen Witz, und sooft sie hinter der Bar hervorkommt, bewunderst du ihr Stehvermögen in den roten Alligatorstiefeln.

Heimlich steckst du deine Visitenkarte zu den anderen.

Mit eurem Kaffee in der Hand wandert ihr hinaus in die schwüle Hitze unter den Bäumen. Etwa dreißig Menschen sitzen hier an den rohen Holztischen und haben Spaß. Kinder laufen herum und die Toilette, nach der du nicht fragen wolltest, ist nun auch unverkennbar: *Hotel Luckenbach* sagt das Holzschild, und bayerisch weißblau karierte Vorhänge dienen als Türersatz und Lüftung zugleich.

Die Nachmittagshitze scheint selbst die Geräusche zu dämpfen. Ein paar der Hügelbewohner haben ihre Musikinstrumente hervorgeholt und beginnen wie in einem dieser Träume, die man schon im Halbschlaf hat, zu spielen. Banjo, Fiedel, Waschbrett, Gitarren ... langsam rücken die Menschen näher zusammen, bilden einen Kreis um die Spieler, klatschen rhythmisch, singen mit. Eine *Jam session* im Hügelland an einem verzauberten Sonntagnachmittag. Ihr möchtet einfach hierbleiben ...

Trotzdem zwingst du deine Freundin nach zwei Stunden wieder zum Aufbruch. Hier kann man nicht, wie du gehofft hattest, übernachten, und sie musste die ganze Zeit süßliche Limonaden trinken, weil auch euer Wasser zu Ende

ist. Du hast dir wenigstens zwei Bier gönnen können ...
Auf Wiedersehen, Luckenbach. Ihr fahrt ganz langsam und lasst die Fenster noch eine Weile offen, bis die Musik verklingt.

Knapp vor Johnson City, immer noch traumverfangen, siehst du aus dem Augenwinkel ein rotgoldenes Holzkarussell an der rechten Straßenseite hinter einigen Häusern. »Dreh um«, sagst du, »jetzt werde ich langsam ganz verrückt.« Aber das Karussell ist da wirklich, ein Museumsstück, goldene Tiger und Pferde sehen euch hochmütig an, als wollten sie sagen: Na und? Noch nie ein Karussell gesehen?
Inmitten der Häusergruppe ist eine Art Restaurant, das von innen Ballsaalausmaße hat, und auch hier scheint alles unwirklich. Irgend ein Künstler hat sich hier verwirklicht, Gebrauchsgegenstände verändert, Mosaike aufgezogen, alle Häuserwände sehen aus wie Bilder einer Ausstellung. Niemand ist da, der euch das Rätsel erklärt. Fasziniert umrundet ihr dieses unerwartete moderne Museum, filmt es, damit ihr es auch zuhause glauben werdet. Das Geheimnis dieses Tages bleibt, auch wenn ihr später herausfindet, dass es sich um eine alte umgebaute *Feed Mill* und *Cotton gin* handelt, eine Futtermühle und ehemalige Baumwollspinnerei.
Den Lyndon B. Johnson Park lasst ihr links liegen, und auch für eine Weinverkostung wäre es zu spät – auch wenn es lustig wäre, herauszufinden, ob die Landschaft, die ein bisschen der Toscana ähnelt, wie die Weinbauern stolz auf ihre Schilder schreiben, auch ähnliche Weine hervorbringt.

Am nächsten Vormittag erreicht ihr Austin.
Alle sechshunderttausend Einwohner haben es anscheinend auf den einzig freien Parkplatz *downtown* abgesehen, den ihr ansteuert. Also kehrt, und zuerst eine Ehrenrunde rund um das imposante Kapitol, dessen Kuppel texasstolz zwei Meter höher ist als das Original in Washington ... Nun glückt euch das Parkplatzfinden auf einem noch nicht ganz fertigen zukünftigen Plätzchen, das

noch nicht geteert ist – bei der Hitze auch besser so, denkst du zynisch.

Ihr klettert den Bauzaun entlang den Hügel hinunter und wollt etwas zu Mittag essen. Restaurant reiht sich an Restaurant. Doch alle sind so voll besetzt, dass für zwei mehr einfach kein Platz ist. Massenweise junge Männer in Anzügen, die auch während des Essens sicher weiterarbeiten, wie es aussieht. Endlich fändet ihr ein Plätzchen, aber leider, Rauchen ist nicht nur in diesem Lokal sondern – zumindest in diesem gesamten Straßenzug – verboten.

Unverrichteter Dinge klettert ihr wieder zum Auto zurück. Außerdem war dies das erste Mal auf einer deiner Texas-Reisen, dass wirklich barsch bis unfreundlich mit euch umgegangen wurde. Die Stadt, erbaut, um »sechs verschiedene Regierungen, drei Kriege und jede Menge Rock'n Roll auszuhalten«, mag euch nicht.

Trotzig macht ihr eure *Sightseeing tour* hungrig im Auto, bis ihr einen *Coffeeshop* findet. Abends gönnt ihr euch ein tolles teures Fischessen direkt in einem Lokal auf der Veranda über dem Tow Lake, wo zu deinem Erstaunen dann auch andere Gäste ins Freie drängen, obwohl die Veranda, wie der betroffene Kellner dir unglücklich versichert hat, nicht klimatisiert ist.

Im Wasser unter euch entdeckst du kleine Scharen von Schildkröten, die herumpaddeln. Es sieht witzig aus, und du zeigst sie deiner Freundin. Im Abendhimmel tauchen plötzlich schwarze Vogelformationen auf, ein helles Gekreisch erfüllt die Luft, und die anderen Gäste sind ganz aufgeregt und ziehen Ferngläser und Kameras hervor.

Natürlich, die Fledermäuse! Die hattest du schon wieder vergessen. Unter der *Congress Avenue Bridge* hausen hunderttausende von ihnen, insgesamt sollen es eineinhalb Millionen sein, *Mexican free tailed bats*, und bei Sonnenuntergang schwirren sie nach Beute aus, ein Schauspiel, das Fremde und Einheimische gleichermaßen beeindruckt, während sie sich auf der Brücke die Beine in den Bauch stehen. Und hier genießt ihr es ganz gemütlich im Sitzen, auch wenn deine Freundin verstohlen ab und zu prüfend über ihr Haar streicht, trotz der großen Entfernung könnte sich doch eine Fledermaus verirren, oder?

Du tust, als sähest du es nicht, und erzählst ihr von den kriegerischen Fledermäusen von Carlsberg, New Mexico. Um 1943 wurden dort Versuche gestartet, die Tiere einzufangen, sie in künstlichen Winterschlaf zu versetzen und an ihnen winzige Brandbomben anzubringen. Dann wollte man sie über feindlichem Territorium freilassen ...
Das funktionierte auch noch ganz gut, doch als es zu einer Vorführung für interessierte Militärs kommen sollte, wachten die Tiere wegen der Sommerhitze verfrüht aus ihrem Schlaf auf, schwärmten aus – und setzten den Flughafen von Carlsberg samt allen Gebäuden in Brand ...

Eigentlich wolltet ihr in einen der vielen Clubs gehen, hier gibt es für jeden Musikgeschmack etwas, schließlich nennt sich Austin nicht umsonst, wenn auch etwas großspurig *»Live Music Capital of the World.«* Dennoch könnt ihr euch nicht richtig für irgendein Angebot entschließen. Die Erinnerung an den Musiknachmittag in Luckenbach ist noch zu nah. Verschämt und kulturell desinteressiert dreht ihr stattdessen noch ein paar Runden im beleuchteten Pool.
Am nächsten Morgen beschließt ihr einfach auf Hinterlandstraßen nach Waco zu fahren. Vielleicht gefällt euch Austin ein anderes Mal besser, wer weiß.
Gleich fahrt ihr das freundliche *Visitor Center* an und seht daneben das *Texas Ranger Museum*, vor dem einladend die texanische Flagge weht. Hier, im ehemaligen Fort Fisher, hat man den Männern ein Denkmal gesetzt, ohne deren Hilfe dieses riesige Land in den Anfängen wohl noch schwerer zu befrieden gewesen wäre.
Während du draußen auf der Bank im Schatten sitzt, nähert sich ein mulligezogenes Wägelchen im Westernlook. So könntest du hier den Brazos River entlang eine gemütliche Stadtbesichtigung machen, bietet dir der Fahrer an. Das Muli und er sind von der Hitze geprägt und tun dir leid, aber leider, du hast keine Zeit. Ergeben lassen Tier und Mensch den Kopf hängen. Als ihr später aus dem Museum kommt, sind die beiden verschwunden.
Eine Jugendgruppe aus Deutschland albert gerade vor dem Rangermonument herum, fotografiert sich gegenseitig in den üblich albernen Teenieposen und hat Spaß.

Den zwanzigminütigen Film über die Texasranger spicken sie mit Kommentaren, was die amerikanischen Besucher sichtlich nervt. Erst als am Ende des Films eines der Mädchen die texanische Flagge, die an der Wand lehnt, in die Hand nimmt und anderswohin platzieren möchte, um sie mit ins Bild zu bekommen, wird es laut. Das Mädchen versteht den Ärger nicht, stellt die Fahne aber zurück.
Staunend stehen vor allem männliche Besucher vor den vielen Waffen, einen Tag möchte der eine oder andere hier sichtlich gerne verbringen, nur um ihnen länger näher zu sein. Fast jeder hat hier eine Waffe, die NRA ist gut vertreten in Texas. Es gibt zwar genügend Orte und *Counties*, wo du entweder nur an bestimmten Tagen oder überhaupt nie Alkohol kaufen kannst, – aber Waffen natürlich jederzeit. Sobald du alt genug bist und das Geld hast, ziehst du einfach los und besorgst dir, was du brauchst.
Auch wenn es im heimatlichen Österreich nicht ganz so einfach ist, gibt es doch mit 400.000 Waffenbesitzern – gemessen an der Einwohnerzahl – fast so viele wie in Texas, das verwundert euch. Und das, obwohl es zuhause keine Waffenlobby gibt. Die amerikanische NRA ist eine sehr mächtige Organisation mit mehr als 3,3 Millionen Mitgliedern, von denen einige äußerst militant sind. In ihrem Katalog versandten sie zum Beispiel seinerzeit Zielscheiben von etwa 15 Zentimetern Durchmesser, die Präsident Clinton als Steuergelder fressenden »Clintonus Taxasaurus« darstellten oder eine »*New York City Sewer Rat*«, eine Kanalratte, die den Hass auf das Establishment der Ostküste ausdrückt, und gleichzeitig auch an unselige »Stürmer«-Karikaturen erinnert.
Eine große Kaufhauskette hat erst vor kurzem beschlossen, ihre Waffenabteilung von der Kinderspielzeugabteilung weg zu verlegen. Jahrelang hatte sich niemand daran gestoßen …
Einerseits seht ihr Fernsehspots, die sich an Kinder richten, denen geraten wird, wenn sie irgendwo eine Waffe finden oder liegen sehen, – was zu tun? Antwort im Chor: »Einen Erwachsenen holen.« Andererseits zeigt dir dasselbe Fernsehen täglich unglaublich brutale reale *Killings*. Auch und gerade von Kindern.

»Es ist ein Grenzland, es ist Tradition. Ich bin damit aufgewachsen.« Brave Büroangestellte, biedere Hochschullehrer erklären dir so ihre Waffe in der Schublade, im Auto, in der Garage. Und immer folgt der Satz: »Aber meine Kinder rühren sie nicht an.« Oder: »Wir können alle damit umgehen.«
Das US-Repräsentantenhaus will gerade die Waffenkäufe noch mehr erleichtern, aber dafür »in den Klassenzimmern die Zehn Gebote aushängen«, davon verspricht man sich eine positive Wirkung gegen Gewalt an Schulen.
Wahrscheinlich wird Letzteres nicht durchführbar sein. Schon 1980 hatte der Oberste Gerichtshof entschieden, dass das Aufhängen der Zehn Gebote in »öffentlichen Räumen« gegen die Verfassung verstoße.
Und nicht lange nach dem Schulmassaker von Littleton erklärte sich die Firma »Colt« zwar bereit, sich eventuell aus dem Geschäft mit Privatkunden zurückzuziehen. Allerdings würde das 300 Arbeitsplätze kosten, drohte sie gleichzeitig.
Hier im Museum liegt vielleicht der eine oder andere der legendären *Peacemaker* dieser Firma.
Deine Freundin ist fasziniert vom Rangermuseum, malt sich das Leben damals aus, die Desperados, die Viehdiebe, die wilden Tiere – ein abenteuerliches Leben, und so frei, schwärmt sie.
Du erinnerst sie an die Verfolgungsjagden, die Lebensgefahr, die Entfernungen, die kalten Winter, die Angst, das mehr als karge Leben unterwegs – keine Klimaanlage, kein Zahnarzt, fügst du hinzu, weil ihr beide Zahnweh hasst, und unwillkürlich fährt sie sich über die Wange.
»Siehst du?«
»Trotzdem«, beharrt sie. »Ein spannendes Leben war es schon.« »Das ist unseres auch«, behauptest du.
Seit sie vor Jahren in Utah unter sommerlichem Sternenhimmel gezeltet und geraftet hat, hat sie eine verklärte Idee vom Leben in freier Natur.
Du hingegen hast als Kind viele Nächte bei Bauern im Heustadel übernachtet und es nie besonders wunderbar oder romantisch gefunden, vor allem nicht bei Wind und Regen. Johanna Spiry, hast du später gedacht, hat sicher nie auf

einem Heuboden geschlafen, nur ihre Figur Heidi hat das anscheinend genossen.

»Und jetzt auf zur Brooklyn Bridge.«
Fragender Blick. »Die *Suspension Bridge* meine ich natürlich. Früher mussten sie alles in Fähren über den Brazos schaffen, bis dann 1870 diese damals hochmoderne Brücke gebaut wurde. Und die war so toll, dass die Leute aus New York sie nachgebaut haben, wenn auch ein bisschen größer, zugegeben, und darauf sind sie hier in Waco zu Recht heute noch stolz.«
»Davon hast du mir gestern Abend aber überhaupt nichts erzählt, wie soll ich jetzt dahin finden?«
Sie will immer abends den genauen Plan für den nächsten Tag, damit ihr euch nicht verfahrt und sinnlos Benzin verschwendet.
Sie hasst deine spontane Art, irgendeinen Ort, der zuhause interessant ausgesehen hat, dann einfach nicht anzufahren, weil er deinem Geschmack dann doch nicht zu entsprechen scheint, und dafür ganz andere Dinge zu tun, von denen vorher nie die Rede war, nur weil etwas lokal Obskures deine Neugierde weckt.
»Folg einfach den Pfeilen von hier weg, wir werden die Brücke schon finden, der Brazos ist ja kein Rinnsal.«
Die Brücke ist ganz aus Stein gebaut und wirklich bemerkenswert. Ihr parkt das Auto und schlendert hinüber und zurück. Der Fluss ist jetzt im Sommer nicht sehr hoch und die schönfarbigen Büsche und Bäume sehen durstig aus.
Wie ruhig es hier ist, denkst du. Wie viele New Yorker wohl hierherkommen, und die *Brooklyn Bridge* mit dieser vergleichen? Das muss auch eine Art Kulturschock sein. Für Leute aus Waco umgekehrt eher heftig.
Euer nächstes Ziel ist das Dr. Pepper-Museum.
Ein, zweimal ist dir ein »Dr. Pepper« angeboten worden, und du hast es auch getrunken, um höflich zu sein, doch dein Geschmack ist diese Limonade nicht. Aber in den Staaten ist sie sehr beliebt, und hier in Waco wurde sie erfunden und wird auch noch heute hier hergestellt.
Groß raus kam dieser allererste amerikanische Softdrink 1904 auf der Weltausstellung in St. Louis, »wo mehr als

20 Millionen Menschen die Chance hatten, dieses Produkt kennenzulernen.«

Auch andere ur-amerikanische Dinge kamen dort zur Premiere: *Hamburger* und *Hot dog* wurden erstmals in Brot gequetscht serviert und auch die Eistüte, wie wir sie kennen, trat von dort aus ihren Siegeszug an.

Das Museumsgebäude ist in der alten Fabrik untergebracht, und nachdem ihr euch bei der freundlichen Dame am Empfang das Ticket beziehungsweise einen Plastiksticker geholt habt, den ihr auf eure T-Shirts kleben müsst, damit ihr ab nun unkontrolliert frei herumlaufen könnt, aber zeigt, dass ihr ehrenwerte Besucher seid, die ihren Eintrittspreis bezahlt haben, trefft ihr hinter ein paar fasziniert lauschenden Besuchern einen Herrn im Apothekeroutfit des 19. Jahrhunderts, der die Geschichte des *soft drinks* erzählt. Erst bei näherem Hinsehen entpuppt er sich als lebensgroßer Wachsautomat in einem verspiegelten Apothekerambiente.

Solchen Figuren seid ihr schon oft begegnet, aber der hier sieht besonders echt aus.

Ihr trennt euch, damit du im Schnellgang durchgehen kannst, und dir nur die *Highlights* herauspickst.

Eines davon ist eine Schauvitrine mit einer Landkarte des heimatlichen Österreich, wo seltsamerweise nicht Wien die Hauptrolle spielt, sondern Orte wie Eisenerz oder Amstetten. Des Rätsels Lösung liegt in einer Aludose, die mit einem Trachtentanzpärchen bebildert ist und sich als heimisches Produkt »Almdudler Limonade« herausstellt, und die – du magst es kaum glauben – dem Dr. Pepper-Konzern gehört. Wow.

Über eine Stunde läufst du treppauf und treppab, bis du schließlich unten an der *soda fountain* gezwungen wirst, die Limonade wieder einmal zu kosten.

Leider magst du sie immer noch nicht.

Gleich neben der Rollstuhlrampe draußen ist ein Caritas Laden, und da du dir die Limonade aufs T-Shirt gekleckert und das klebrige Zeug nicht wegbekommen hast, willst du schnell hinübergehen und für wenig Geld ein *secondhand shirt* erstehen.

Die Holzstufen zum Eingang sind mit Kippen übersät und im halbdunklen Inneren ist anscheinend die Klimaanlage ausgefallen, es ist nicht viel kühler als draußen. Auf Dutzenden von Stühlen zu deiner Linken sitzen schwarze Frauen aller Altersstufen. Sie haben Papiersäcke zu Boden gestellt und sagen nichts, noch lächeln sie bei deinem Eintritt. Rechts von dir sind ein paar uralte Schreibtische, wie ein Käfig mit Maschendrahtzaun abgetrennt. Zwei ältere weiße Frauen sortieren im Hintergrund, der eine Art Lagerhalle zu sein scheint, irgendwelche Kartons.
Du bemerkst zu spät, dass du hier, nur Schritte von dem berühmten Museum entfernt, auf tiefste Armut gestoßen bist. Kein Wunder, dass die Frauen dich ignorieren. Sie sitzen hier, ehe sie in einer halben Stunde wieder nachhause müssen, so sie denn eines haben. In den Papiertüten sind Lebensmittelrationen, die sie hier von der Caritas gratis erhalten, Reinigungsmittel, Kleidung. Der Bekleidungssecondhandshop, in dem *du* ein T-Shirt kaufen könntest, ist zwei Blocks weiter, aber schon geschlossen, erklärt dir eine der müden weißen Frauen freundlich.
Du stopfst mit schlechtem Gewissen fünf Dollar durch das Maschengitter, hoffst, dass niemand das gesehen hat, bedankst dich überschwenglich und verlässt das Lokal fast fluchtartig.
Auf der Treppe draußen sitzt jetzt eine Frau, die dich aus leeren Augen ansieht, »*Hi, honey*, hast du eine Zigarette für mich?« fragt, aber keine erwartet. Du fischst zwei Dollar heraus. Sie soll sich welche kaufen, leider, du rauchst nicht, lügst du.
Die Kirche der Davidianer, jene Sekte, die zu so trauriger Berühmtheit gelangt ist, schenkt ihr euch, obwohl sie »bei Tageslicht Besucher gern sehen«, solange es nicht »der Samstag-Sabbath oder ein Feiertag gemäß dem alten Testament ist«, wie in ihrer Broschüre steht. Im Jahr 2000 bestand die Gemeinschaft bereits 7 Jahre und hatte ein Gelände von 77 Morgen mit drei Teichen und zwei Kirchen. Dazu einen Gedenkstein, auf dem die Namen all der Davidianer eingemeißelt sind, die damals am 28. Februar 1993 umkamen. 82 Menschen, darunter 18 Kinder unter zehn Jahren … 82 kleine Bäumchen wurden gepflanzt und

jedes davon mit weiteren Steinen umlegt, einige davon tragen Namen und Daten.
Der Gedenkstein ist immer blumengeschmückt und Kinderspielzeug lehnt dort, der Kleinen zu gedenken.
Unfertige Untergrundräume und Tunneleingänge sind alles, was nach dem *shootout* und Brand als Ruinen geblieben sind. Besucher stehen Schlange davor. Du möchtest nicht dazugehören.

»Hier irgendwo hat es einmal einen Ort namens Crush gegeben. Typisch texanisch! Ich glaube, es ist wirklich der einzige Ort auf der Welt, den es nur einen Tag gab«, sagst du beim Weiterfahren zu deiner Freundin. »Nur einen Tag lang?«, fragt sie ungläubig zurück. »Und das, obwohl er vierzigtausend Einwohner hatte«, antwortest du ernsthaft.
»Es war so: Ein gewisser William George Crush war ein Agent für die Missouri-, Kansas- und Texas-Eisenbahn, kurz Katy genannt. Er schlug der Company vor, einen Zugzusammenstoß zu organisieren, er würde das Spektakel Monate vorher publik machen, es würde eine Menge Leute anlocken und denen könnte man dann allen Fahrkarten zu dem Schauspiel verkaufen und so Katy toll vermarkten. Den ganzen Sommer von 1896 wurde der »Monster Crash« angekündigt, viele texanische Zeitungen brachten tägliche Berichte über den laufenden Stand der Vorbereitungen und auch Zeitungen aus anderen Bundesstaaten zogen mit. Zwei alte Lokomotiven, die man grellgrün, beziehungsweise grellrot bemalt hatte, wurden in allen größeren Städten von Texas herumgefahren und gezeigt, und die Katy-Company wurde mit Fahrkartenwünschen für das Ereignis überrollt. In der Nähe der Gleise zwischen Waco und Dallas ließ Crush dann Anfang September 500 Arbeiter 4 Meilen Gleis für den Zusammenstoß legen. Dazu noch eine Tribüne für Ehrengäste, drei Rednerpulte, zwei Telegrafenbüros, eine Bühne für Reporter und natürlich auch noch eine Plattform für die Musikkapellen. Sicherheitshalber auch jede Menge Polizei und zwei provisorische Gefängnisse. Von Ringling Brothers lieh er ein Riesenzelt, in dem ein Restaurant eingerichtet wurde und zur Unterhaltung gab es noch jede Menge fahrendes Volk

mit Attraktionen aller Art, Verkaufsständen für Limonade und Patentmedizin, Zuckerwatte und allem – ein richtiges Volksfest eben.«
»Und das hat geklappt?«, fragt deine Freundin skeptisch. »Leute, die anreisen, um einen Zugzusammenstoß zu sehen?«
»Natürlich«, sagst du. »Wir sind im Reklameland, erinnere dich!«
Sie mag dir immer noch nicht recht glauben.
»Herr Crush hat einem Reporter erzählt, er erwarte 20.000 Leute zu dem Ereignis, der wollte das auch nicht glauben. Aber am frühen Morgen des 15. September 1896 kam schon der erste von 33 überfüllten Zügen aus dem ganzen Land an. Für 2 Dollar konnte man an diesem Tag von überall her in ganz Texas nach Crush und wieder zurück fahren und manche der Züge waren so überfüllt, dass die Leute auf den Waggondächern mitfahren mussten. Nachmittags um drei waren über 40.000 Leute da und unterhielten sich blendend, picknickten auf dem Rasen und warteten auf das große Ereignis. Um fünf Uhr wars dann soweit. Agent Crush kam theatralisch auf einem weißen Pferd und ritt in die Mitte der Geleise, lüftete seinen weißen Hut und nach einer kurzen Pause gab er das Zeichen. Die Menge tobte und schrie und jeder lief nach vorne, um möglichst nahe dabei zu sein. Die Dampflokomotiven rasten mit schrillem Pfeifen aufeinander zu und bäumten sich auf, die Dampfkessel explodierten beinahe gleichzeitig, alles war voll Feuer, Dampf und Rauch. Metallteile flogen herum und die Zuschauer flohen in blinder Panik. Zwei junge Männer und eine Frau wurden getötet, mindestens sechs andere durch Trümmer schwer verletzt. Einer der Lokführer war rechtzeitig abgesprungen, wie vereinbart, der andere wollte Mut beweisen – das hat ihn leider das Leben gekostet. Die Katy-Aufräumzüge rückten dann an, um die Lokomotivwracks zu beseitigen, und die kleineren Teile wurden von Zuschauern als Souvenirs mitgenommen.
Man machte sich wieder auf die Heimreise, die Stände und Buden, das Zelt und die Plattformen wurden abgebaut, und am Abend hatte Crush, Texas, bereits wieder zu existieren aufgehört.

Agent Crush wurde an diesem Abend zwar gefeuert, am nächsten Tag aber wegen seines Erfolges doch wieder eingestellt und er arbeitete bis zur Pensionierung für diese Eisenbahn. Die Klagen der Angehörigen der Toten wurden schnellstens mit Geld der Katygesellschaft bereinigt, und alle Verwundeten bekamen dazu noch lebenslange Freitickets für diese Bahnlinie.

Am nächsten Morgen geht's weiter nach Dallas.
Heute, am Sonntag, ist nicht so viel Verkehr, aber es reicht doch. Mit 70 Meilen und mehr rast ihr ins Zentrum der Stadt. Deine Freundin duckt sich automatisch, so wie du, während ihr euch unter Stadtautobahnen durchquält, immer bedacht, die Hinweisschilder zum Stadtzentrum nicht aus den Augen zu verlieren. Die Architektur wird dich bei jedem Besuch wieder faszinieren. Bei diesem ersten Besuch sieht sich deine Freundin abends im Bildschirm der Videokamera die Stadtdurchquerung an, sie war nur auf den Verkehr konzentriert.
Ihr sucht und findet dann auch die *Pioneer Plaza*, ein grandioses Schauspiel. Mitten unter glitzernden Wolkenkratzern ein grüner Hügel, von dem eine Herde lebensgroßer Bronzelonghornstiere von drei auf Pferden sitzenden Bronzecowboys getrieben werden. Ein glänzender Strom wilder Tierleiber in statischer Bewegung. Am Fuße des Hügels stehen die ersten Tiere mit den Beinen im Wasser. Einige beugen sich vor, um zu trinken.
Obwohl überall diskrete Schilder darum bitten, es nicht zu tun, sind ganze Familien hier, um sich nicht nur mit den Tieren fotografieren zu lassen, sondern natürlich auch auf den Tieren herumzuklettern. Buntgekleidete Kleinkinder machen sich besonders putzig zwischen den tödlichen Stierhörnern.

Später findet ihr einen Parkplatz direkt neben dem Eingang zum *Sixth Floor Museum*.
In diesem Gebäude hat der Attentäter auf den Präsidentenkonvoi gewartet, von hier fielen die Schüsse, die John F. Kennedy an jenem 22. November 1963 töteten, hier ging eine Ära zu Ende.

Ältere Amerikaner, Studenten, Familien mit Kindern, Menschen aus allen Ländern der Erde ziehen in einem unermesslichen Strom stetig durch das Gebäude. Viele haben Tränen in den Augen und es ist sehr still. Man kann Kopfhörer leihen und alleine durch die Ausstellung gehen, alles ist übersichtlich und informativ gestaltet, die Nachkommenden erhalten eine Fülle an Informationen über die damalige Zeit und Politik, aber vor allem über das Leben der Kennedys und jenen immer noch geheimnisvollen Tag und seine Folgen. In der Nähe der Houston Street ist auch die Bronzeplakette, die den Platz markiert, an dem die tödlichen Schüsse ihr Ziel erreichten. Und ein anderes Denkmal aus weißem Marmor, das mit nach oben gezogenen Mauern einen kleinen Platz einschließt, von dem aus du nur den Himmel siehst, ein Ort der Stille mitten in *downtown*, ist ebenfalls J. F. K. gewidmet.

Zum späten Mittagessen findet ihr den West-End-Pub. Da er wirklich mitten im Geschäfts- und Museumsviertel liegt, nennt er sich »*A Neighbourhood Pub Without The Neighbourhood*«. Sein angebotener Sonntagsbrunch ist eher Flüssigem gewidmet und im Hintergrund, sagt euch der stolze Besitzer, hat er die Bloody-Mary-Bar, mit allem Drum und Dran, da könnt ihr Mädchen euch die Drinks je nach Geschmack selber zusammenstellen.
Andererseits hat er ein Riesenschild, das darauf hinweist, dass er jede Menge nichtalkoholisches Bier hat, und auch einiges an nichtalkoholischen Spezialdrinks, denn er partizipiert stolz am Programm »Nüchterne Fahrer sind bessere Fahrer«.
Am späten Nachmittag ruht ihr euch am Pool aus.
Abends wollt ihr nach *Deep Ellum*, einer Gegend voller Musik und Nachtleben. Es ist noch hell, als ihr hinkommt und das Auto parkt. Dennoch scheint deiner Freundin die Gegend nicht gerade vertrauenerweckend. Ihr findet beim Bummeln ein Café, dessen Außenfassade mit Glasziegelsteinen vermauert ist, in die zwei Sichtfenster eingelassen sind. Die Türe ist violett bemalt.
Als ihr eintretet, sieht alles eher wie ein WG-Wohnzimmer der wilden Siebziger aus. Kein Stuhl passt zum anderen,

kein Tisch hat die selbe Höhe, und nach weiter hinten hin breiten sich Sofas aus, die bessere Tage gesehen haben. Die Bilder an den Wänden passen ebenfalls in diese Ära. Gemütlich lässt du dich auf einem Sofa nieder, während deine Freundin Kaffee bestellt und gnadenlos gefragt wird, welche Art. Auf der Tafel stehen wieder alle denkbaren Kaffeegeschmäcker, ob mit Kirsche oder Pfefferminz, Kaffee alleine tut es hier nicht.

Währenddessen hast du neben der Toilettentür eine kleine Holztüre entdeckt, durch deren Glasfenster in der Mitte du in einen Hinterhofgarten sehen kannst. Neugierig gehst du näher. Korbsessel, alte persische Decken, dichte Büsche.

Erst jetzt merkst du den Zettel mit dem Computerausdruck, der dich bittet, solltest du Hasch rauchen wollen, erstens dein eigenes mitzubringen, und zweitens auf die anderen Gäste Rücksicht zu nehmen und draußen zu rauchen. Danke. Normale Zigaretten kannst du hier hinten allerdings schon rauchen.

Es ist immer noch hell draußen, und ihr schlendert an – noch geschlossenen – Musikclubs vorbei. Tätowierungssaloons und das psychedelische Bemalen von Autos in entsprechenden Kleinwerkstätten scheint ein gutes Geschäft zu sein, fällt euch auf.

Ein älterer hagerer Bettler schwankt auf euch zu, erzählt euch, Jesus sei *great, just great,* und lächelt zahnlos. Er begleitet euch ein paar Schritte, ehe er unaufdringlich um eine Münze bittet.

Deine Freundin erstarrt, während du aus der Tasche dein Portemonnaie holst. Leichtsinn, scheint ihre starre Haltung auszudrücken, Leichtsinn. Was, wenn uns der Alte nun die Tasche wegreißt? Mit deinem Bein könntest du ihn nicht verfolgen, die Straße ist menschenleer, wer sollte euch hier hören? Du kannst ihre Besorgnis fühlen, aber nicht nachvollziehen. Der Alte ist harmlos.

Du gibst ihm zwei Quarter, und er bedankt sich freudig, begleitet euch noch weiter, dankt Jesus und euch abwechselnd, ehe er in eine Seitenstraße abbiegt.

»Das war *nicht* gefährlich«, kommst du ihr zuvor. Aber ihre Augen sind groß und sie sieht sich immer wieder um, während sie dir Leichtsinn vorwirft.

Einmal hattet ihr euch unterwegs in einem kleinen Ort verfahren und seid ins Schwarzenviertel gekommen. Die Einfamilienhäuschen wurden niedriger, verwahrloster, die Straße rumpelte vor Schlaglöchern. Während ihr an einer Ampel wartet und du bei offenem Fenster eine Zigarette rauchst, erhebt sich ein Mann mittleren Alters von einer Bank, kommt zum Auto und bittet dich um eine Zigarette. Du greifst ins Handschuhfach und schüttelst ihm eine aus der Packung. Sie hat aber keine Filter, warnst du ihn. »Macht nix«, sagt er, »dank dir schön«. Und setzt sich wieder auf seine Bank.
Erst jetzt erkennst du, dass deine Freundin sich die ganze Zeit gefürchtet hat.
»Und was hätte er uns tun sollen?«, willst du wissen. »Zum Fenster hereingreifen und dir die Tasche wegreißen. Oder die Tür aufmachen und uns bedrohen, uns das Auto stehlen, schlimmstenfalls, wie hätten wir uns denn wehren können, hm?« Sie ist sauer.
Aber sie will dich einfach nur beschützen, denkst du, sie meint es gut.

Das Wahrzeichen von Dallas, der *Reunion Tower*, ist zwar unübersehbar, aber es gelingt euch trotzdem – nicht nur beim ersten Mal und der ersten Reise – ihn zu verfehlen. Zum Greifen nahe steht er über euch, nur die Bahnstation trennt euch von ihm, aber da ist kein Parkplatz weit und breit, also zurück, den Kreis wieder von vorne. So geht das drei Mal.
Als ihr dann hinauffahren wollt, um im Restaurant eine Kleinigkeit zu essen, während Dallas sich unter euch dreht, ist deine Begleiterin schon wieder sauer. Im ersten Jahr eurer Texasreisen, 1997, gibt es in diesem freien Land eine *Bekleidungsvorschrift*. Sie trägt dunkelblaue, gebügelte Designershorts, aber das Schild ist unerbittlich: Krawattenzwang, lange Hosen für Männer und Röcke für Frauen. Keine Shorts, *sorry, please understand.* »O. k., dann gehen wir eben in die Bar und essen Salat und Crakkers«, sagst du unverdrossen. »Wir sind ja nicht sooo hungrig.« Bereits zwei Jahre später ist die Kleidervorschrift anscheinend gefallen.

Am Nebentisch sitzen Schülerinnen, die sichtlich nicht gerade reich sind, und unterhalten sich, wie sie das »Zwangsgedeck« von fünf Dollar am besten anlegen, damit jede ein Getränk und etwas Essbares bekommt. Sie entscheiden sich für verschiedene, alkoholfreie *Daiquiris* und Fruchtsalate. Dazu gibt es genügend Crackers, wissen sie.
Du beobachtest sie einige Zeit, während ihr auf euere Bestellung wartet.
»Ich glaub, da ist Alkohol in meinem *Daiquiri*«, sagt eine.
»Nie!«, widersprechen alle anderen. »Die wissen, dass wir unter einundzwanzig sind, die würden ihre Lizenz verlieren, und außerdem hätten sie uns vorher nach dem Führerschein gefragt. Da *kann* kein Alkohol drin sein.«
Aber die *drinks* schmecken ihnen, sie werden ganz schön lustig und kichern. Als ihre Rechnung kommt, ist sie wesentlich höher als erwartet. Sie wehren sich dem Kellner gegenüber, sichtlich habe er die alkoholischen Drinkpreise verrechnet, das ginge aber wohl nicht an, schließlich hätten sie sie a) alkoholfrei bestellt, b) alkoholfrei bekommen und c) seien sie erst siebzehn, sie hätten *nie* Alkohol bestellen können, oder?
Der Kellner hat rote Ohren. Du bist dir sicher, dass er ihnen alkoholische Getränke gebracht und zu Recht verrechnet hat. Aber Alkohol an Minderjährige, das kann ihn den Job kosten. Also wird er die Differenz stillschweigend aus eigener Tasche zahlen, und bringt ihnen die revidierte Rechnung. Die Mädchen sind zufrieden und lassen einen jämmerlichen Haufen kleiner Münzen, höchstens zehn Prozent, als Trinkgeld zurück, während sie kichernd den Ausgang suchen, der ja durch die Restaurantdrehung inzwischen schon wieder woanders ist.

Nachmittags führt deine Freundin ein geheimnisvolles Telefonat, bei dem du nicht zuhören darfst, also gehst du mit jeder Menge *Flyers* und Gratiszeitungen an den *pool* und suchst ein passendes Plätzchen fürs Abendessen.
Nein, sagt sie später, heute lädt sie dich ein, zieh was Witziges an, ist alles, was sie verraten will. »Elegant witzig oder normal?«, fragst du.

»Wie du willst.« Das hilft dir auch nicht weiter. Sie erscheint jedenfalls abends in einem neuen Outfit, das sie unterwegs erstanden hat. »Schick«, sagst du, dir Augenmakeup auflegend.
Die Richtung kennst du nun schon, es geht *downtown*. Aber in Sichtweite des *Reunion Towers* biegt sie rechts ab und du traust deinen Augen nicht. Seid ihr in Disneyland gelandet?
»Überraschung geglückt?« Sie grinst.
Das Gebäude vor euch ist eines von vielen, mittelalterlichen Burgen nachgebauten, zinnenbewehrten weißen Riesendingern, die *»Medieval Times«* heißen. Fahnengeschmückt stehen sie manchmal am Straßenrand, und immer noch seid ihr daran vorbeigefahren.
Hier macht Essen den Amerikanern mehrfachen Spaß, egal, welche Altersgruppe, das muss man einfach mal erlebt haben, sagt sie und grinst spitzbübisch. »Ja, aber es ist auch ganz schön teuer«, erwiderst du.
»Dafür bekommen wir auch etwas geboten. Wir sitzen in einer riesigen gedeckten Arena, bekommen bunte Hüte, damit wir wissen, welchem Turnierteilnehmer wir zugehören, den müssen wir dann beim Reiterkampf unterstützen, dazwischen gibt's Ritteressen so viel du magst und du darfst es auch alles mit den Fingern essen, so wie vor langer Zeit – steht alles im Prospekt.«
»Und dazu Schwertkämpfe, Reitvorführungen, Falknerei, und was weiß ich noch«, ergänzt du.
»Aha, auch schon drangedacht, so was mal zu probieren«, sagt sie grinsend. Du zuckst die Achseln und fühlst dich wie etwa fünf Jahre alt.
Vor dem Burgeingang steht ein mittelalterlich gekleideter Falkner, der sein mit Kappe versehenes Tier auf dem Arm trägt. Burgfräulein in mehrschichtigen Nylonroben aller Farben stehen vorm Eingang, gerade noch in der klimatisierten Zone. Der Falkner interessiert sich nur für seinen Vogel, er spricht mit niemandem und wird im Gegensatz zu den Mädchen und Frauen von niemandem fotografiert außer von dir und zwei Arabern.
Platzanweiserinnen führen euch durch dunkle Gänge zu eurem Sitz an der Brüstung etwa in der Mitte der großen

Halle. Auf einer Empore stehen Herolde und blasen, was das Zeug hält, eine Fanfare nach der anderen. Über Lautsprecher werdet ihr aufgefordert, eure Kopfbedeckungen aufzusetzen, und schon sind die Ränge ein Farbenmeer, jede Sektion eine andere. Dich weiter wie ein Kleinkind fühlend, spielst du mit.
Das Spektakel wird euch mehrfach erklärt, ehe es beginnt, es erscheinen dann die Turnierteilnehmer, und ihr sollt »eure« Farben mit donnerndem Applaus, die »anderen« mit Schmährufen empfangen. Wow.
Das Königspaar betritt seine Loge am unteren Ende der Halle und sieht sehr prächtig aus.
Dann beginnen die Vorführungen. In einem Land wie Texas ist es sicher nicht schwierig, eine gute Reitertruppe zusammenzustellen, und es wird einiges geboten. Schwertkämpfe in der verdunkelten Halle, Funken sprühen. Beifall. Der Falkner kommt herein, nimmt dem Vogel die Kappe ab und legt sie, vielleicht weil du in der Mitte sitzt, dir auf die Brüstung, mit der Bitte, gut auf sie aufzupassen. Entweder ist er Kanadier oder Franzose, jedenfalls kein Texaner. Das erklärt auch, warum er nicht lächelt oder Faxen macht, sondern nur sein ernsthaftes Programm mit dem Vogel durchzieht, das die meisten Amerikaner kaum zur Kenntnis nehmen, da es nicht ihr Sport ist. Der Vogel schießt unter dem Sicherheitsnetz kreuz und quer der Beute nach, die sein Herr an der langen Schnur geschickt in die Luft wirft. Die Araber gegenüber sind aufgestanden, um besser zu sehen. Der Applaus ist eher matt, als sich der Falkner verbeugt. Du gibst ihm das schön gearbeitete Käppchen zurück und dankst ihm nochmals für die Vorführung. Da lächelt er kurz.
Nun quetschen sich die Kellnerinnen durch die Reihen, reden euch in einer Mischung aus Shakespeare-und Disneyenglisch an, verteilen Rippchen und andere Köstlichkeiten und bitten euch, die abgenagten Knochen nicht in die Arena zu werfen, sondern in die Eimerchen, die sie in Abständen an die Brüstung hängen.
Zauberer, weitere Schwertduelle und endlich dann die Turniere, an denen ihr stimmlich beteiligt seid. Du hast Staub in den Augen, es ist ziemlich warm, und das

an- und abschwellende Geschrei macht dir langsam Kopfschmerzen. Eure Sektion hat leider nicht gewonnen, aber das verkraftet ihr locker. Nach dem großen Finale wollt ihr nur noch hinaus, irgendwie hast du die Idee von kühler Nachtluft, aber natürlich ist es draußen heißer als drinnen und ihr seid froh, wieder im klimatisierten Motel anzukommen.
Doch, es hat dir gefallen. Doch, es war ein tolles Erlebnis. Doch, du hast dich sehr gefreut, antwortest du. Wirklich toll, vor allem die Pferde und der Falkner. Aber müde hat es dich auch gemacht, und wahrscheinlich wirst du heute Nacht von den Burgruinen deiner Kindheit oder einem ganz europäischen Zirkus träumen. Danke nochmals für diesen unerwarteten Abend.

Der *McKinney Avenue Trolley* hat es dir angetan. Er befährt eine wirklich nette Route, und so startet ihr zum Depot an der Endstation, wo ihr parkt. Im Depot gibt's die Möglichkeit, den einen oder anderen alten Straßenbahnwaggon zu sehen, der gerade repariert wird. Als alten Eisenbahnfan interessiert dich das. Aber ihr habt Pech. Euer Fahrplan stimmt zwar, aber heute ist leider geschlossen. Der freundliche Fahrer in Uniformhose und mit Käppi zieht euch aber den Rollbalken hoch, weil ihr aus Europa seid, wo man solche Verkehrsmittel noch ganz anders schätzt, o ja, das weiß er, einmal war er zehn Tage da, o es war einfach zu kurz, Wochen hätte er da verbringen können, Monate. Stolz zeigt er euch die beiden zu reparierenden alten Straßenbahnwaggons, an denen er gerade arbeitet. Gratis, natürlich gratis, alles aus Liebe zu den alten Dingern. Er führt euch in das kleine *office*, wo er noch ein paar Schätze hat, eine alte Morseanlage, echte alte Signalpfeifen und zwei Originalkäppis.
Gerne würdest du ihm irgendetwas abkaufen, aber die T-Shirts sind zu teuer und eine Signalpfeife hast du schon. So bleibts bei zwei Postkarten.

Erst zwei Jahre später werdet ihr mit diesem *trolley* fahren, zusehen, wie der Fahrer zum Umdrehen die Abnehmer aushakt, dann durch den Wagen geht, die Sitzlehnen

berührt, so dass sie die Fahrtrichtung wechseln, während er nun den vorderen Führerstand benützt, um euch zurückzubringen.
Doch, Einheimische benützen den *trolley* schon auch, zum Einkaufen, wenn sie kein Auto haben, oder zu arm sind, aber darüber möchte er lieber nicht reden. Eigentlich fahren meist Touristen, und die kommen wegen der hübschen Geschäfte und vor allem wegen des Hard-Rock- Cafés. Ein wenig traurig, das alles. Auch hier spricht ein längst pensionierter Trolleyliebhaber, der in seiner freien Zeit diese Arbeit macht, Kindern von früher erzählt, sie die Kappe aufsetzen lässt und Eisenbahnfans aller Herren Länder, so sagt er, sofort von Normaltouristen unterscheiden kann. Das liebt er, diese Schwätzchen mit Gleichgesinnten. Nur schade, dass er nie Sprachen gelernt hat. Manche *aficionados* können kein Englisch, das betrübt ihn dann. Und vielleicht werden sie den Betrieb überhaupt in ein paar Jahren ganz einstellen, wer weiß ...

Am Wochenende willst du in Grand Prairie wohnen, mitten in jener Gegend, wo es dann den größten Flohmarkt von Texas gibt, *Traders Village*. Er ist so groß, dass die sechs Straßen, die ihn queren, schon *Avenues* heißen und es zwanzig oder mehr Querstraßen gibt ... Wäre doch gelacht, wenn bei diesem Riesenangebot nicht ein paar Bücher oder sonstige Souvenirs für euch dabei wären.
Ihr fahrt also hinaus und findet auch ein passendes billiges Motel in der Nähe eines »*Ripley's Believe It Or Not*« – dieser Mischung aus Naturkundekabinett, Wachsmuseum und Freakshow. Wunderbar. Nur, heute wollt ihr noch nicht hier im Motel bleiben, ihr kommt erst morgen, wie sollt ihr vorgehen? »*No problem*«, sagt der Mann am Empfang. »Ich geb euch den Schlüssel für das Zimmer, das ihr euch aussucht, und ihr kommt, wann ihr wollt.« Gesagt, getan. Ihr wundert euch. »Großzügig mit dem Schlüssel, der Mensch. Was, wenn wir nie kommen, aber irgendwann mal einbrechen?« Ihr findet das witzig. Weniger witzig findet es ein Mann am nächsten Tag, der vor euch an der Rezeption steht, wo ihr Handtücher für den Pool holen wollt. »Natürlich hat der Schlüssel gepasst, sag ich doch. Das

Zimmer ist auch ganz in Ordnung. Nur die Frau hat sich furchtbar aufgeregt, die da schon wohnt. Wie ich den Fernseher aufdreh, kommt sie aus dem Bad, nur in Wut und Handtuch gekleidet, die hat mich vielleicht angeschrien, das war mir vielleicht peinlich. Also, ich will ein Zimmer weit weg von dieser Furie, o. k.?«
Ihr verkneift euch das Grinsen.
Traders Village ist ein Alptraum für Gehbehinderte. Aber tapfer plagst du dich mit Hilfe eines Plans durch die Menge. Es gibt massenweise Essbuden, einen Kinderspielplatz und gedeckte und ungedeckte Stände, so weit ihr sehen könnt. Von taiwanesischen Billiguhren bis zu einer Reihe in Avenue F, die nur Gewehren, Messern, Pistolen und Munition gewidmet ist, gibt es nichts, was es nicht gibt.
Ihr beschließt, euch zu trennen, damit sich jede in ihrer Geschwindigkeit durchfretten kann. Nach zwei Stunden wollt ihr euch beim *Main Restaurant* wieder treffen.
Du weißt nicht, wie groß das Gelände ist, aber für dich auf alle Fälle zu groß. Außer bei den Waffenhändlern scheint es keine Ecke zu geben, die irgendwie gegliedert ist, auf afrikanische Masken folgen handgemachte Quilts, Billiguhren wetteifern mit Comics und Spiegeln, daneben sitzen kleine Kinder auf bunten Decken, die ihr altes Spielzeug illegal verhökern wollen und teilweise schon sehr geschäftstüchtig wirken. Hausfrauen schleppen Garnituren von gutduftenden Kerzen und Seidenblumenarrangements durch die Menge, die sie auch in der Stadt zum gleichen Preis bekämen, denkst du. Schmuck, Möbel, Ramsch und Kitsch, dazwischen der Lautsprecher, der nach Eltern verloren geglaubter kleiner Kinder sucht, die blond sind, Junge oder Mädchen, Jeans tragen und eventuell drei Jahre alt sind. Man möge sie bitte abholen.
Du malst dir aus, dass es hier für die Stiefmutter von Hänsel und Gretel viel einfacher gewesen wäre, sich der *kids* zu entledigen. Verwirr sie, lass sie irgendwo zurück und fahr weg. Und wenn sie nicht gestorben sind, wandern sie noch heute durch *Traders Village* ...
Das geballte Angebot an Scheußlichkeiten ist zwar sehr fotogen, aber deine Ausbeute an Souvenirs eher gering. Zu viel Neues gibt es hier, und du bist froh, als ihr euch zum

Essen auch wirklich wiederfindet. Trotz Plan bist du nicht ganz sicher, ob du zum Parkplatz zurückgefunden hättest. Obwohl sich dein Zwei-Dollar-Hut aus grellgelbem Stroh, den du mit grässlich pinken Seidenblumen samt Glitter verziert hast und der im Auto hinten auf eurer Hutablage liegt, bisher sehr bewährt hat. Einerseits gut gegen Sonne, andererseits ein Signal auf großen Parkplätzen, euer unauffälliges Auto auch sicher wiederzufinden.

Nun wird es aber endlich Zeit, nach Paris, Texas zu fahren, – einfach des Filmes wegen.
Gemütlich fahrt ihr Nebenstraßen, schaut in das eine oder andere Antiquitätengeschäft an der Straße, du kaufst wieder einen Hut, diesmal in Türkis und aus Samt, mit einer großen Krempe, der passt zu vielen deiner *outfits* und kann elegant oder sportlich wirken. Außerdem ist er knautschbar und wird dir später in der Wüste gute Dienste leisten.
Viele Friedhöfe gibt es auf dem Weg nach Paris, obwohl es kaum Orte an dieser Straße gibt, fällt euch auf. Und so nimmt es dich nicht wunder, dass das erste nach dem Ortsschild »Paris, Texas, Pop. 26.471«, was ihr seht, ein Autokonvoi ist, der sich rechts zum Friedhof schlängelt und euch zum Anhalten zwingt.
Bei diesem ersten Besuch ist das Stadtzentrum – im Gegensatz zu späteren Reisen – noch ziemlich verwahrlost, der Brunnen in seiner Mitte, der über rundum laufende Steinstufen erreichbar ist und aus zwei übereinanderliegenden Becken besteht, die von geschwungenen Säulen flankiert sind, ist proportional viel zu groß für diesen Platz. Die meisten Geschäfte rundherum sind geschlossen, nur wenige Autos sind geparkt. In einem dieser Geschäfte hat vor vielen Jahren der Bruder des *Outlaws* Jesse James, Frank James als Verkäufer gearbeitet, hast du gelesen. Und die berühmt-berüchtigte *Outlaw-Queen* des Westens, Belle Starr, hatte eine Farm hier in der Nähe. Auch der Viehbaron John Chisum, der durch den nach ihm benannten Trail bekannt wurde, lebte hier.
Aber das war zu Zeiten, als es hier eine Kreuzung wichtiger Straßen und Eisenbahnen gab, die der Stadt viel Geld einbrachten.

Heute scheint sie euch ganz verschlafen, im *Best Western Hotel* hat noch nie jemand von Wim Wenders' Film gehört.
Bei einem Besuch Jahre später gibt es einen Menschen in der Videothek, der den Film kennt. Aber er ist auch aus New York hergezogen, das erklärts vielleicht, sagt er entschuldigend.
Weil es schon spät ist, bleibt euch nur mehr chinesisches Essen, die Restaurants haben schon um 8 Uhr geschlossen. Das Essen ist gut, jede Menge Meeresfrüchte hier mitten im Land, ein Buffet, an dem du soviel essen kannst, wie du willst, was ihr beide immer zu wenig nützen könnt. Ihr haltet euch an Krabben und andere Leckereien, die paar Miesmuscheln, die noch auf Eis liegen, lasst ihr vorsichtshalber auch dort.

Seit einigen wenigen Jahren hat sich irgendjemand hier auch auf »Paris, France« besonnen, und etwas außerhalb, neben dem *Civic-Center*, einen Eiffelturm errichtet, der wie eine Kreuzung aus Starkstrommast, Ölturm und Kletterturm wirkt. Nichts von der Leichtigkeit des Pariser Originals, hier herrscht solides Handwerk. Aber immerhin ist er über zwanzig Meter hoch, das zählt.
Vier Jahre später hat man diesen texanischen Eiffelturm nochmals verbessert. Ihr biegt um die Kurve und seht im Nieselregen das Turmgerüst, auf dem nun – ihr wollt es nicht glauben – texaspatriotisch und schräg ein riesiger roter Plastikcowboyhut als Bedeckung thront.
Leider habt ihr keine Zeit, herauszufinden, wem das eingefallen ist, und es wird auch im Stadtprospekt nicht erwähnt. Der Eiffelturm mit Cowboyhut ist nur als Stadtlogo eingebaut. Wunderbares Texas!
Ihr fahrt ein wenig in der Stadt herum, seht euch ein paar wunderbare Einfamilienhäuser von der Jahrhundertwende an, die unter Schattenbäumen fast versteckt sind, und nähert euch dann wieder dem Friedhof, auf dem seit 1866 mehr als 40.000 Menschen begraben wurden und auf dem es noch schöne alte Gräber gibt, um irgendwo an der Kreuzung von *Main* und *18th Street* in diesem Friedhofsgelände das *Babbock Monument* zu finden.
Im regenschweren Boden bleibt ihr einige Male fast hängen, umrundet »Block« um Block, findet den Grabstein

aber nicht gleich. Ihr habt ihn euch größer vorgestellt, und er steht auch unter einem Schattenbaum.
Die Babbocks müssen große Patrioten gewesen sein. Auf dem eigentlichen denkmalartig gefügten Grabstein mit der Inschrift steht eine fast lebensgroße Statue.
Eine Jesusfigur, die sich vom Betrachter wegwendet, bewegt, wie auf dem Sprung, einen Mantel um die Schultern geworfen und unter diesem – deutlich sichtbar – trägt dieser Jesus Cowboystiefel.
Ihr besucht ihn jedesmal.

Abends möchtet ihr etwas trinken, aber leider, Paris ist eine »trockene« Stadt. Das macht nichts, irgendwo gibt es dafür zum Ausgleich einen Schnapsladen, der auch Wein verkauft. Im Telefonbuch findet ihr einen an der *Jackson Street*. Die Hausnummer ist ziemlich hoch, vierstellig, das kann ein paar Minuten dauern, aber ihr habt ja nichts mehr vor an diesem Nachmittag. Die Zeit vergeht, die staubige Schotterstraße wird enger, führt in einen Wald. Ab und zu stehen Häuschen am Weg, keines hat noch die gewünschte Nummer. Aber endlich ist es soweit.
Seltsamerweise sieht dies wie ein normales Einfamilienhaus aus. Der Herr des Hauses steht im Vorgarten und spritzt sein Auto ab, nirgends ein Schild oder Hinweis auf Alkoholverkauf.
Deine Freundin fasst sich ein Herz und steigt aus. Sie gestikuliert eine Weile, der Mann hat das Wasser abgestellt, kratzt sich am Kopf. »Nein«, beteuert er, »hier gibt es keinen Alkoholladen.«
Gut, dass ihr das Hoteltelefonbuch mithabt. Kurzentschlossen kommt sie zurück, holt es und hält es ihm unter die Nase, zeigt mit dem Finger auf die Zeile. Inzwischen ist auch der Rest der Familie um euch versammelt.
Plötzlich beginnt der Mann zu lachen, zeigt das Telefonbuch seiner Frau und die lacht auch. Sie erklären irgendetwas, deine Freundin lächelt etwas gequält und kommt mit dem Telefonbuch wieder ins Auto. Wortlos startet sie und fährt weg, während im Rückspiegel eine glückliche Familie euch nachwinkt.
»Und?«, fragst du.

»Du wirst es nicht glauben! Wir haben nicht aufgepasst, die Telefonnummer und Adresse war nämlich überhaupt nicht aus Paris, Texas, sondern 10 Meilen weiter, aus Hugo, Oklahoma!« Du schüttelst dich vor Lachen. »Wir haben uns um einen ganzen Bundesstaat vertan, nur um eine Flasche Wein zu kaufen?«
Sie lacht jetzt auch. »Genau.«
Die Geschichte habt ihr zuhause oft erzählt, und beim zweiten Besuch in Paris, Texas, fahrt ihr wirklich über die Grenze, nach Hugo, Oklahoma, und seht euch den kleinen Schnapsladen an. Froh könnt ihr sein, dass ihr ihn damals nicht gefunden habt. Bier, ja, Schnaps, aber sicher, nur: Wein, – das führt er nur für Softiefrauen, die sich auch mal was gönnen wollen, es heißt dann »*Winecooler*« und ist in verschiedenen Fruchtgeschmacksrichtungen vorrätig, hat einen Minialkoholanteil und schmeckt bestenfalls wie Ribiselwein ... Ihr hättet keine Freude damit gehabt.

Noch ein Stück weiter nach Norden, zur Grenzstadt Texarkana, ehe ihr eure erste Reise dann beenden werdet, hinunter nach New Orleans.

Texarkana heißt natürlich so, weil es quasi eine Zweistaatenstadt ist, die Grenzlinie von Texas und Arkansas läuft mitten durch.
Vor dem Postamt könnt ihr euch in Positur stellen, wie Tausende vor euch: ein Fuß in Texas, einer in Arkansas, *yeah*. Natürlich tut ihr das auch. Das Gerichtsgebäude bedient auch beide Staaten, das ist einmalig. Und dasselbe gilt natürlich für das Gefängnis. Zwei Bundesstaaten, zwei Bezirkshauptstädte, zwei getrennte Stadtverwaltungen. Das gibt es sonst nirgends.
Ihr spekuliert, ob es besser wäre in einem Gefängnis in Arkansas oder Texas einzusitzen, ob die Strafen für gleichartige Vergehen verschieden oder gleich geahndet werden, je nachdem, wo man sie begeht oder wo man wohnt. Leider könnt ihr niemanden befragen.
Wenigstens könnt ihr beim *Post Office* die letzten Ansichtskarten aus Texas schicken. Sonst hat die Stadt nicht viel zu bieten. Ihr besichtigt sie aus dem Auto. Highlight ist das

»Draughn-Moore Ace of Clubs House«, ein viktorianisches Gebäude, das in der Form dieser Spielkarte, dem Karo-As, gebaut ist, weil, wie es die Legende will, James Draughn um 1880 eine Menge Geld mithilfe dieser Karte gewonnen haben soll. Die Inneneinrichtung könnt ihr durch ein Fenster wenigstens erspähen. Marmor, Teppiche, Mahagoni, Kristallluster. Sonst: *Sorry, we are closed.*

Im Jahr darauf beginnt ihr die Reise gleich in Dallas, es donnert und blitzt, Regen schießt vom Himmel, deine Freundin zieht die Schuhe aus und rennt ums Mietauto, verstaut eure Koffer. Nur weg hier, solange es noch geht, ehe euch der Blitz erschlägt oder die Scheibenwischer den Regen nicht mehr schaffen.

Glücklicherweise findet ihr nur etwa eine halbe Stunde von Fort Worth entfernt in Lewisville ein äußerst günstiges Motel, wo ihr ein paar Tage bleiben werdet, und das auch gerne bereit ist, euch knapp vor der Rückkehr wieder zu beherbergen. Die Zufahrt zum Flughafen ist kinderleicht, auf dem Gelände gibt es mehrere Restaurants, die man zu Fuß erreichen kann, ein großer Supermarkt liegt gegenüber, hier lässt sichs leben, freut ihr euch.

Ausgeruht startet ihr am nächsten Tag nach Waxahachie, einer Stadt, die früher am Chisholm-Trail lag und die berühmt ist für ihre Straßen voller viktorianischer Häuser. Das Wahrzeichen von *downtown* ist das Ellis Courthouse. Sogar italienische Arbeiter wurden für die Außenfassaden geholt, stell dir mal vor, sagst du. Der rote Sandstein und Granit wirkt wuchtig, über dem viereckigen Grundbau erhebt sich noch einmal ein Turm mit weiteren Türmchen, beeindruckend, wenn auch etwas seltsam.

Wie so oft, wenn du etwas dieser Größenordnung sehen willst, habt ihr Pech. Das Gebäude ist eingerüstet, aber dadurch wirkt es noch monumentaler. Nur besichtigen könnt ihr es nicht. Macht nichts.

Leider ist der Hauptplatz nicht nur von netten Lokalen gesäumt, die lediglich auf euren Mittagessenhunger zu warten scheinen, sondern es gibt auch jede Menge Antiquitätenläden. »Wir sind verloren«, raunst du deiner Freundin zu. »Gleich jetzt am Anfang der Reise? Sollen wir wirklich

jetzt schon etwas kaufen, am allerersten Tag?« »Nur schauen«, sagst du, »ein wenig stöbern. Wir können ja vorm Heimfahren nochmals herkommen, oder?«
Aber das Fieber hat euch schon wieder gepackt. Wer weiß, welche Schnäppchen sich hier verbergen, und wer weiß, ob sie in sechs Wochen noch hier sein werden!
Die Verkäufer sind alle freundlich, Touristen gewöhnt, lassen euch in Ruhe suchen und finden.
Aber ihr beherrscht euch, und geht mit leeren Händen zu einem verspäteten Mittagessen.
Du hast die Information aufgeschnappt, dass die erste schwarze Pilotin der Staaten hier aufgewachsen ist, und fragst die Kellnerin nach dem Namen. »Bessie Coleman«, sagt sie stolz. »1921.« Auch sie ist schwarz.
Später fahrt ihr die »*Gingerbread-Row*« entlang, ganze Straßenzüge mit viktorianischen Häusern, viele Giebel, schöne Veranden, einige gut saniert, andere zu Tode gequält mit Aluminiumverkleidungen über dem Holz oder eines, besonders grässlich, in knalligem Violett.
Auf euch Europäer macht es sicher nicht den gleichen Eindruck wie auf Amerikaner, aber dass das eine oder andere doch filmreif ist und hier auch schon einige Filme gedreht worden sind, könnt ihr euch vorstellen. Für die Filmschauplätze gäbe es sogar eine eigene Besichtigungstour, aber du hast den Zettel im Café gelassen, weil du keinen der Filme kanntest.
Zwischendurch fahrt ihr den Friedhof an, der auch alt ist und daher schöne Grabsteine, nicht nur Bodenplaketten haben soll.
Ihr werdet vorher an einem unbeschrankten Bahnübergang bergab aufgehalten, ein Schild warnt euch, auf alle Fälle stehenzubleiben und in beide Richtungen zu sehen – sonst könntet ihr schneller beim Friedhof sein, als euch lieb ist. »*Quaint*« würden eure Freunde sagen oder »*cute*«. »*Cute*« ist auch eines der letzten Freiluftkinos in Texas, und da es nur am Wochenende Filme zeigt, werdet ihr morgen nach Granbury fahren, um beides zu sehen.
Ohne es zu wissen, startet ihr eine Tradition, nämlich die, euch auf einem bestimmten Abschnitt dieses Weges zu verfahren. Es wird von Reise zu Reise ein etwas kleinerer

Umweg, aber beim ersten Mal schafft ihr schon beinahe die Ausfahrt aus einem Kreisverkehr nicht mehr, weil du nicht schnell genug entscheiden kannst, ob ihr nach Osten oder Westen müsst, und die Straßennummer ja die gleiche ist. Nur die Richtung ...
Kreischend wendet ihr auf einem Schotterbankett, nachdem euch ein eiliger Einheimischer beinahe angefahren hätte. Diese Stelle merkt ihr euch für die Zukunft.
Dass weiter vorne eine Baustelle lauert, die auch in zwei Jahren noch da sein und euch in die falsche Richtung zu zwingen scheint, wisst ihr da glücklicherweise noch nicht.
Im Rückspiegel kannst du in der Ferne noch die Skyline von Dallas sehen, und doch fahrt ihr hier durch eine Gegend, die so ländlich ist, dass 75 Meilen fast zu schnell erscheinen. Noch bevor ihr Granbury erreicht, siehst du rechts auf dem Hügel die Aufschrift »Road Kill Café« und »Buzzard's Roost«. Gerade noch schafft ihr es den Hang hinauf. Ein langes Holzgebäude und der Platz davor sind mit allen möglichen Eisenteilen, landwirtschaftlichen Kleingeräten, Milcheimern und anderen »Antiquitäten« dekoriert. Im Inneren begrüßt euch eine ältere Blondine, die aussieht, als wäre sie Komparsin in einem Westernfilm. Ihr hagerer Gefährte sieht aus wie Doc Holliday. Die beiden verwalten ein Lager an Antiquitäten und Krimskrams, das ihr gar nicht schnell genug erkunden könnt. Und, oh Freude, in ihrem *Road Kill Café* gibt es *fried green tomatoes*, was euch an das gleichnamige Buch und den Film erinnert.
Schade, sagt die Frau allerdings, das *Café* hat heute geschlossen.
»Traurig«, sagst du«, »da sind wir tausende Meilen gefahren, und dann das.«
»Wo kommt ihr denn her, Mädels?«, fragt der Alte. »Aus Europa«, sagt ihr einstimmig.
»Oh, das ist ja was anderes. Was haltet ihr davon, wenn ich in die Küche geh und euch was koche? Nix Besonderes, nur meine Spezialhamburger mit Pommes und grünen Tomaten, hm?«
Ihr grinst freudig und nickt enthusiastisch. Dann geht ihr durch die Reihen der mit Schätzen aller Art gefüllten Räume. Schade, die echten alten Cowboyhüte und Sättel im

Eingangsbereich, die verkaufen sie nicht, das gehört in die Familie, sagen sie.
Immer wieder lauft ihr mit einer gefundenen Kleinigkeit zurück zur Kasse. Ein Trachtenpärchen aus dem Schwarzwald, sicher aus den Fünfzigerjahren, das könnte deiner Cousine gefallen, die im Mittelwesten wohnt und deren Vater dort herstammt. Nur einmal, mit zwanzig, war sie kurz dort auf Besuch und schwärmt immer noch davon. Ein kleiner Aschenbecher aus Wien, voller Kaiseradler und Goldauflagen – so etwas, befindet ihr, muss man einfach repatriieren. Schon hat jede ein Säckchen Souvenirs gefunden. Es macht euch einfach Spaß.
Das eigentliche Café hinten erweist sich als riesig. An einem der Fenstertische hat er für euch gedeckt, das Essen ist wirklich gut, und als ihr euch nachher umseht, bemerkt ihr noch den hinteren Speisesaal und einen riesigen Ballsaal. O ja, seit ein paar Jahren führen sie hier *dinner theater* mit allem Drum und Dran auf, auch *Shootouts* im Freien an den Wochenenden, inklusive Aufhängen am Galgen, das macht Spaß. Und ab und zu richten sie auch Hochzeiten aus, die Säle sind sehr beliebt, ja die Atmosphäre, das ist eben echt texanisch.
Seine Frau, die dazugekommen ist, grinst ein wenig. »Da haben wir uns all die Jahre geplagt und gearbeitet, und dann entschließt er sich in der Pension so ein Ding hier aufzuziehn. Macht uns Freude, ja, aber kein freier Tag mehr. Keine Zeit zu reisen, geschweige denn nach Europa, nicht? Immer nur hier und der Arbeit hinterher.« Aber sie scheint es ebenfalls gerne zu tun.
Sie zeigen euch Fotos von seinem Urgroßvater und anderen Familienmitgliedern an den Wänden. Nein, keine Dekoration, echte Bilder, echte Verwandte. Sie sind stolze Texaner, beide, o ja, möchten nichts anderes sein. Du glaubst ihnen aufs Wort. Später legen sie auf den nun leeren Tischen andere Fotos aus. Braunstichige Bilder von Frauen aus den Zwanzigern und Dreißigern, die berühmte Cowgirls waren. Auch hier Verwandte. Eine der Frauen springt mit ihrem Pferd über alte Ford-Lastwagen, andere fangen junge Stiere beim Rodeo. Ihr bewundert die Bilder gebührend, die demnächst auch einen Ehrenplatz finden sollen.

Bei jeder Reise werdet ihr diesen Zwischenstop machen, Nachrichten austauschen und »euer« Menü zubereiten lassen. Und zum Geburtstag schenkt dir deine Freundin Monate später die Jeansjacke mit den vielen Paillettenapplikationen, dem Texashut, den Kakteen und anderen bunten Symbolen für dieses Land, das ihr so gern habt. Die Jacke hat einer Sängerin gehört, und du trägst sie ab und zu, trotz der Kommentare, die sie hervorruft im kalten Österreich. Die Erinnerung an »Buzzard's Roost« wärmt dich von innen und außen.
Ihr verabschiedet euch, versprecht wiederzukommen.

Granbury ist eine reizende kleine Stadt an einem See, ein Wochenend- und Urlaubsparadies für Menschen aus der Umgebung. Aber auch Jesse James liegt angeblich hier begraben. Im Mai 2000 sollte er ausgegraben werden, um durch DANN-Tests mit noch lebenden Verwandten endlich aus der Legende Wahrheit werden zu lassen, denn laut Historie wurde J. Frank Dalton, bekannter als Bandenführer und Westernheld Jesse James, bereits im April 1882 im Bundesstaat Missouri erschossen und begraben. Über 16 Schusswunden und andere Narben hätte sein toter Körper aufgewiesen. Dieser Tod sei aber nur von ihm arrangiert und vorgetäuscht worden, um seinen Verfolgern hierher nach Granbury zu entkommen, wo er dann im hohen Alter von 104 Jahren gestorben wäre, behaupten seine Verwandten. Panne jagte Panne. Da der Grabstein verrutscht war, exhumierte man den einarmigen Henry Holland aus dem Nachbargrab. Jesse James aber hat man bis heute in Granbury nicht gefunden.
Außerdem gibt es eine örtliche Legende, dass der Mörder Präsident Lincolns, der Schauspieler John Wilkes Booth, hier unter dem Namen John St. Helen gelebt habe. Beweis: Erstens trank er jeden 14. April, Lincolns Todestag, sehr viel, zweitens hinkte er und zitierte Shakespeare – Booth war ein angesehener Schauspieler, der sich den Fuß brach, als er nach der Ermordung des Präsidenten auf die Bühne sprang. Auch wenn er wahrscheinlich bald nach dem Anschlag in Virginia gefasst und getötet wurde, will die Legende, dass auch er sich hier nach Granbury rettete.

Erst als er glaubte, sterben zu müssen, beichtete er seine wahre Identität dem Wirt, für den er arbeitete, einem Richter und einem Priester.
Außerdem gab er dem Wirt das Versteck der Waffe an, die er für den Mord an Lincoln benützt hatte. Sie befindet sich immer noch im Besitz der Familie Gordon und liegt wohlverwahrt in einem Bankschließfach in Austin ...
John St. Helen starb nicht, verließ aber Granbury nach seiner Genesung.
1903 beging ein Maler namens David George in Enid, Oklahoma, Selbstmord. Er behauptete in seinem Abschiedsbrief, in Wirklichkeit John St. Helen und John Wilkes Booth gewesen zu sein ...

Über die Brücke fahrt ihr in die Stadt und gleich habt ihr einen dieser Innenstadtplätze vor euch, der sich mit kleinen Geschäften rund um das *Courthouse* ausbreitet. Aber im Gegensatz zu vielen anderen Städtchen lebt dieses *downtown*. Hier kann man wirklich auch noch einkaufen, Menschen gehen zu Fuß herum, sitzen auf Bänken. Die *Visitor Information*, die im ehemaligen Gefängnis untergebracht ist, liegt unter einem schattigen Vordach, unter dem die freundliche Stadtverwaltung Schaukelstühle aufgestellt hat, die nicht nur schwatzende Oldtimer gerne benützen.
Ihr fahrt zuerst hinaus, um das *Brazos Drive-In Theater* zu lokalisieren und herauszufinden, welchen Film sie heute Abend spielen werden. Ein großer weißer Turm mit der verwitterten Inschrift stoppt euch gerade noch rechtzeitig, ehe ihr zu weit gefahren wärt. Das Häuschen, in dem die Tickets verkauft werden, ist verlassen, aber zwei Arbeiter stehen auf dem Dach.
Vielleicht wissen die etwas. Inzwischen siehst du über den grasigen Freiplatz, in dem noch die weißen Holzpfähle stehen, an denen früher die Lautsprecher für die Besucher neben den Autos angebracht wurden. Die weißgraue Mauer gegenüber ist quasi die Leinwand. Es gibt eine Toilettenanlage und ein kleines Restaurant mit Veranda.
»Es gibt zwei Filme heute Abend«, hat deine Freundin erfahren. Die Titel stünden auf einem Schild unterhalb des Turmes und Karten gäbe es abends.

An sich ist es euch fast egal, welches *movie* sie zeigen, es geht eher um das Erlebnis.
Nachdem ihr euch den hübschen See und das Städtchen angesehen habt, beschließt ihr zum Essen beim ehemaligen Opernhaus am Stadtplatz zu gehen, in dem abends eine Sängerin auftreten wird.
1886 schon wurde dieses Opernhaus gebaut, und europäische, vor allem auch italienische Operncompagnien nahmen die weite, beschwerliche Reise auf sich, um in der Einöde vor Farmern und Eisenbahnbauern, ganz gewöhnlichen Leuten, aufzutreten. Besucher kamen von weit her und die Programme waren anspruchsvoll.
Ihr geht in den halbdunklen Saal, wo ein paar Einheimische an der langen Bar stehen, könnt euch jeden Tisch aussuchen, den ihr wollt, und setzt euch so, dass ihr die kleine Bühne im Auge behalten könnt. Deine Freundin nippt einmal an deinem Aperitif, schließlich wollt ihr nachts noch nachhause zurückfahren.
Die Unterhaltung an der Bar ist relativ laut und ihr seid mitten in eurem Abendessen, als eine große Frau in dunklem Hosenanzug hereinkommt. Sie ist dunkelbraun gebrannt und trägt etwa ein Kilo Schmuck aus Silber und Türkisen an Ohren, Hals und Fingern. Ihre Haare sind bereits eher weiß als schwarz und sie trägt sie hochaufgetürmt.
Sie geht auf die Bühne, öffnet ihren Gitarrenkoffer, prüft das Mikro und setzt sich hin. »Bring mir ein Glas Wasser, Liebchen«, ruft sie zur Bar hinüber. Ihre Stimme ist volltönend und über das Mikro hörst du die Silberarmbänder an ihren Gelenken klirren.
»*Hi, good evening*, ich bin Sue, ich werd heute für euch singen, auch wenn ihr es eigentlich nicht verdient. Habt ihr die Poster nicht gesehen? Den Postwurf nicht bekommen? Wo sind sie denn, die Kunstbeflissenen aus Granbury, hä? Wenn ich euch so zähle ist mal grade ein Tausendstel von euch Bewohnern da.« Das kann stimmen, denn inklusive der Barfrau sind wir noch sechs Leute.
Sue gibt ihr Konzert aber trotzdem, auch wenn sie manchmal Textstellen einflicht, die uns beschämen sollen, dass wir nicht massenweise andere Freunde und Familien mitgebracht haben. Aber sie singt und spielt gut, und die

Zeit bis zur Dunkelheit, um ins Kino zu fahren, vergeht im Flug. »Wir müssen leider ins Kino«, sagst du im Vorbeigehen zu ihr hinauf. »Ah, das ist es, wo ihr eure Dollars hintragt in Granbury, so ist das«, faucht sie, spielt aber unverdrossen weiter.

Nachdem ihr die *Tickets* gekauft habt, fahrt ihr ins Gelände, auf dem bereits reges Treiben herrscht. Meist sind es Pick-ups und Kombis, die hier stehen. Neben euch fährt ein alter roter Pick-up ein, auf dessen Ladefläche sich drei Kinder tummeln. Der Fahrer im Unterhemd steigt aus und trägt einen großen *Cooler*, den er auf die Ladefläche stellt. Auf der anderen Seite kommt seine Frau heraus, mit Klappstühlen bewaffnet. Sie ruft die Kinder und sie gehen nach vorne, wo sie sich mit einer anderen Familie zu einem Schwätzchen treffen. Kinder und Hunde rennen durchs Gelände, es ist heiß und laut, aber spannend zuzusehen. Neben euch auf der anderen Seite parkt sich ein dunkelbrauner Wagen ein. Kaum ist er zum Stillstand gekommen, nimmt das blonde Mädchen auf dem Beifahrersitz die Brille ab und der etwa zwanzigjährige Fahrer beugt sich zu ihr hinüber und küsst sie. Ein wirkliches déjà-vu Erlebnis. Das Top des Mädchens ist schnell heruntergestreift und geübt klettern beide über die umgelegten Sitze nach hinten. Die Autofenster beschlagen.
Deine Freundin sieht fasziniert auf ihrer Seite dem Mann im Unterhemd zu, der in kürzester Zeit schon drei Dosen Bier vertilgt hat. »Hoffentlich ist der *Cooler* groß genug für die Länge der Filme«, flüstert sie dir zu. Du stellst inzwischen das Radio auf die gewünschte Frequenz, damit ihr den Ton zum ersten Film, »Bowfinger« mit Steve Martin, empfangen könnt. Noch ertönt Westernmusik.
Inzwischen ist es ganz dunkel geworden, der Platz voll mit Autos und Menschen.
Der Vorspann läuft und die Westernmusik wird abrupt durch den Filmton unterbrochen. Schnell schaltest du die Lautstärke zurück.
Nach etwa fünf Minuten fallen Film und Ton aus. Unmutsrufe werden laut. Zufällig siehst du aus dem Fenster. Das dunkelbraune Auto schaukelt rhythmisch.

Kondenswasser rinnt innen über die Scheiben. Dann hört das Schaukeln auf und nur auf der Fahrerseite bewegt sich der Wagen eher ruckartig. Des Rätsels Lösung ist der junge Mann, der die Fahrertür endlich aufmacht, weil er sonst trotz aller Übung nicht in seine langen Jeans findet. Er liegt halb hingestreckt und zieht und zerrt, während seine blonde Beifahrerin bereits im Taschenspiegel ihr Make-up überprüft und ihre Brillen wieder aufsetzt. Sie sieht völlig gelassen und unschuldig aus. Der Junge hat endlich die Jeans an, legt den Arm um ihre Schulter und sie sehen beide nach vorne, wo jetzt der Film wieder läuft.
Gut, dass deine Freundin wenigstens die Hosenanziehaktion mitbekommen hat, sie würde dir die Geschichte sonst sicher nie glauben.
Im Intervall suchst du die Toiletten auf. Hier werden kleine Kinder mit feuchten Tüchern abgewischt, blutige Knie verklebt, Neuigkeiten ausgetauscht. In den hinteren Reihen des Geländes wird sogar gegrillt, wie du beim Zurückgehen siehst, und jeder scheint jeden zu kennen. Du fühlst dich sehr fremd für einen Augenblick.
Das zweite *movie* ist kein besonderer Grund zu bleiben, und nach einer halben Stunde während einer kurzen Filmstörung tastet ihr euch – wie geboten mit ausgeschalteten Scheinwerfern – wieder aus dem Brazos Autokino und macht euch auf den Heimweg.
Im Jahr darauf seid ihr am falschen Tag da, und besucht nur euer *Road Kill Café*. Beim dritten Mal hängt ein Schild an dem weißen *Brazos Drive-In Movie Tower*: FOR SALE. Ihr hofft, dass es einen neuen Besitzer findet, der die alte Tradition fortführt ...

Am Lake Buchanan, einem riesigen Stausee mit einem gewaltigen Damm, von dem aus man eine wunderbare Aussicht hat, und den es immerhin schon seit 1937 gibt, trefft ihr im *Visitor Center* eine Frau, die aus Westtexas ist. Sie wird gleich ganz gesprächig, als ihr eure Reiseroute aufzählt. Ihr Bruder hat eine große Rinderranch bei Pecos, und bis vor ein paar Jahren haben sie noch richtige Viehtriebe gemacht, o ja. Das war schön, sie mag das *outdoor living*.

Hier ist es auch ganz gut. Hiken, Fischen, o sie hat schon Spaß hier. Aber die Leute sind eben lang nicht so offen wie zuhause, meint sie.
Wenn sie uns die Adresse gibt, könnten wir ja bei ihrem Bruder reinschauen und »*hi*« für sie sagen, schlägst du vor.
»Das wäre schon nett«, sagt sie abwesend, und in dem weiteren Gespräch vergisst du es leider. Wäre interessant gewesen, eine normal arbeitende Ranch zu sehen, nicht nur eine, die Touristen aufnimmt.

In Burnett, das die »Bluebonnet Capital of Texas« ist, also der blauen Staatsblume, bleibt ihr über Nacht.
Am Swimmingpool sitzt ihr alleine in einer Art offenen Laube, die zur Abwechslung mit echten Pflanzen überwuchert ist, und lest. Fünf Minuten später stakst eine große Mittvierzigerin auf hohen Holzsandalen auf euch zu. Sie hat ein altes T-Shirt an und trägt einen undurchsichtigen Plastikbecher bei sich, in dem sicher kein Kaffee ist, wie du vermutest.
»Machts euch Mädchen was, wenn ich mich dazusetzte, mein Name ist Ann, ich langweil mich hier noch zu Tode.«
Halbwegs höflich sagst du, wer ihr seid, und deine Freundin versucht trotzdem weiterzulesen. Keine Chance. Ann hat genug von diesem Motel, genug vom Fernsehprogramm, genug davon, dass ihr Mann von Abilene hierher versetzt werden soll und dass sie deshalb schon vier Tage in diesem Nest festsitzt, wenn er mit dem Auto unterwegs ist, und das ist er dauernd, er muss schließlich ein Haus finden, und sie hat doch ein so schönes Haus in Abilene gehabt, alles da, eine Traumküche, einfach so süß und die Tapeten im Schlafzimmer, so etwas bekommt sie hier sicher nicht in diesem Nest …
Du blendest ihre Sätze aus, so gut es geht, und nickst oder sagst »Aha« an den passenden Stellen.
Du lässt deine Augen herumwandern und siehst an der überwucherten Bretterwand hinter deiner Freundin eine große Spinne. Sie hasst Insekten, und dieses Vieh scheint selbst dir übertrieben groß.
»Look«, sagst du leise zu Ann, »was für 'ne Riesenspinne.«
Ohne ihre Erzählung zu unterbrechen zieht sie einen ihrer

Holzstöckelschuhe aus, nimmt ihn und drischt auf das Tier ein. Deine Freundin erschrickt.
»Sieh mal, ich hab sie erwischt, guck, das is wirklich 'ne Tarantel, son Riesending aber auch.« Sie lacht.
Deine Freundin ist aufgesprungen und ein paar Schritte weg, das Gesicht verzogen. Ob vor Ekel oder Schreck, weißt du nicht.
Ihr seid barfuß und die Tarantel hätte ohne weiteres direkt auf ihre Schulter krabbeln können oder ihre Beine ... Ob du die Geistesgegenwart besessen hättest, sie mit dem weichen Taschenbuch zu erschlagen? Und, hättest du sie so zielsicher erwischt wie Ann? Die Tarantel ist schwarz und haarig, etwa handtellergroß. »Wollte sie da weghaben, was?«, interpretiert Ann euch richtig.
»Wartet mal.« Sie trinkt ihren Plastikbecher mit nach hinten geworfenem Kopf leer, stülpt ihn über das Tier, schiebt es zum Rand des Pools und mithilfe der Kante dann in den Becher, den sie in den Mistkübel entsorgt. Deckel zu, fertig. Jetzt seid ihr dankbar, und da ihr Becher leer ist, fragt ihr sie, ob sie ein Glas Wein möchte. Sie sieht euch schelmisch an. »Haltet mich wohl für 'ne Schnapsdrossel, was? Is aber immerhin schon sechs vorbei, kann man schon 'nen kleinen *drink* nehmen.«
Deine Freundin kommt mit Eiswürfeln und der Weinflasche zurück.
»Es ist aber nicht mehr allzuviel drin, wenn ihr Mädels verzeiht«, sagt sie kokett, als drei Plastikbecher halbvoll gefüllt werden. »Müsst ihr wohl neuen besorgen, hm?«
Soll das ein Wink mit dem Zaunpfahl sein? Lädt sich die Taranteltöterin jetzt bei euch zum flüssigen Abendessen ein?
»Isn Schnapsladen gleich da drüben anner Straße, braucht man kein Auto, könnt ihr laufen, wartet, ich komm mit.« Sie hat ihren Becher schon leer. Gut, ihr werdet wieder Wein brauchen, also tut ihr ihr den Gefallen.
Ihr holt euch Schuhe und Geld aus dem Zimmer und stapft mit ihr durchs Gras an die Ecke. Dort steht wirklich einer dieser Läden, die aussehen wie eine Autowaschanlage. Du fährst deinen Wagen rein, suchst dir in den Regalen links und rechts dein Getränk aus, oder weißt ohnehin, was du genau willst, und das Mädchen oder der Mann hinter der

Theke nimmt dir das Geld aus der Hand, verpackt deinen Einkauf in eine braune Papiertüte, wenn du möchtest, gibt dir dein Wechselgeld und deinen Einkauf durchs Fenster, bei größeren Biermengen auch in den Kofferraum, und schon bist du wieder unterwegs.
Während der ganzen Zeit hast du natürlich keineswegs den Motor abgestellt.
Du fragst dich, wie die Verkäufer das aushalten können, acht Stunden jeden Tag in dieser Hitze in einem engen Verschlag, der so nach Benzin riecht, dass du dich wunderst, dass er nicht öfter in die Luft fliegt. Viele der Verkäufer rauchen auch noch in diesen Benzinschwaden. Und an guten Tagen wie Samstags, stehen oft mehrere Autos in Schlange an ...
Autolos hier drin zu stehen, macht euch fast ohnmächtig. Du deutest auf eine Weinflasche mit Schraubverschluss, eine Marke, die du kennst. Vielleicht ist dieser Verschluss dichter als ein Korken, hoffst du, und der Inhalt noch nicht allzu benzinverseucht.
Der Einkauf muss natürlich begossen werden und deine Freundin tut so viel Eis als möglich in den Wein, während du Ann ablenkst.
Ein gutaussehender Texaner in Stiefeln und dunklem Anzug mit Silberschnalle am Gürtel und einem schwarzen Stetson kommt über den Rasen. Es ist Ben, Anns Mann.
Oh, aus Australien kommt ihr, wie nett. Gut, dass die da auch Englisch reden, nicht? Weite Reise sowas, kann er sich vorstellen. Nein, *hon*, leider noch immer kein Haus, aber in einer halben Stunde kommt eine Maklerin, die wird uns ein paar zeigen, komm, zieh dich an.
»War nett von euch, dass ihr Ann Gesellschaft geleistet habt«, sagt er zum Abschied. »War schön, euch getroffen zu haben.«
Später seht ihr Ann zum Auto gehen. Sie trägt ein weißes *Westernoutfit,* als ginge sie zum Rodeo.
Zum Abendessen fahrt ihr in die Stadt und findet ein ganz uriges Restaurant, den Highlander Club.
Du willst ein Glas Wein zum Essen. Der Kellner nickt verstehend.
»Bist du Mitglied bei uns?«, fragt er geheimnisvoll.
»Nein, warum?«

»Dann kann ich dir leider keinen Alkohol ausschenken, du weißt doch, *trockenes county* hier.«
»Dann eben keinen Wein, schade.«
»Nein, du verstehst mich nicht. Werd einfach Mitglied im Club, dann bekommst du deinen Wein.«
»Was soll das kosten?«, fragt deine Freundin misstrauisch.
»Für euch Hübschen gar nichts. Ich schreib euch 'ne Versuchsantragskarte, du unterschreibst, und alle sind glücklich, o. k.?«
Den Spaß gönnst du dir. Brav füllst du die Karte aus, natürlich mit deiner österreichischen Adresse samt Telefonnummer, wie gewünscht, und unterschreibst mit Datum. Das wird ein hübsches Souvenir.
Leider will er die Karte aber mit der Rechnung zurückhaben, dir steht nur ein Abriss zu, auf dem »Highlander Club«, »Name des Mitglieds« und »Datum« steht.
»Hey, ich wollte das als Souvenir haben«, sagst du vorwurfsvoll. »Bei uns gibt's sowas nicht und auch noch kein *dry county*.«
»Ist das so?«, fragt er ungläubig. »Weißt du, was ich tue, ich stell dir eine Karte aus, du füllst sie aus und ich schreib *»void«* drauf, dann ist sie ungültig, aber du hast dein Andenken, ja?«
Wunderbares Land, denkst du wieder einmal.
Weiter nach Süden, unterwegs zum Big Bend National Park, genießt ihr die Fahrt auf fast menschenleeren Straßen durch die endlosen Hügel.
»Langsam geht uns jetzt bald das Benzin aus«, sagst du halb spöttisch. Deine Freundin sieht dich an. »Mach keine Scherze, das ist uns noch nie passiert!« Aber sie überzeugt sich, dass du Recht haben könntest. Weit und breit kein Haus, keine Tankstelle. Verbissen und schweigend fährt sie weiter, während du auf der Karte nach dem nächsten Dorf suchst.
Da! Links in einen kleinen Weg weisend ein Tankstellenzeichen. Ihr biegt ab. Die Straße wird ziemlich eng und aus dem Wald herauskommend seht ihr ein paar Häuser auf der gegenüberliegenden Seite des flachen Baches. Allerdings gibt es keine Brücke. Nur Fahrspuren ins Wasser und drüben wieder hinaus. Ihr fahrt einen Mittelklassewagen und keinen Jeep Cherokee mit hohem Radstand. Sollt ihr es wagen?

»Wird uns nix übrigbleiben«, antwortest du ungefragt. »Irgendwie wird's schon gehen und wir brauchen das Benzin. Probiers einfach mit Schwung.«
Sie sieht dich, die führerscheinlose gehbehinderte Nichtautofahrerin an, seufzt und manövriert euch dann ohne Probleme durch den Bach.
Eine Scheune, ein verfallendes größeres Haus, das aussieht wie ein österreichischer Landgasthof in den Fünfzigern, erwarten euch als Ortszentrum. Verrostete Ackergeräte türmen sich rund um die Scheune. Zu sehen ist niemand. Ihr fahrt noch ein Stückchen, kehrt wieder um.
»Das kann nicht Llano sein, wer weiß, wo wir hier gelandet sind«, mault deine Fahrerin, die zitternde Benzinuhrnadel im Auge.
Llano, das klang nach Karl May und Llano Estacado, nach Abenteuer aus fernen Tagen.
Nun, hier habt ihr euer Abenteuer, bist du versucht zu sagen, entscheidest dich aber dagegen. Ein älterer Mann schlendert um die Ecke der Scheune. Misstrauisch blinzelnd kommt er doch endlich zum Auto. Die Tankstelle, ja, hm, die ist doch gleich beim Postamt, aber ob der euch Benzin verkaufen wird? »Hat nur Diesel, mein ich«, sagt er und kratzt sich unterm Hut.
»Und wo ist das Postamt bitte?« Ihr habt keine Flagge gesehen, wie sie unweigerlich auch vor dem allerkleinsten *US Post Office* weht.
»Wisst nicht, wos Postamt ist, häh? Na, da vorn, is ja gleich da.« Er deutet zittrig nach links vorne, wo ihr eben noch wart.
Seltsamerweise weht in dem kleinen Ort wirklich keine Fahne vor dem verlassen wirkenden Gebäude. Tankstelle seht ihr immer noch keine. Deine Freundin stürmt ins Postamt, kommt wortlos zurück und fährt um die Ecke. Hier steht vor einer Scheune mitten in der Wiese eine Zapfsäule wie aus einem Hopper-Bild.
Ob sie überhaupt noch in Betrieb ist? Und wenn ja, wer bedient sie?
Du zwingst deine Begleiterin zu hupen und schon kommt hinter der Scheune ein fescher junger Mann zum Vorschein. Auch er ist sich nicht sicher, ob er euch Benzin

verkaufen will. »Is irgendwie kontingentiert, weißte? Un ich hab meine Kunden, die holen sichs schon mal bei mir, weiß nicht, ob ich was abgeben kann. Aber so hübsches *girl* wie du, na meinetwegen, kann euch ja nicht auf der Straße liegen lassen, nicht?«
Der Preis, den er dann allerdings verlangt, ist ziemlich hoch. »*So what*«, sagst du, »Hauptsache wir können weiter.«
Gespannt hast du inzwischen immer wieder auf die lange Bank gestarrt, die vor dem »Gasthaus« steht. In ihre Lehne sind Buchstaben geritzt. Langsam entzifferst du sie: KLATSCHBANK, steht da.
Hier haben sie sich früher wohl getroffen und »geklatscht«, die Dorfbewohner, als das Dorf noch intakt war, der Lebensmittelmarkt im *Post Office* noch ein wirklicher Nahversorger für Dinge, die die Farmer der Umgebung kaufen mussten, wirst du nostalgisch.
Aber deine Fahrerin will nur eins: weg und in die Zivilisation. Und zwar nicht wieder durch den Bach, sondern durch dieses Kaff Castell durch und im historischen *downton* von Llano wenigstens einen Kaffee trinken und »richtig« tanken, ehe ihr weiterfahrt.

Nach einer Kurve vor ein paar Vororthäuschen stehen plötzlich drei Plastikrehe mitten auf der Fahrbahn. Verrückt, diese Amis mit ihren geschmückten Vorgärten, das können sie doch nicht tun!, denkst du noch, während deine Freundin langsam runterbremst.
Die Tiere sehen euch großäugig an und erst am leichten Zittern ihrer Flanken siehst du, dass sie echt sind. »Hol die Kamera raus«, flüstert deine Freundin, als könnten die Tiere sie durch die geschlossenen Fenster hören. Bis du sie allerdings unter dem Sitz hervorgekramt und die Objektivkappe abgenommen hast, setzen die drei über die Straße ins Unterholz, und auf dem Film sind nur drei weiße Hinterteile zu erkennen und eine Wellenbewegung im Gebüsch.
Später im Ort, in Kerrville erst, wirst du dauernd auf Schildern darauf hingewiesen, dass die weißschwänzigen Rehe, oder eigentlich Hirsche, hier so zahlreich sind, dass man vor allem nachts ständig auf der Hut sein sollte.

Keines der Motels spricht dich so richtig an, bis ihr auf eines namens »Sands Motel« stoßt. Gut, es ist ein wenig teurer als ihr wolltet, aber die Lage ist toll. Eine Reihe kleiner Motelhäuschen wie aus der Vorkriegszeit zieht sich hügelab zum Fluss hinunter, jedes mit einem Garagenvordach ausgerüstet, so hat man sein Auto immer in Sichtweite.
Eine große Grasfläche mit schönen Schattenbäumen, Grilleinrichtungen und Bänken, einem ziemlich großen, sauberen Swimmingpool – was will man mehr.
Die Inneneinrichtung des Häuschens ist – bis auf den Farbfernseher, den man nachträglich in eine Ecke über der Badezimmertüre gezwängt hat und den man mit eingezogenem Kopf vor und nach der Dusche unterlaufen muss – original.
Zwei Betten, zwei Schaukelstühle, von denen einer sich sogar dreht, zwei Aluminium cum hellblauem Hartplastik-Stühlchen und Tisch beim Fenster, in der hinteren Ecke eine eingebaute, hinter vergilbten Holztüren lauernde Küche, mit Riesengasofen und darüberliegendem Gasbackrohr, einer Doppelabwasch aus Gusseisen und Unterschränken voller Pfannen und Töpfe. Die hat sicher seit den Fünfzigerjahren niemand mehr benützt. Dafür gibt es einen modernen Kühlschrank im schmalsten Eck.
Der Kasten ist ein Einbauschrank mit Messingkette, an der du ziehen musst, um in der Dunkelheit seine Einrichtung zu erkennen. Ein paar Kleiderbügel aus Draht, vier Wolldecken für kalte Jahreszeiten. Euer Koffer hätte oben auf der Ablage größenmäßig keine Chance.
Eine kleine Kommode zwischen Küchenabteil und Bad hat auch schon viele Jahre auf dem Buckel, ist aber liebevoll mit marmoriertem Papier ausgelegt und enthält Telefonbuch und Bibel. Das Bad ist nicht viel breiter als seine Tür, und die Originalfliesen in Gelb und Schwarz noch gut intakt. Leute mit mehr als hundert Kilo könnten hier allerdings Probleme bekommen, Dusche oder Toilette zu benutzen, alles ist auf engstem Raum platzsparend eingerichtet. Ihr fühlt euch wie in einem Film aus den Dreißigern.
Natürlich gibt es auch einen modernen Trakt, aber solange hier die altmodische Klimaanlage an der Wand

einigermaßen funktioniert, lässt es sich gut leben. Sicher war das ein hübsches und billiges Familienmotel für einen Urlaub der einfacheren Art vor vielen Jahren. Auf dem mit dickem Gras überwachsenen Hügel zum Fluss hinunter könnt ihr noch die ehemaligen Feuerstellen sehen, die Grillplätze von einst, als man in diesem bräunlichen, trägen Fluss wahrscheinlich noch baden und fischen konnte. Schade, dass an der Rezeption kein Oldtimer zu finden ist, der dir diese Annahme bestätigen könnte.

Du denkst an die Mütter, die in diesem Miniappartment für drei, vier Personen – ohne Klimaanlage wohlgemerkt – gekocht haben, geputzt und gearbeitet, und während ihre Männer beim Fischen waren, eigentlich nicht viel vom Urlaub hatten, außer einer anderen Umgebung.

»Aber wesentlich besser als campen«, würden deine alten amerikanischen Freundinnen sagen, »hier hatten sie wenigstens einen Herd!«

Am Nachmittag habt ihr den Pool ganz für euch allein und liegt auf euren kleinen Kinderluftmatratzen träge im Wasser, seht in die Bäume und den weiten Himmel und schaltet ab. Ihr müsst euch um nichts kümmern, außer das Abendessen, und das werdet ihr kalt aus dem Deli im Supermarkt holen. Roastbeef, Salate und Tapiokapudding für dich, wenn sie ihn haben. Dazu ein wenig Obst und danach ein Glas Wein am Pool bei Sonnenuntergang ...

In Hondo geht ihr mittagessen, der Ort klingt nach Wildem Westen, nach den alten Cowboy- und Indianertagen. Nichts davon.

Hättet ihr allerdings Zeit und Lust, könntet ihr ein afrikanisches Dorf besichtigen, das eine Filmcrew hier hinterlassen hat, denn es gibt die 777 Ranch, auf der seit über dreißig Jahren exotische Tiere aus aller Herren Länder leben, die man gegen entsprechendes Geld jagen und schießen kann. Alleine vierzig verschiedene Antilopenarten fändet ihr da. In den über dreißig Seen im Gelände kann man wunderbar fischen, allerdings muss man die Beute wieder freilassen, damit die Fische noch größer werden und sich noch mehr vermehren können, für die Fischer von morgen und übermorgen, sagt euer Prospekt.

Und nicht zu weit weg gäbe es auch Millionen Jahre alte Dinosaurierspuren zu sehen, aber sie liegen im Gelände einer Ranch, die zu weit weg führt von eurer Route. Schade. Über Uvalde, wo deine Freundin vergeblich versucht, dich zum Rafting zu überreden, wie bei jedem größeren Wildwasser, an dem ihr vorbeikommt, geht's weiter nach Eagle Pass. Endlich habt ihr ihn wieder, den Rio Grande.

Den 50-Meilen-Abstecher nach Crystal City spart ihr euch dann doch, obwohl diese 8000-Seelen-Gemeinde eine kleine Skurrilität birgt: Bekannt durch ihr gutes Klima für den Gemüseanbau, gibt es hier vor allem riesige Spinatfarmen, und natürlich dazu mitten in *downtown* »der Welt größte Statue von *Popeye The Sailor*«, eh klar.

Hier in Eagle Pass interessieren dich eigentlich nur die Kickapoo Indianer, denen man ein paar Meilen außerhalb der Stadt erst kürzlich eine Reservation gebaut hat. Schon vorher durften sie problemlos zwischen Mexiko und den USA herumreisen, aber nun will man sie sesshaft machen. Eigenes Dorf, eigene Schule, eigenes Kulturzentrum – und, vor allem, eigenes Casino.

Das ist, denkst du, der eigentliche Grund für die plötzliche Freundlichkeit diesem Stamm gegenüber. Ein Casino bringt Gäste und Umwegrentabilität.

Ihr fahrt hinaus und seht euch das Kulturzentrum an, das heute von niemandem sonst besucht wird, und einige der Räume sind auch geschlossen. Es sieht insgesamt etwas kläglich aus. Ein terracottarosa Vierkantbau, vor dem ein Totempfahl steht. Innen eine kleine Grünfläche, Holzschilder weisen auf Toiletten hin. Im einzig offenen Raum, einem Souvenirladen, sitzt die Frau, die auch auf dem Prospekt abgebildet ist, und macht Silberschmuck. Nichts in dem Geschäft scheint dir anders als das, was du zwischen Mexiko und dem Mittelwesten als Indianerware gesehen hast.

Gerne würdest du der Frau viele Fragen zu ihrem Stamm stellen, ob die hinter Büschen verborgene Siedlung ihnen wirklich gefällt, wieviele von den Jungen und Kindern noch die Sprache sprechen, – aber du hast das Gefühl sie zu stören. Draußen im Hof steht ein Brotofen. Er sieht unbenutzt aus.

Du hast die Geschichte der Mashantucket-Pequot-Indianer im Kopf. 500 von ihnen betreiben irgendwo in Connecticut das Foxwood Resort Casino, das größte Spielcasino der Welt. Mitten im Nirgendwo steht es, 23 Stockwerke hoch. Der Welt größte Bingohalle mit 3.400 Sitzplätzen, 50.000 Besucher täglich, die monoton und unablässig wie Supermarktkassiererinnen die 5850 Slotmachines bedienen, die im Jahr eine Milliarde Dollar einspielen. Mehr als hundert Aufseher – keiner davon ein Indianer. Und den größten Gewinn machen auch hier wieder nicht die Indianer, die der Staat mithilfe der Casinolizenzen von der Sozialhilfe wegbringen wollte, sondern ausländische Investoren. Hier ein Multimillionär aus Malaysia.

Es gibt keine Uhren, keine Fenster. Aber freie Getränke und eine Einkaufsmeile. Theoretisch müsstest du den Ort nie verlassen.

Dieses Casino ist nie geschlossen, nicht einmal zu Weihnachten. Eine damals 91-Jährige, die »Bingo Mary«, war jeden Tag fünfzehn Stunden hier.

Niemand kennt die Mashantucket Pequot, einen seit über zweihundert Jahren fast ausgestorbenen Clan. Die Regierung hat seinerzeit mit Aufrufen 364 Rückkehrer des Stamms buchstäblich eingekauft.

Und ihnen auf 12,4 Quadratmeilen ein Reservat eingerichtet. Dazu ein Museum um 135 Millionen Dollar, das über die »Fuchsmenschen des Waldes« ein wenig Auskunft gibt. Alte Fotos und Stimmen von Tonbändern, – kein indianischer Führer. Das gibt Anlass zu Spekulationen. 2002 musste sich der *chairman* des Stammes, Kenneth Reels, in dem Buch *Without Reservation* von Jeff Benedict, sogar vorwerfen lassen, er sei gar kein echter Indianer.

Ihr Land wird treuhänderisch vom Staat verwaltet und sie werden von ihm auch »beschützt«. Manche der 364 Rückkehrer wurden direkt vom Sozialhilfeempfänger zum Millionär. Jedes Indianerkind hat bei seiner Geburt bereits 60.000 Dollar. Späte Rache für Landraub und Mord.

Aber die weißen Nachbarn sind vergrämt, dass diese »hergelaufenen« Indianer nun das große Geld machen und der größte Arbeitgeber weit und breit sind. Auch für sie, die Vergrämten.

Das Casino der Kickapoo hier hat eine imposante Architektur, indianische Elemente werden zitiert, aber nicht plump und größenwahnsinnig wie so oft. Busse und Limos bringen jede Menge spielwütiger Menschen aller Altersstufen, auch wenn das Spätmittelalter zu überwiegen scheint. Viele ältere Leute machen sich einfach den Spaß und haben ihre Abwechslung. Das Essen ist gut und reichlich hier und auch preisgünstig, und ein paar Münzen für die Slotmachines kann man sich wohl leisten.

So sitzen manche ganz unverdrossen den ganzen Tag in den kühlen dunklen Räumen, geben zumindest vor, zu spielen, denn das Personal macht seine auffordernden Runden nicht nur, um Tickets für ein dir neues Spiel namens Keno zu verkaufen. Mit einem Dollar Einsatz kannst du immerhin 50.000 gewinnen. Witzigerweise gewinnst du *nicht*, wenn deine Zahlen kommen, das ist anfangs verwirrend, aber die nette Verkäuferin in ihrem männermordenden Outfit erklärt dies dann nochmals.

Deine Freundin geht gerne mal ins Casino, Black Jack mag sie, aber du bist eher kein Spielertyp. Du könntest dirs auch gar nicht leisten.

Als Kind bei einer Gastfamilie in Frankreich hast du den Nachmittag mit den beiden Kindern oft im Spielcasino verbracht. Sie waren da bekannt und sichtlich gab es keine Altersgrenze. Du warst 15, das Mädchen 16. Du hast es für ein Spiel gehalten, dieses Roulette, das sie dir erklärt haben, die Chips waren dir Spielgeld, wie bei Monopoly.

Erst als der Vater dich beiseite nahm und dir erklärte, dass es sich um ganz echtes Geld handle, und ihr doch immer mehr verloren als gewonnen hättet, wurdest du panisch. Es war eine reiche Familie aus Lyon, die jedes Jahr zwei Monate hier am Meer verbrachte, der Verlust, den du ihnen bereitet haben mochtest, störte sie nicht im Geringsten, der Vater wollte dich nur vor etwaiger Spielsuchtgefahr warnen.

Deine Freundin findet die Geschichte unglaublich.

Du trinkst gemütlich ein Bier und betrachtest all die auf Gewinn hoffenden Menschen um dich. Auf Leuchtbändern erscheinen immer wieder Namen von Gewinnern.

Es soll dich anspornen, ebenso wie Lucie Baker aus Palm Springs mit einem Dollar bei Keno heute nachmittag immerhin 32.000 Dollar gewinnen zu wollen.

Nachdem du deine zehn Dollar gemütlich verspielt hast, probierts deine Freundin nochmals bei Black Jack, wo die Einsätze natürlich höher sind. Leider gewinnt zweimal hintereinander die Bank, was sie maßlos ärgert, hätte sie doch gerne etwas Reisegeld ergattert. Du bietest ihr an, ihr welches zu leihen, aber sie lehnt ab. Diese Tische sind gegen sie, das spürt sie deutlich.

Euer Auto sieht ganz mickrig aus neben all den Minivans, Bussen und Limos, die hier zum Großteil Shuttledienste leisten. Wenn du ein bekannter Spieler bist, der auch viel Geld da lässt, hast du alle möglichen Vorteile, damit du dem Casino nicht untreu wirst... Limoservice von Haus zu Haus, Übernachtungsgutscheine in tollen Hotels (mit angeschlossenem Casino wahrscheinlich), Blumen zu deinem Geburtstag und mehr. Wenn du einen Monat nicht erscheinst, bekommst du einen handgeschriebenen Brief, in dem nach deinem Gesundheitszustand gefragt wird, denn »das Casino ist besorgt um dich«.

Gegen die etwa 280.000 Einwohner der gegenüberliegenden Grenzstadt Piedras Negras wirkt Eagle Pass mit seinen 28.000 etwas mickrig. Sollt ihr zum Abendessen über die Grenze? Ihr geht einen Kompromiss ein und mexikanisch essen. Die Grenze am Rio Bravo ist lang. Am nächsten Tag in Del Rio findet ihr zwar sofort die »Alt«stadt, aber leider nichts zu essen. In den Supermärkten gibt's Apotheken, Gartengeräte und sonstiges, aber die *delis* sind zu, es ist wieder einmal Sonntag. Bei »Mr. Gattini« werdet ihr fündig, er hat ein *all-you-can-eat*-Sonntagsbuffet, das zwar keine großartige Salatauswahl hat, wenn man nach Gemüse lechzt, aber ihr werdet wenigstens satt mit Nudelsalat *und* Pizza. Im Billigmotel tummeln sich die Kinder der Hausangestellten im Pool, werden aber von den Müttern von den oberen Gängen öfters zur Ruhe ermahnt. Sie haben schließlich auch Ferien und sichtlich nicht genug Geld, um irgendwohin zu fahren.

Ihr fahrt mit einem Bus über die Grenze nach Ciudad Acuna, einer netten, gewachsenen Stadt, die ihr Eigenleben führt und nicht nur dem US-Tourismus dient. Im Bus fahren mehrere Einkäufer. Sie besorgen in den Staaten Dinge, die es in Mexiko nicht gibt, bringen sie hinüber, und werden an der Bushaltestelle von den dankbaren Hausfrauen erwartet, die das Bestellte abholen, bezahlen und ein kleines Trinkgeld dazugeben. So ist allen gedient.

Als ihr zurückkommt, steht eure Zimmertüre sperrangelweit offen.
Der Mexikaner, der eigentlich eure Dusche, die sich nicht ganz abdrehen ließ, hätte reparieren sollen, schwatzt zwei Türen weiter in der *Laundry* mit einem Zimmermädchen. »Kein Problem«, sagt er, »ich konnte die Türe immer sehen.« Nachdem ihr ihn allerdings nicht sehen konntet, sondern suchen musstet, glaubst du ihm nicht recht.
Er folgt euch ins Bad und schraubt herum. Das Ergebnis ist nicht sehr vielversprechend, aber du musst jetzt dringend auf die Toilette und deine Freundin möchte, das siehst du an ihren hektischen Blicken, endlich nachsehen, ob nichts fehlt. Immerhin, könnte sein.
Also sagst du dem Mann, dass es gut sei, und bedankst dich schön. Schade um den umweltschädigenden Wasserverlust, den es nach wie vor gibt, wenn auch weniger, aber du brauchst jetzt das Bad.
Beruhigt hat deine Freundin inzwischen festgestellt, dass ohnehin alles Wichtige noch da ist, vor allem die Videokamera, die du immer nur unters Bett schiebst, wenn ihr sie nicht mitnehmt. Immerhin habt ihr sie zusammen finanziert, sie ist ein echtes *joint venture*.
»Sowas kann einem auch nur mit dir passieren«, sagt sie dann, endlich beruhigt.
Als ihr nach wochenlanger Reise endlich heimkommt, wirst du eifersüchtig gefragt, wer denn dieser Bob sei? Der freundliche Motelbesitzer aus Del Rio hat eine handgeschriebene Karte geschickt, er wäre froh, euch bald wieder begrüßen zu dürfen. Die Grammatik ist abenteuerlich, aber es freut dich doch.

Die Straße von Del Rio nach Marathon folgt der Grenze, und lange Zeit werdet ihr nun von den traurig dunklen Tönen einer Eisenbahn begleitet. Manchmal liegen die Schienen in Sichtweite. Auf der Straße seid ihr fast immer allein. Immer wieder stehen die Warnungen vor *Flash floods* da. Eine leichte Steigung hinauf, und schon geht es ziemlich steil bergab in ein kleines, trockenes Flussbett. Wie heimatliche Straßenbegrenzungsstangen im Winter stecken auch hier weiße Holzpfähle allenthalben links und rechts der Straße.

Wenn hier der Himmel seine Schleusen öffnet, ist es eine unglaubliche Wassermenge, und die tiefen Einschnitte in der Straße füllen sich in Minuten mit gurgelnden, tosenden Wassermassen, die alles mit sich zerren. Bei Regen also immer genau auf die Pfähle sehen: Wenn der Wasserspiegel auch nur ein paar Zentimeter hoch ist, kann es sein, dass ein Auto den Schwung auf die nächste Hügelkuppe nicht mehr schafft und samt Insassen gnadenlos abgetrieben wird. In der Sonne fahrend, kann man es sich kaum vorstellen, genießt die Wellenbewegung der Straße, als wäre man ein Kind auf der Hochschaubahn.

Über einen Hügel fahrend, habt ihr ein atemberaubendes Erlebnis. Tief unter euch liegt eine helle Brücke über den Pecos, der hier eine tiefeingeschnittene Kurve zieht. Die Brücke muss mindestens hundert Meter hoch sein. »Fahr links rauf«, bittest du deine Fahrerin, »da ist ein Aussichtsplatz, das ist ja wundervoll!« Ihr dreht um und fahrt hinauf. Ungläubig siehst du drei Meter vor dem Auto zwei Geier landen. Du zerrst die Kamera heraus und filmst sie im Wegfliegen, wie sie sich in den Himmel über der Schlucht schrauben. Hier oben ist es kühl und ganz still, ihr könnt den Wind hören.

Du beugst dich übers Geländer und siehst halbschwindlig nach unten. Da sitzen weitere riesige Geier. Der Fluss schlängelt sich durch die Felsen und du folgst ihm mit den Augen bis zu dieser wunderbaren Brücke, die eine der größten in Texas ist, wie ihr später herausfindet. Wunderbar leicht scheint sie über dem Fluss zu schweben und die wenigen Autos, die sie passieren, sehen von hier oben wie Spielzeug aus.

Geier kreisen um euch, stürzen sich nach unten. Kleine dunkle, sich bewegende Punkte unter den Brückenpfeilern erkennst du im Zoom als eine Herde Angoraziegen, die auf den Steinen und im Bachbett Kühlung suchen. Ein verzauberter Ort, eine unerwartete Überraschung.
»Hast du das gewusst, dass das alles hier ist?«, fragt deine Freundin. Beschämt musst du verneinen. »Aber finden wir nicht immer die tollsten Dinge per Zufall? Haben wir nicht immer wieder kleine Erlebnisse, die sich uns einprägen, auch abseits der Museen und *»must sees«*?
Ihr steht noch eine Weile da oben, ehe ihr, so langsam es erlaubt ist, über die Brücke weiterfahrt nach Langtry.
Nachdem ihr schon den Friedhof nicht besucht habt, wo er begraben liegt, wollt ihr dieser texanischen Legende, dem »Richter« Roy Bean, wenigstens hier eure Aufwartung machen.
Judge Roy Bean *war* das Gesetz in diesem Landstrich und Geschichten über ihn sind weit verbreitet. Eigentlich sollte Langtry dafür berühmt sein, dass hier 1883 die Verbindung zweier Eisenbahnen gelang, so dass eine Strecke von New Orleans bis San Francisco eröffnet werden konnte.
Es war eine wilde Zeit, Zeltstädte voller Eisenbahnbauer zogen Vagabunden, Glücksspieler und Diebe an, »gesetzlos« war er lange, dieser Wilde Westen. Schon 1882 war die Situation so schlimm, dass die Eisenbahngesellschaften die Hilfe von Texas Rangern erbaten, und beide zusammen dann, da der nächste Posten mehr als 100 Meilen entfernt in Fort Stockton war, nach einem Friedensrichter verlangten. Und so kam es zur Legende Roy Bean.
Langtry hat heute nur 18 Einwohner, weil es ja hauptsächlich aus dem Visitors Center besteht, hinter dem sein legendäres »Amtsgebäude« samt Nebenräumen steht. Ein kleiner Kakteengarten mit Wüstenpflanzen ergänzt das Set. Ihr marschiert zuerst durchs Visitor Center und lernt auf diese Art fast alles, was es über diese bunte Figur zu wissen gibt. Dass zum Beispiel der Ort nicht nach einem Eisenbahningenieur, der die chinesischen Arbeiter beim Bahnbau überwachte, benannt ist, sondern nach der großen Liebe des Richters, der englischen Schauspielerin Lillie Langtry, mit der er lange korrespondierte, und die er

für Vorstellungen in den Westen locken wollte. Trauriger-
weise gab sie seinen Einladungen erst nach, als er schon
tot war.
Dioramen mit Miniaturfigürchen spielen sein Leben nach,
du musst nur auf den richtigen Messingknopf drücken
und gerührt kannst du das verklärte Leben und Treiben
um 1880 hier in der Wildnis erleben, siehst, wie der *Judge*
Schnellurteile auf seiner Hausveranda fällte. »Ich verurtei-
le dich zu 45 Dollar und einer Runde drinks für die Jury«,
soll er gesagt haben, nachdem er seine Wirtsschürze ausgezogen und den Hammer in die Hand genommen hatte,
während die Jury einfach aus den Stammgästen bestand.
Schnell musste es gehen, und gerecht sollte es sein.
Es ist nicht überliefert, dass er je ein Todesurteil ausge-
sprochen hätte. Aber einem Verbrecher alles Geld sowie
Pferd und die Pistole wegzunehmen und ihn der Stadt zu
verweisen, war wohl auch nichts anderes. Zu Fuß war hier
kaum Überleben möglich.
Viele Fotografien und Schriftstücke sind ausgestellt, auch
eine Replik seines angeblich einzigen Gesetzbuches, des
»*1879 Revised Statutes of Texas*«, und endlich geht ihr in
die Hitze hinaus und seht euch das alles in Natura an.
Den Saloon, wo der Richter gleichzeitig als Gastwirt Bier
ausschenkte und den er zu Ehren seiner Angebeteten »The
Jersey Lilly« nannte, hier in falscher Schreibweise, die ein
durchziehender Schildermaler gegen Flüssignahrung angebracht hatte, so dass ihr geliebter Name verballhornt
war. Dieser Saloon, das »Opera House«, von dem er hoffte,
sie werde dort einmal auftreten, war sein Wohnhaus.
Fässer auf der Veranda, eine kleine Windmühle. Manche
der Holzbalken und -latten sehen wirklich so alt aus, wie
sie sein sollten.
Im Gästebuch im Visitor Center findet ihr auch weit zurück immer noch keine Eintragung aus Österreich, also
firmiert ihr. Der Judge hat es sich verdient.
Übernachten wollt ihr in dem kleinen Bergort Sanderson.
Hier gibt es keine Städte mehr.

Sanderson ist recht pittoresk, findest du. Hier wird schon
für Camping- und Kletterausrüstung für den Big Bend

Nationalpark geworben, alles ist klein und überschaubar. Die Luft ist gut und es ist längst nicht mehr so heiß, immerhin seid ihr auf fast 1000 Metern Höhe. Das sind auch die Preise, maulst deine Begleiterin. »Na und? Ist es bei uns in Touristenorten in den Bergen, wo die Saison kurz ist, anders?« Nur wenige der kleinen Bed and Breakfast oder Motels haben einen Swimmingpool, und die, die einen hätten, haben kein Wasser drin. Du würdest aber vor Rückenschmerzen die ganze Nacht nicht schlafen, bekämst du deine Runden im Wasser nicht, mahnst du.
Endlich findet ihr das Passende.
Aber auch nur, weil du ein Eisenbahnfan bist und ein Foto machen willst und ihr deshalb umdrehen müsst.
Gerade noch kriegt ihr das letzte Zimmer von der netten Frau, auf deren Haupthaus steht, dass sie auch eine Bäckerei betreibt, was euch schon Vorfreude aufs Frühstück bereitet. Leider muss sie die *girls* da aber enttäuschen. Zuwenig Kundschaft, seufzt sie, sie hat es aufgegeben.
Auf ihren Pool ist sie stolz, er liegt inmitten schöner rotblühender Cannae zur Straße hin, so dass ihr ihn vorher nicht gesehen habt. Eine Reihe verschiedenfarbiger Adobe-Motelhäuschen ist an den Berghang gebaut, jedes mit seiner eigenen, bunt überrankten Vorderveranda mit Tisch und Bank. Da wird sich der Sonnenuntergang genießen lassen, stellst du fest. Unten im Tal schleppt sich ein langer Zug vorüber und schickt dir bestätigend mehrfach das vertraute Signal.
Das etwas spartanische, aber blitzsaubere Zimmer hat den Vorteil, nur 28 Dollar zu kosten, was deine Begleiterin freut, die immer bemüht ist, dir Geld sparen zu helfen.
Als ihr eure Sachen verstaut habt und wieder herauskommt, begrüßt euch eine Ziege vor der Tür. Ihre gelben Augen leuchten gefährlich, findet deine Freundin. Mit einem Hund hätte sie kein Problem. Du verscheuchst das Tier, aber es ist anhänglich und kommt noch öfter auf eure Veranda.
Der Pool ist kalt und tief, da braucht es allerhand Überwindung deinerseits um hineinzusteigen, aber tapfer drehst du ein paar Runden, während deine besorgte Freundin am Rand sitzt, falls du in dem kalten Wasser eine Herzattacke

bekommst, wie du oft spielerisch behauptest. Du hasst kaltes Wasser. Aber das Bewusstsein, dich im einzigen Pool weit und breit zu befinden, gibt dir sozusagen den nötigen Auftrieb.

Zum Abendessen fahrt ihr ins Dorf und findet ein ganz witziges Wirtshaus mit angebauter, geschlossener Veranda, in der Rauchen erlaubt ist. Ein örtlicher Künstler hat die dünnen Bretterwände mit weißer Ölfarbe zugedeckt und darauf kindlich naive Bilder aus der Umgebung gemalt und auch gleich zu jedem Gegenstand die schriftliche Erklärung gefügt.

Mit je einem Glas Wein bewaffnet sitzt ihr dann auf eurer Vorderveranda und genießt den wirklich lodernden Sonnenuntergang so lange, bis du es nicht mehr aushältst und doch die Videokamera holst.

Du gehst nach vorne zur Straße und zufällig kriecht dort gerade eine Riesenheuschrecke vor deinen Füßen, die du mitsamt deinem gelben Schuh Größe 36 aufnimmst, damit sie dir zuhause glauben, wie groß das Tier ist. Am Nachbarparkplatz steht ein Auto, das einen Hubschrauber auf dem Anhänger hat, das gibt auch ein gutes Motiv vor dem Sonnenuntergang, der den ganzen Himmel entflammt hat, lange nachdem die Sonne verschwunden ist.

Am nächsten Morgen, als ihr euch zur Weiterreise fertig macht, fährt euer Nachbar heraus, winkt freundlich. Sein Camper ist von der einfachsten Sorte, der Mann etwa Mitte fünfzig. Was euch aber verblüfft: Hier mitten im Westen von Texas hat einer einen Bus den ganzen Weg von Alaska heruntergefahren. Ihr winkt ihm bedauernd nach. Schade, dass ihr ihn abends nicht gesehen habt. Wer weiß, welche Geschichten er euch hätte erzählen können.

Du gehst gewohnheitsmäßig ums Auto. Der rechte Vorderreifen hat wirklich eine nach außen gestülpte, unübersehbare Delle.

»Mist«, sagst du, »den Reifen sind wir los«.

Glücklicherweise ist gar nicht so weit weg eine Reparaturwerkstatt, die ihr bergab schleichend erreichen könnt.

»Müsst euch was reingefahren haben«, kommentiert der Werkstatt-Muskelprotz lakonisch.

»Muss auf die Hebebühne, kann ich hier draußen nicht machen.«

»Und wann wird das sein?«, fragst du schüchtern, schließlich ist sie unübersehbar besetzt und es gibt keine zweite.

»Habt ihrn Reservereifen dabei?«, fragt er gummikauend. Oh oh. Bei der Regenflut in Dallas hatte die Fahrerin überhaupt keine Zeit und Lust danach auszuschauen. Nur zwei Koffer rein und weg.

»Was kostet denn ein neuer Reifen samt Montage?«, fühlst du schon mal vor. Er zieht den Rechner aus der Brusttasche. »Wir haben eine Versicherung dafür«, wirft deine Freundin dazwischen, »und außerdem pack ich jetzt den Wagen aus und schau nach.«

»Wir haben doch sicher nur so einen flachen Schwimmreifen da drin, mit dem man mit etwas Glück zur nächsten Telefonzelle kommt«, versuchst du sie abzuhalten. Es ist ziemlich heiß und dir ist schon ganz schwindlig von dem Benzingeruch vor der offenen Halle. Aber stur hievt sie eure Siebensachen auf den Rasen. Was habt ihr nicht schon wieder alles beisammen! Säcke und Taschen türmen sich hinter dem Auto, ehe endlich auch die Koffer erscheinen. Sie hebt entschlossen die Bodenabdeckung hoch, und natürlich liegt hier nur das kleine platte Ding, wie du befürchtet hast.

»Wird 'ne Weile dauern«, sagt der Typ gemütlich, »und dann etwa das kosten.« Er hält ihr die Rechenmaschine hin.

»Kann ich hier schnell mit der Autovermietung telefonieren? Es ist eine Gratisnummer.«

Wortlos begleitet er sie in einen Nebenraum, wischt ihr sogar den Telefonhörer des Wandtelefons mit einem Lappen ab. Inzwischen stehst du in der prallen Morgensonne an der Straße, zur Freude aller Vorbeifahrenden wie eine Wanderhändlerin, inmitten all des Kofferrauminhalts, der um dich verstreut liegt. Die Einheimischen hupen und winken freundlich im Vorbeifahren.

»O. k., wir kaufen einen neuen Reifen, und bei der nächsten Vermietungsstelle in El Paso bekommen wir das ersetzt.«

»Das ist noch ganz schön weit«, wirfst du ein.

»Am liebsten hätte ich sowieso ein anderes Auto, dieses scheppert dauernd und ist so neu, dass es nicht mal mehr ein Kassettendeck hat und wir deinen Walkman samt Lautsprechern verwenden müssen, wenn wir Kassetten hören wollen.«

Es dauert einige Zeit, bis euer Wagen endlich drankommt, glücklicherweise ist diese Werkstatt auch so etwas wie der örtliche ÖAMTC, ihr vertraut dem Mann also, als er behauptet, keinen passenden Reifen zu haben. Er muss losfahren und ihn sich besorgen, er verrät nicht wohin und auch nicht, wie lange es dauern wird. Wegen des Kofferrauminhaltes könnt ihr nicht mal weg, um einen Kaffee zu trinken.

Trotzdem findest dus irgendwie lustig.

»Vielleicht«, überlegst du laut, »haben wir uns ja ein paar lange Kaktusstacheln eingefahren, Sanderson ist schließlich die Welthauptstadt der Kakteen.«

»Wo steht das?«, fragt sie misstrauisch. »So viel mehr Kakteen als anderswo sind hier auch nicht.«

»Wir haben aber auch nicht besonders danach Ausschau gehalten«, gibst du zurück. »Und gelesen hab ichs beim Reinfahren in den Ort. Schließlich gibt's – nicht nur in Texas – jede Menge Welthauptstädte von irgendwas, bis hin zum Kohlrabi.«

»Das erfindest du!«, empört sie sich.

»Nein, echt! Die Welthauptstadt des Kohlrabi ist allerdings in Kalifornien und laut Prospekt »denkt natürlich bei Kohlrabi sofort jedermann an Kafka«.

Ich hab mir den Kopf zerbrochen, aber konnte mich an keinen Kohlrabi bei Kafka erinnern. Dann stellte sich heraus, dass einfach der Ortsgründer Kafka geheißen hatte. Und die paar Einwohner überlegen außerdem, den Ort im Internetzeitalter auf *coolrabi* umzutaufen.«

»Sonst noch was Komisches parat?«

»Ja. Heute morgen stand in US-Today, dass in Bradenton, Florida, Suzanne Vasquez einen 5 000.000 Dollar Prozess gegen die Supermarktkette *Wal-Mart* verloren hat. Sie hatte geklagt, weil ihr ein 6,5 Kilo schwerer Schinken ins Genick gefallen war, als sie sich über eine Fleischtiefkühltruhe gebückt hatte, und behauptet, sie hätte seither epileptische Anfälle. Der Prozess wurde abgewiesen, weil der gegnerische Anwalt begründen konnte, dass

ihre Schilderung des Hergangs sämtlichen Gesetzen der Schwerkraft widersprochen hätte.«
»Noch was?«
Du denkst einen Augenblick nach. »Hm, weißt du, warum so viele Amerikaner nach Kanada fahren?«
»Nein, nicht wirklich«, gibt sie zu.
»Weil die Staaten 1992 ein Bundestoilettengesetz erlassen haben, um Wasser zu sparen. Einfach kleinere Wasserbehälter und dadurch weniger Spülwassser für die Toiletten. Los Angeles hat auf die Art 7 Billionen Gallonen Wasser gespart. Aber massenweise Amis fahren jetzt eben nach Kanada, um alte, wasserfressende Klos zu kaufen.«
»Und das soll ich dir glauben?«
»Würde CNN lügen?«
»Ja.«
»Außerdem, erinnere dich, gestern Abend, als wir die Wetterkarte gesucht haben und die in den Nachrichten davon geredet haben, dass in einigen Gegenden seit vorigem Jahr kein Regen mehr gefallen ist, hatten sie nichts anderes zu sagen, als dass das eine kleine Katastrophe sei, – und zwar mit dem Hinweis, dass das die Kürbisernte stark beträfe, also heuer leider nur kleinere Kürbisse für Halloween ... Dass es existenzvernichtend ist für viele Betriebe, davon war kein Wort zu hören. »*Pumpkin Drought*« nannten sies.«
Ihr denkt an die riesigen Sojabohnenanlagen, Maisfelder, Alfalfa, an denen ihr vorbeigefahren seid, mit den Riesenbewässerungsanlagen. Ausleger, hundert Meter lang an jeder Seite, die die zukünftige Ernte besprühen, sich wie von Geisterhand bewegt manchmal ein Stück weiter vor tasten. Gigantisch, denkt ihr immer, diese endlosen Felder. Zehn Minuten und mehr fahrt ihr an einem vorbei.
Endlich kommt euer Reifenmann zurück, die Hebebühne ist jetzt frei und nun kann euer Auto drauf und bekommt sein neues Teil. Misstrauisch siehst du zu, ob auch alle Schrauben richtig fest angezogen werden. Ein wegrollendes Rad hier in den Bergen stellst du dir nicht gerade spaßig vor.
Noch fünfzig Meilen nach Marathon. Ihr könnt wieder gemütlich fahren und müsst sie nicht laufen, bemerkst du

schalkhaft. Aber ihr wollt ja zuerst einen Abstecher nach Fort Stockton machen, um der Welt größten Wiedehopf, den *Roadrunner*, mit eigenen Augen zu sehen.
Ihr sucht euch ein Quartier, esst eine Kleinigkeit und macht euch dann, mit dem Plan einer *driving-tour* aus dem Motel, an die Besichtigung von Fort Stockton.
Obwohl auf fast 1000 Metern Höhe, ist der Ort flach wie ein Pfannkuchen. 1859 als einsamer Verteidigungsposten für die Postkutschenroute einerseits und als Drohung an die Comanchen, deren Kriegspfad hier verlief, andererseits erbaut, wurde das Fort schon 1886 wieder aufgegeben.
Trotzdem ist es natürlich eine tolle Attraktion für alle patriotischen Texaner, stehen doch von den ursprünglich 35 Baracken aus Adobe und Sandstein noch alle, wenn auch nur einige davon noch »original« sind. Drei der Offiziersgebäude, was nicht wunder nimmt, sie sind sicher stärker gebaut worden als die Mannschaftsquartiere, denkst du, und dann noch das alte *Guardhouse*, wo auch der Gefängnisaufseher untergebracht war, samt drei winzigen Isolationszellen für schwere Vergehen und einer größeren, in der mehrere Gefangene Platz hatten, wahrscheinlich eher eine Art Ausnüchterungszelle. Trotz der Hitze gehen einige ältere Herrschaften geduldig von Gebäude zu Gebäude. Euch genügt es, die Anlage in ihrer Gesamtheit zu sehen.
Auf deiner Karte steht, dass ihr immer nur den Schildern folgen sollt auf eurer Tour, und wenn ihr Fragen habt, »sind die guten Leute von Fort Stockton jederzeit bereit, sie euch ausführlich zu beantworten«. Das spart Papier, um eventuell einen aussagekräftigen Führer zu drucken, denkt ihr. Oder, die Einheimischen sind *noch* freundlicher, als es Texaner ohnehin sind, wer weiß.
Ihr braucht sie auch, die Einheimischen, denn sooft ihr sucht, ihr findet »Paisano Pete« nicht, obwohl er doch der Welt größter *Roadrunner* ist.
Er steht nämlich nicht in irgendeinem grünen Park, wie du dir vorgestellt hast, sondern direkt innerhalb einer Straßenkreuzung der Main Street. Wie oft er da bei Touristen schon für Auffahrunfälle gesorgt hat, die ihn im letzten Moment gesehen haben, wagst du dir nicht auszumalen.

Ihr hetzt also über die Straße, Pete muss auf ein Foto mit euch beiden.

Gleich sprintet ein freundlicher schwarzer Einheimischer herbei und lässt es sich nicht nehmen, euch zu fotografieren, die Selbstauslöser seien »*tricky*«, das weiß er, er wird ein schönes Bild oder zwei von euch machen. Erschöpft lasst ihr ihn gewähren.

Der *Roadrunner* ist immerhin über sechs Meter lang und fast vier Meter hoch – ihr glaubt nicht, dass es irgendwo einen größeren gibt. Wozu auch.

Natürlich laufen die quirligen Vögel euch hier öfter in natura über den Weg, aber ihr könnt nicht herausfinden, ob das Tier deshalb oder wegen seines Auftritts in Disneyzeichentrickfilmen hierhergebaut wurde. Die freundlichen Einheimischen, die ihr befragt, wissen es nicht. Und der Typ an der Rezeption ist aus New Mexico und weiß es erst recht nicht, leider.

Am Nachmittag erkundet ihr den Pool, der wirklich riesig ist, trotz der relativ kleinen Hotelanlage. Niemand ist im Wasser. *Siesta-time*. Faul treibt ihr auf der Wasseroberfläche mit geschlossenen Augen.

Als du deine öffnest, ist der Himmel fast schwarz, Wetterleuchten zuckt, aber es donnert noch nicht. Das Gewitter kommt links über die Moteldächer, weiter rechts ist der Himmel wolkenlos blau.

Erst als der erste wirklich grelle Donnerschlag euch in den Ohren dröhnt, wird deine Freundin aufmerksam. Obwohl ihr beide kurzsichtig seid und eure Brillen am Poolrand liegen, dies ist ein rasendes Gewitter.

»Raus hier«, keucht sie, »sofort raus«, und schwimmt zum Rand. Du findest das dunkle Schauspiel beeindruckend, hast es nicht so eilig. Palmen und Bananenbäume biegen sich nach unten, dass du glaubst, sie müssten brechen. Der heiße Wind treibt Staub und Abfall vor sich her. Sand gerät in deine Augen, die auf alle Fälle tränen. Ihr rafft eure Sachen zusammen und rennt zurück ins Motelzimmer. »Das hätte ins Auge gehen können«, keucht deine Freundin.

»Österreichische Autorin und Freundin in Texas vom Blitz im Swimmingpool erschlagen, das wäre eine nette Geschichte für US-Today«, sagst du grinsend.

»Damit sollst du nicht spaßen«, sagt sie ärgerlich, »was glaubst du, was ich getan hätte, wenn dir was passiert wäre!«

Du magst die kleinen Bundesstaatenmeldungen, die in der Zeitung US-Today stehen. Manches davon ist ziemlich skurril. Und seit einigen Jahren sind unten auf der selben Seite die Inserate für Viagra zu finden. Unübersehbar für jeden heimwehkranken Geschäftsreisenden, der unterwegs wissen will, was sich in seinem Bundesstaat grad so tut.
In Conneticut hat zum Beispiel ein Volksschullehrer 1999 21.000 Dollar an Vorrückungsgeld verloren und 21 bezahlte Urlaubstage, weil er auf einem Schulcomputer Softpornos angeschaut hat. Stephen Casavant – hier werden Namen genannt! – durfte allerdings dank seiner guten Führung in den letzten 29 Schullehrerjahren und nach fünf Jahren als Direktor dann doch zumindest seinen Job behalten.
Dass Studenten in Iowa im Jahr 1990 angaben zu 21,5 % zu rauchen, es aber in diesem Jahr schon 38,8 % waren, nimmt dich wunder. Auch Gefängnisberichte gibt es massenweise. In Boscawen, New Hampshire, wird gerade ein neues Mittel erprobt, um Schlägerein unter Zelleninsassen zu unterbinden. Aus 10 Meter Entfernung kann nun der Aufseher mit einer Waffe, die den Paintballmaschinen ähnelt, Pfeffersprraybälle durch die Gitterstäbe schießen, die bei Körperkontakt explodieren. Du bist dir nicht sicher, ob das auf Dauer wirken wird. Die rabiaten Zellengenossen könnten nach dem ersten Augenreiben und Heulen vielleicht gerade noch aggressiver werden, wer weiß.
Andererseits wird in Ohio, in Cincinnati gemunkelt, dass der örtliche Sheriff seine Deputies dafür bestraft, dass sie nicht genügend Gefangene machen oder Strafzettel kassieren. Er bestreitet das zwar, besteht aber darauf, dass sie ihre Quoten erfüllen müssten.
Da hat es West Siloam Springs in Oklahoma anders gelöst: Ungefähr elftausend »vergessene« Strafzettel von vor zehn Jahren wurden wieder ausgegraben. Eine Viertelmillion Dollar muss nun eingetrieben werden, die die Stadtverwaltung vorher verschlampt hatte.

»O. k., o. k., ich hab verstanden, du musst mir nicht alles vorlesen.«

»Aber meine Zeitungsmeldung würde doch wirklich gut reinpassen, oder?«, insistierst du.

»Meinetwegen. Aber lass uns jetzt mal im Telefonbuch nachsehen, wo wir essen gehen könnten.«

Ihr entscheidet euch für Sarahs Cafe in einer Seitenstraße. Ein kleines, nettes halbmexikanisches Lokal, dessen Klimaanlage euch nicht gleich zum Pullover greifen lässt. Außer euch sind nur Einheimische hier. Ihr sitzt auf euren roten Lederbänken und studiert die Speisekarte. Euch gegenüber hängt ein wunderschön glänzendes Ölgemälde einer rubenesken Frauensperson mit Mantilla. Ihre Augen und Wangen leuchten.

Plötzlich kommt eine mit viel Make-up bedeckte grauhaarige schwerfällige Frau, die sich an der Tür mit anderen unterhalten hat, und setzt sich in ihrem roten Leinenzeltkleid auf die Bank unter dem Porträt. Der Roteffekt der Ecke steigert sich um 200 Prozent.

»Sicher die örtliche Lehrerin«, flüsterst du deiner Freundin zu. »Jetzt hat sie Ferien, und da gönnt sie sich auch mal was Gutes.«

»Sei nicht so gemein«, antwortet sie. Schließlich kommt sie aus einer Lehrerfamilie.

Wie zur Bestätigung kommt ein junges Ehepaar mit einem Säugling in der Tragtasche, und führt ihn der sitzenden Rotbekleideten vor. Da ihre Stimme sehr volltönend ist, bestätigt sie dir natürlich dein Vorurteil. Sie *ist* Lehrerin und hat beide Eltern vor noch gar nicht allzu langer Zeit unterrichtet, was sie immer wieder betont. Nein, und nun schon verheiratet *und* ein Baby, sie kanns nicht fassen, wie die Zeit vergeht. Ihr müsst euch hinter den Speisekarten verstecken.

»Aber, immerhin, sie hat sich die Haare gefärbt«, sagst du leise.

»Und wieso sollte sie das nicht?«

»Kannst du dich nicht an das Poster mit den Gesetzen für texanische Lehrerinnen erinnern, das ich deiner Mutter gekauft habe? Das mit den Regeln von 1915?

1. Du darfst dir unter keinen Umständen die Haare färben.
2. Du darfst während deiner Anstellung auf keinen Fall heiraten.
3. Du darfst dich nicht in Gesellschaft von Männern aufhalten.
4. Du darfst dich nicht bei den örtlichen Eiscremegeschäften herumtreiben.
5. Du darfst keinesfalls mit irgend einem Mann zusammen in einer Kutsche fahren.
6. Du musst zwischen acht Uhr abends und sechs Uhr früh zuhause bleiben, es sei denn, es handle sich um eine Schulveranstaltung.
7. Du darfst die Stadtgrenzen nicht verlassen, es sei denn, du hättest dazu die Erlaubnis von deinem Vorgesetzten.
8. Deine Kleider dürfen nicht kürzer sein als allerhöchstens 3 Zentimeter über dem Boden.
9. Du musst in der Öffentlichkeit immer mindestens zwei Petticoats tragen.
Und das sind nur ein paar der Regeln, die mir einfallen!«
»Hoffentlich findet meine Mutter das witzig«, ist sie skeptisch.
»Und wenn nicht, dann deine Großmutter. Musst ihrs eben übersetzen, sie hat ja schließlich damals nur Französisch gelernt.«

In Marathon scheint alles ausgestorben, verschlafen zumindest. Der alte Stadtkern birgt ein tolles Hotel, das auch noch als solches geführt wird, und 1920 für die Viehbarone ein beliebter Aufenthaltsort war. Ihr parkt beim Gage Hotel und in der kühlen Lobby gebt ihr euch als Touristen zu erkennen, die sich nur gerne ein wenig umsehen möchten. Aber ja, sagt das Mädchen am Empfang, tut, als ob ihr hier zuhause wärt. Hier ist alles westernfilmreif, die Holzwände mit allen erdenklichen Tierköpfen geschmückt, Salon reiht sich an Salon, riesige Kamine, in denen man Ochsen bequem braten könnte, Messingspucknäpfe auf Hochglanz poliert, Bärenfelle, Bodenvasen riesigen Ausmaßes, die Kamera schwenkt von einer Ecke in die andere, nimmt Ölgemälde in Goldrahmen zur Kenntnis oder wirkliche Gäste, die in einem der hohen Polster- oder Ledersessel fast verschwunden sind, Messingventilatoren drehen sich dekorativ in den hohen Räumen und verwirbeln die klimatisierte Luft.

Draußen, in einem schönen, mit Bougainvilleen und anderen Blütenranken geschmückten Garten liegt hinter einem Sichtzaun, der euch eng an die Eingangstür zwingt, ein wunderbar blauer Swimmingpool mit dickgepolsterten Liegen. Kein Gast ist zu sehen. Sehnsüchtig seht ihr hinein ins Paradies. Noch weiter in der Tiefe des Gartens gibt es eigene Gästehäuser im Adobestil, hier kann man ganz für sich sein. Riesige alte eisenbeschlagene Truhen stehen vor den Türen, aufgebockte Westernsattel, Blumenkübel.

Ein schwarzes Zimmermädchen lässt euch einen Blick in eines der Apartments tun. Auch hier viel dunkles Holz und Schmiedeeisen, riesige Betten mit geschmackvollen mexikanischen Decken, und Badezimmer mit Whirlpool und viel Marmor.

Ihr dankt dem Zimmermädchen und geht am Swimmingpool vorbei wieder zur Halle zurück. Gerade checkt ein älteres Ehepaar ein, und du fragst dich, in welchem Vehikel er wohl Raum für seinen Riesentexashut gefunden hat, es ist einer der größten, den du je gesehen hast.

Draußen liegt die Vorderveranda jetzt im Schatten, und du kannst nicht widerstehen, dich in einen der Schaukelstühle zu setzen und so zu tun, als wäre es 80 Jahre früher. Du siehst auf die Eisenbahngeleise und träumst dich zurück in eine ganz andere Zeit. Hättest du Kautabak, könntest du ihn jetzt gezielt in den Spucknapf spucken. So dämpfst du nur eine Zigarette unter deinem Schuh aus, vorsichtig, um den Holzboden nicht in Brand zu setzen und auch sonst keine Spur zu hinterlassen, ehe du sie entsorgst.

Schade, dass das angrenzende Café mit seiner uramerikanischen *Sodafountain* geschlossen ist.

Allerlei Kunstgalerien liegen jenseits der Eisenbahnlinie und die einzige, die um diese Zeit geöffnet hat, zeigt Fotografien bekannter amerikanischer Künstler. Die Preise beginnen leider bei tausend Dollar, und da bleibt euch nur das An- und Nachsehen. Wochen später wird deine Freundin in einem Secondhandladen so ein Foto per Zufall um wenige Dollar erstehen können.

Da ihr schon auf dieser Seite des Ortes angelangt seid, fahrt ihr ein Stück weiter und entdeckt einen alten Planwagen auf einer Wiese vor einem pinken, zweistöckigen Adobehaus. Überall blühen Blumen, hier hat sich jemand ein kleines Paradies geschaffen. Fasziniert siehst du einen Riesenschwarm gelber Schmetterlinge zwischen den Kakteen und Blüten, nur wenige Zentimeter über dem Boden. Du holst die Kamera aus dem Auto und folgst ihrem Tänzeln, nimmst auch gleich den Planwagen mit auf.
»Magst du meinen *Chuck-Wagon*?«, fragt dich der stolze Besitzer, der ums Haus herumgekommen ist. »Ist meiner, schon seit hundert Jahren haben wir ihn, siehst du?« Er zeigt auf ein paar Brandzeichen an der Deichsel und der Seite, die dir alles oder nichts bedeuten. »Den vermiet ich auch ab und zu, mach richtiges Cowboyessen, für bis zu hundert Leute«, sagt er – wie dir scheint hoffnungsfroh.
»Seit meiner zweiten Herzattacke geh ichs ruhiger an«, sagt er unvermittelt. »Jetzt zieh ich als Sänger rum, hab 'ne ganz gute Saison gehabt bisher, mögt ihr sehen?« Er geht euch in den Schatten vor und erst jetzt stellt sich heraus, dass dies ein kleines Restaurant ist, oder sein könnte. Die Fenster nach innen sind mit altmodischen Spitzengardinen verhängt und auch hier auf den Veranden grünt und blüht es üppig. Während der Sänger ins Haus geht, kommt nach einem leichten Zucken bei einem der Vorhänge seine Frau heraus. »Soll ich euch Kaffee machen? Ich mach guten Kaffee. Und *Cobbler* könntet ihr auch dazu haben«, sagt sie hoffnungsvoll.
Du glaubst, dass sie das Geld nötig hat und willigst ein. Sie verschwindet wieder und plötzlich kommt aus verborgenen Lautsprechern dröhnende Westernmusik. Eine schleifende Männerstimme betrauert irgendein Mädchen, das untreu war. Der Text ist kitschig, die Musik zu flach und laut und die Stimme ... Da kommt ihr Besitzer, wie du befürchtet hast, auch schon wieder an und zeigt euch seine drei Musikkassetten, die er schon aufgenommen hat. Nur wenige Dollar kosten sie, und, seht her, da, hier ist er in der Zeitung. Verlegen lehnst du ab und fragst nach dem Planwagen, und was es da alles zu essen gäbe, bei solchen Gelegenheiten.

Schon blättert er um und zeigt euch sein Menü von Bohnensuppe und Burgern, richtigen Süßkartoffeln, Erbsen und Karotten, danach Kuchen und Kaffee, so aus richtigen Blechtassen, ganz wie früher, ganz romantisch.
Ihr habt euch inzwischen den zu süßen Nachtisch halbwegs einverleibt und drängt auf die Rechnung. Leider, jetzt habt ihr es langsam eilig, es war sehr interessant, wirklich, ein schönes Plätzchen hat er da und ihr seid glücklich, so einen bekannten Mann kennengelernt zu haben.
Das freut ihn auch, er hat schon viel von Australien gehört, vielleicht kann er ja da auch einmal auftreten, wer weiß. Und seine Frau, mit dem Rechnungszettel in der Hand, nickt bestätigend. Ihr bringt es nicht übers Herz ihn geografisch aufzuklären.

Auf der Straße zum Big Bend Park am nächsten Morgen seid ihr alleine. Die Bergformationen drängen näher und näher heran, die Farben sind unbeschreiblich, ihr fahrt ganz langsam, vergesst zu zwinkern, vor lauter Schauen tun euch die Augen weh.
Plötzlich müsst ihr rechts ranfahren, gebietet euch ein Schild. Zollkontrolle. »Ich glaub ich träum«, entfährt es deiner Begleiterin. »Zollkontrolle? Wir sind über hundert Meilen von der Grenze weg!«
Trotzdem fahrt ihr natürlich hin.
Die gar nicht so kleine Zollstation ist beeindruckend und die uniformierten Zöllner, die euch auf einen bestimmten Platz winken, auch.
»Sind Sie US-Bürger?«, fragt der Erste streng.
Ihr müsst zugeben, dass ihr das nicht seid.
»Dann Ihre Pässe bitte.«
Mist, denkst du. Pass, Reservegeld, Tickets für den Rückflug, alles Wichtige ist in einer bestimmten Tasche, die du irgendwo auf dem Rücksitz unter den aufgeblasenen Luftmatratzen, zwischen Reserveschuhen und anderem Krimskrams abgelegt hast.
Deine Freundin trifft es noch härter. Ihr Passversteck zwingt sie, ihn zu bitten wegzusehen, während sie an ihrer Bauchtasche in den Shorts nestelt. Inzwischen bist du ausgestiegen und wühlst dich unter den Luftmatratzen durch,

magst sie nicht herausnehmen. Wo ist denn die verflixte kleine Tasche bloß? Endlich ergatterst du sie und bringst sie nach vorne. Trotz der Hitze hat sich der Uniformierte nicht gerührt, kein Schweißtröpfchen vergossen, im Gegensatz zu euch.
Er befingert die beiden Dokumente, trägt sie ins Gebäude, wahrscheinlich, um sie irgendeinem Computer vorzulegen, der wer weiß wo in den Staaten eure Daten gespeichert hat, seit ihr eingereist seid. Anscheinend lässt sich nichts Schlimmes über euch finden, denn in Kürze habt ihr eure Dokumente wieder und könnt weiter.
»*Have a nice day now*«, sagt der Zöllner nun lächelnd.
»Und passt auf die Bären auf.«
»Unbürokratisches Amerika«, murrt deine Fahrerin zornig. »Wichtigtuer. Glaubt er wirklich, dass illegale mexikanische Immigranten so aussehen wie wir?«
Du siehst hinüber zu ihr, blauäugig und naturblond wie sie da sitzt, die helle Haut, die kaum Sonne annimmt ...
»Nein, aber vielleicht haben sie ja auch Angst vor illegalen Nordländerinnen, was weiß man schon.«
Aber noch mag sie nicht darüber lachen, ihr Gerechtigkeitssinn sträubt sich. So wie sie sich jedesmal ärgert, wenn ihr in einem italienischen Hotel der Pass abverlangt wird, trotz EU. »Schicksal«, sagst du. »Lass uns jetzt einfach den Park genießen.«

Atemberaubend ist diese Landschaft wirklich. Manchmal haltet ihr kurz an, um Wasser zu trinken und Fotos zu machen. Dann steigt die Straße und ihr seht die ersten Tafeln, die euch vor Bären warnen. Anweisungen, wie man sich bei Bärenbegegnung verhalten soll, habt ihr ja schon bei der Einfahrt erhalten, samt einer Menge anderer Dinge, die ihr tun oder lassen sollt.
Da ihr nicht vorhabt illegal zu campen, den Wald anzuzünden oder ohne genügend Wasser und Vorräte herumzuirren, hast du die Infos nur überflogen.
Aber hier fahrt ihr an großen Eisencontainern vorbei, in denen ihr eure Abfälle auf alle Fälle »bärensicher« verstauen sollt. Dass es hier auch ein paar Schlangenarten gibt, verschweigst du deiner Freundin lieber.

Und Haustiere habt ihr auch nicht bei euch, denen hier unbedingt die Leine angelegt werden muss, und die keinesfalls mit auf die *Hikingtour* dürfen, sondern »nur bei *echten* Gebäuden gehalten werden dürfen«. Dass sie nicht im Auto gelassen werden sollen, weil sie sehr schnell verdursten und ersticken könnten, versteht sich von selbst. Außerdem wären sie durch herumstreifende Wildtiere gefährdet, beziehungsweise zögen sie solche womöglich geradezu an. Also, Fifi lieber zuhause lassen, wenn euch sein und euer Leben lieb ist …
Solltet ihr einem Bären begegnen, wird euch geraten euch klein zu machen, euch auf den Boden zu legen, das macht euch uninteressant. Berglöwen andererseits fürchten sich eher vor großen Tieren, also, mach dich groß, streck deine Arme weit aus und halte Blickkontakt, der Puma reißt seine Beute durch Genickbiss.
Eine Inuitgroßmutter aus Grönland hat dir erzählt, dass Eisbären für Frauen keine Gefahr darstellen. Du stellst dich einfach vor das Tier und hebst deine Kleidung an, so dass es sehen kann, du seist eine Frau. Dann lässt es dich in Ruhe. Gut, dass du das nie ausprobieren musstest … Grönland wäre dir auch zu kalt.
Ihr schraubt euch die letzten zehn Meilen hoch zur *Lodge*, wo ihr hofft, noch ein Mittagessen zu bekommen, denn es ist bereits 13:30 Uhr. Nein, jetzt nicht mehr stehenbleiben, ihr werdet den Berg hinunter dieselbe Strecke fahren, dann ist Zeit für Fotos. Jetzt ist Mittagessen.
Vom Glück begünstigt wie ihr seid, findet ihr einen Parkplatz ganz in der Nähe, nachdem ihr den ersten wieder verlassen habt, da der überhängende Felsen nicht gerade stabil aussah. Die Lodge ist riesig und der große Speisesaal mit dem endlosen Panoramafenster fast leer. Einer der Angestellten isst bereits in einer Ecke.
»Würdet ihr uns bitte noch füttern? Ich weiß, es ist spät«, sagst du zu einem älteren Kellner, der schon ganz aufgelöst aussieht. »Wir haben nur den heutigen Tag«, fügst du flehend hinzu.
Das Lächeln deiner Begleiterin gibt wahrscheinlich den Ausschlag und ihr könnt am Fenster sitzen und den wunderbaren Blick genießen.

Eure Wasserflaschen sind fast leer, und ihr seid froh, als das obligate Eiswasserglas vor euch auftaucht.
»Ich fühl mich garnicht besonders«, sagt deine Freundin, »irgendwie Kopfweh und mein Magen ist auch komisch.«
Dir geht es seltsamerweise ähnlich, der Hunger ist dir vergangen und du bist relativ blass im Gesicht, merkst du im Taschenspiegel, als du dir die trockenen Lippen mit dem Fettstift eincremst.
Währenddessen studiert sie die Platzmatte, auf der der Park eingezeichnet ist, Berge benannt und andere Informationen aufgedruckt sind.
»Kein Wunder«, sagt sie nach einer Weile. »Weißt du, dass wir hier auf 2000 Metern sind? Und den Höhenunterschied von 1000 Metern auf den Chisos haben wir in den letzten 10 Meilen gemacht. Wir sind ein wenig höhenkrank, das ist es!«
Also trinkt ihr euer Wasser vorsichtig, bestellt ganz leichtes Essen und danach geht es euch wieder gut.

Traurig siehst du draußen die Bergsteiger und Naturwanderer, die im Gelände zu sehen sind. Vor deinem Unfall bist du gerne auf Berge gestiegen und gewandert, schade, seit deinem dreizehnten Lebensjahr ist das nun leider vorbei und du kannst nur mehr sehnsüchtig zusehen, während du froh sein musst, dass deine Beine dich gerade mal zwei Kilometer täglich tragen.
Dennoch, hier könntest du trotzdem herkommen, selbst wenn du im Rollstuhl säßest, es gibt ganz selbstverständlich eine Rampe vom Parkplatz zur Lodge.

Weiter geht es dann nach Terlingua, einer Geisterstadt, die nur dadurch berühmt ist, dass am ersten Samstag im November dort seit 1967 das große Chili-Wettkochen stattfindet, das eigentlich als ein Witz begann, aber dann sofort zu einer beliebten texanischen Tradition wurde, die jährlich über 5000 Leute in die Einöde lockt, in der einst Quecksilber abgebaut wurde.
Inzwischen gibt es neben ein paar vereinzelten Ruinen wieder ein paar Unerschrockene, die ihre Mobilhomes in diesem heißen, trockenen Klima aufgestellt haben, und

auch ein paar Urlauberhäuser stehen da und dort. Das »Starlight Cafe« ist leider geschlossen, es steht mitten in der steinigen Einöde neben einem kleinen Friedhof und einer alten Gefängniszelle. Ein paar einheimische Tourguides in Westernkleidung und vielen Tätowierungen warten auf Kundschaft. Vielleicht ist ein Bus angesagt, für den sie den Saloon ja dann aufsperren werden. Ihr könnt ihn aber trotzdem sehen, die Tür ist offen. Kaffee wäre euch lieber. Schade.

Es gibt auch ein paar triste Motels im Tal, aber keines will euch aufnehmen. Also weiter durch die zerklüfteten roten Felsen, etwa 15 Meilen, dann kommt Lajitas. Den Einheimischen ist es bekannt, weil es da Clay Henry, eine biertrinkende Ziege gibt, so wie das Kamel in Südtunesien, in Touzeur, das aber immerhin nur islamtreu Coca Cola aus seiner Flasche säuft für die fotografierenden Touristen.

Euch interessiert aber nur ein Nachtquartier, denn dies ist eure letzte Chance, wollt ihr nicht im Auto schlafen.

Auf einer Anhöhe über dem Rio Grande gelegen, ist Lajitas auch ein beliebter Ort, um den Park, seine Berge und den Fluss zu erkunden.

Ihr biegt um die Kurve, das Sträßchen ist mit Schotter bedeckt und Staubfahnen wirbeln da und dort auf. Zuerst siehst du rechts einen Tennisplatz unter dem kalkweißen Berghang, mit Maschendraht eingezäunt wie ein Kaninchenstall. Daneben liegt gleich der etwa gleichgroße Friedhof, der ebenfalls eingezäunt ist und ein paar vergilbte Papierblumen auf den wenigen Gräbern trägt.

Die *town* selbst zeigt sich als lange Front aus zusammengebauten Holzhäusern mit falschen Giebeln, wie eine Westernstadt. Stufen führen auf die Veranden, den »Boardwalk« vor den jeweiligen Eingängen. Ihr haltet vorm Hotel. Die Eingangshalle ist zweistöckig und auch hier kann man sich fast ein Jahrhundert zurückversetzt fühlen. Gut, ihr bekommt einen Raum in einem Nebengebäude in der Nähe des Swimmingpools.

Die Nebengebäude sind moderne, in einem Winkel aneinandergebaute einstöckige Bungalows und ihr habt alles, was man für einen – auch wochenlangen – Urlaub brauchen könnte, inklusive einem offenen Kamin für romantische Abende. Nach dem Auspacken fahrt ihr zum Restaurant, das ziemlich groß ist und eine gepflegte Küche hat. Für abends gibt es daneben mehrere Bars.

Der Swimmingpool ist schön angelegt und sehr groß, kleine umrankte Lauben laden zum Verweilen und Lesen ein, was ein paar makellos aussehende Mittfünfzigerinnen auch tun, deren Männer gerade Golf spielen, hier, mitten in den Bergen, in einer steinigen Wüstenei. Was für eine Umweltsünde, denkst du insgeheim.

Nach einer Stunde wird der Wind, der immer wieder weißen Staub aufwirbelt und Blüten und Blätter in den Pool wirft, stärker. Es wetterleuchtet.

Lieber geht ihr in euer Apartment zurück und macht es euch da gemütlich.

Die Klimaanlage scheint ausgefallen zu sein, es ist stickig im Bungalow. Auch der Lichtschalter funktioniert nicht und das Wasser weigert sich zu fließen. Das Telefon geht, und deine Freundin ruft in der Rezeption an.

Ja, leider, eine kleine technische Panne, sie haben den Strom auf fünfzig Prozent heruntergefahren, aber der Generator hinter unseren Bungalows müsste gleich für mehr Strom sorgen, so kanns eben gehen in den Bergen, *sorry 'bout that.*

Es gelingt euch, ein paar Birnen zum Glühen zu bringen, und ihr zieht den Tisch und die Stühle zum Fenster, es ist ja noch halbwegs hell draußen.

Vor den Nachbarbungalows sitzen ein paar Familien zusammen und trinken Dosengetränke aus *coolern*, während sie den Sturm beobachten, der jetzt stärker geworden ist und allerlei Kram durch die Luft wirbelt. Sie scheinen sich nichts aus der Situation zu machen.

Du fühlst dich nicht ganz gut und hast stechende Kopfschmerzen. Nein, du willst nicht abendessen gehen, du willst nur hier sitzen und am liebsten wäre dir ein Yoghurt und ein wenig Obst. Schade, hier gibt es kein Geschäft.

Doch, sagt deine Freundin, es gibt einen Laden und sie wird dir dein Yoghurt besorgen. »Nimm das Auto«, sagst du, »der Wind wird dich sonst wegwehen.«

»Wegen der paar Schritte? Nie!« Und schon kämpft sie sich draußen durch den heftiger werdenden Sturm, Kopf nach vorne gedrückt, Portemonnaie in der Faust.

Es dauert lange, ehe sie zurückkommt. Das Licht ist inzwischen ein paarmal ganz weggeblieben, obwohl der Generator hinter dem Haus unablässig brummt.
»Das war abenteuerlich«, sagt sie, sich zur Tür hereintastend. »In dem Laden war der Strom ausgefallen, ich hatte keine Ahnung, wo vorne und hinten war, hab nach irgendjemandem gerufen und da kam der Kerl auch schon und fragte, was ich wolle, es war komisch und gleichzeitig ein wenig gruslig. Ich solle stehenbleiben, damit ich mich nicht stoße, er sucht mir die Sachen schon zusammen. Er hatte eine Art minimaler Notbeleuchtung, aber wenn man noch nie in einem Raum war, hat man ja keine Ahnung von den Dimensionen, bin ich also stehengeblieben.
Auf einmal zuckt ein Lichtschein so in zwei Meter Höhe herum und ich bin furchtbar erschrocken. Dann sprang das Licht wie Elmsfeuer rauf und runter, der Typ grunzte irgendwas, ich war wie festgeklebt, glaub mir.
Bis ich begriffen habe, dass er eine Taschenlampe auf seiner Kappe trug, und die bewegte sich natürlich, während er in der Tiefkühltruhe rumsuchte, ich hab mir nämlich ein Eis gekauft, siehst du?«
Der Sturm heult lauter und lauter, vor dunklem Staub könnt ihr draußen nichts mehr erkennen, euer Auto könnte Lichtjahre entfernt sein. Gegenstände krachen in die Hauswände, die Wasserleitung im Bad dröhnt, als wolle sie platzen. Der Generator verstummt.
Unheimlich schwefelgelbe Blitze zucken durch die Staubwirbel. Etwas verschreckt rückt ihr vom Fenster weg. Du zündest alle Kerzen an, die in den verschiedenen Schubladen liegen. Der Sturm fährt durch den Kamin und versucht sie schneller auszublasen, als du sie anzünden kannst. Vier Uhr nachmittags und es ist dunkel wie um Mitternacht.
Ein weiterer Anruf bei der Rezeption bringt die erschöpft klingende Bitte um Geduld. Sie arbeiten dran, bestimmt.
Dein Kopfweh ist besser geworden, ihr habt jede Menge Wasser getrunken und nun spielt ihr bei Kerzenschein Karten, dafür reicht das Licht gerade.
Nach einer Stunde gehen plötzlich die Lichter wieder an. Draußen wird es ruhiger und heller.

»Eigentlich müssten die uns einen Rabatt geben morgen, wir konnten doch die ganze Infrastruktur nur begrenzt genießen, bei dem Sturm«, sagt deine Freundin nur halb scherzhaft. Das Resort ist wirklich nicht billig.
Euer Auto draußen ist zwar komplett verstaubt, hat aber keine Dellen abbekommen von irgendwelchen herumfliegenden Zweigen, könnt ihr sehen. Euer Bungalownachbar in Unterhemd und Shorts ist schon wieder mit einem Sechserpack Bier auf dem Weg zu seinen Freunden von vorhin, und die Kinder rennen herum, als sei nichts gewesen.
Nun könnt ihr auch endlich duschen, und weil ihr bei der Weiterreise keinesfalls so einen Sturm mitten in der Landschaft erleben wollt, versucht ihr euch via Fernseher zu informieren.
Es bedarf einiger gekonnter Umsteckmanöver deiner Freundin, nicht alle Steckdosen scheinen Strom zu führen, und die Schnur des Monstrums auf dem Teewagen ist ein paar Zentimeter zu kurz, um es bis ans Bett zu schieben, auf dem ihr gewohnheitsmäßig fernseht. Aber am Ende schafft sie es, und der Fernseher steht als Riesenhindernis mitten im Raum. Am nächsten Morgen weigert sie sich, ihn zurückzustellen.
»Für das Geld sollen sie ihn selber wegräumen«, befindet sie kurz angebunden.
Beim Auschecken bleibst du im Auto sitzen, und als deine Freundin aus der Rezeption kommt, hat sie eine steile Falte auf der Stirn.
»Irgendwas nicht in Ordnung?«, fragst du besorgt.
»Schon o. k., aber etwas besser entschuldigen hätten die sich schon können.«
»Die können doch auch nichts für den Sturm«, beschwichtigst du.
»Aber das ist es ja gar nicht! Ich steh unten und zahl die Rechnung und oben im ersten Stock auf der Galerie sind alle Fenster nach hinten offen, der Wind weht die Vorhänge raus, und plötzlich haut's mir ein nasses Handtuch um die Ohren. Steht das Zimmermädchen oben belämmert herum, verkneift sich das Grinsen und sagt: »Hab ich dich erschreckt, *honey*?«

»Normalerweise werd ich morgens nicht mit nassen Handtüchern geschlagen«, sag ich drauf. Die Frau an der Rezeption: »*Sorry 'bout that, hon*«, aber dafür kann ich mir auch nichts kaufen.«
»Darf *ich* wenigstens lachen?«
Du stellst sie dir vor in ihren roten Shorts und der weißen Bluse, die blonden Locken bis zu den Schultern und ein nasses, weißes Hotelhandtuch draufgeklatscht.
»Wehe dir!«, droht sie, aber dann lacht ihr beide.

Auf dem Parkplatz ist ein Konvoi von etwa zwanzig Bikerinnen und Bikern eingetroffen, die gerade liebevoll ihre Maschinen putzen. Feiner Staub liegt immer noch in der Luft und auch ihre Stiefel sind ganz weiß. Im Februar gibt's in Lajitas den »*Chihuahuan Desert Challenge*« für Biker, der immer mehr als tausend Leute anlockt, die oft auch mit ihren Privatflugzeugen kommen. Der Flugplatz soll nächstes Jahr weiter vergrößert werden.
Zuhause erfährst du etwas später, dass Lajitas nun einen neuen Besitzer hat: Der Unternehmer Stephen Smith ersteigerte den Ort samt Gebäuden, Hotel und Restaurant, Saloon, Museum, Friedhof, Pferden und Kühen – vielleicht auch der Ziege? – um schlappe 5,5 Millionen Dollar …

Ein älteres Ehepaar kommt mit einem Luxuswohnmobil aus der Richtung, in die ihr fahren wollt. »Kommt ihr aus Presidio?«, fragst du durchs offene Fenster.
»Ja, warum?«
»Ist die Straße da runter am Rio Grande so schön wie es heißt?«
Mann und Frau blicken sich an.
»Nichts besonderes zu sehen«, sagt er dann und seine Frau nickt im Weitergehen.
Schade, die »River Road«, den »Camino del Rio«, hast du dir wildromantisch vorgestellt. Aber die Berge strahlen in der Morgensonne und es tut dir kein bisschen leid, dass ihr die biertrinkende Ziege nicht in Aktion gesehen habt.
Glücklicherweise hatte das US-Ehepaar eine andere Vorstellung von *schön* als ihr. Die Straße ist gut ausgebaut, vielleicht sind sie einfach durchgefahren, um schnell zum

Golfplatz zu kommen, oder sie hat Frühstück gekocht und gar nie rausgesehen, wer weiß.
Ihr jedenfalls genießt die etwa fünfzig Meilen lange Fahrt durch das Flusstal.
Der Rio Grande narrt euch. Zum Greifen nah, ist er doch meist außer Sichtweite und ihr bleibt ab und zu stehen und kommt ihm mit der Kamera näher. Die Rastplätze haben Toiletten in Form von bunten Indianerzelten, was in der menschenleeren Landschaft verblüffend irreal wirkt. Der Himmel ist wieder unendlich und texasblau. Hier muss es auch geregnet haben, der Fluss trägt Zweige und andere Reste, einmal sogar ein paar Heuballen.
Durch diese Landschaft gibt es seit 1999 wieder Kamelsafaris, erzählst du deiner Freundin.
Natürlich waren die ersten damals 1860 für militärische Zwecke ausgerichtet. Im Sommer 1860 verließ Leutnant W.H. Echols San Antonio, um im Transpecos Gebiet mit dieser seiner zweiten Kamelexpedition einen geeigneten Ort für die Errichtung eines Außenforts gegen die Comanchen zu finden. 20 Kamele und ihre Führer sowie 20 Mann Infanterie, zu denen später noch 11 Männer kamen, und zahlreiche Maultiere machten sich auf den Weg. Unter den Kamelen gab es nur einen Bullen, da diese im Jahr zuvor relativ aggressiv gewesen waren. Unter unsäglichen Strapazen für Mensch und Tier in der Hitze des Sommers, dauernd durch Durst gequält, tagelang nur halbe Rationen Wasser für die Männer und kaum Wasser für die Tiere, trieb Echols die Karawane durch die Ödnis.
Die Mulis waren von der Trockenheit so erschöpft, dass sie zu schwach zum Grasen waren, die Füße der Kamele so durchgetreten und verwundet, dass man ihnen Lederschuhe verpassen musste. Manche der Männer, die in die Wildnis geschickt wurden, um Wasser zu suchen, kamen nicht wieder. Die Maultiere versuchten, die hölzernen Zapfen aus den Wasserfässern zu ziehen, der Geruch des Wassers machte sie ganz verrückt.
Die Höcker der Kamele hatten Löcher bekommen, so groß, dass man zwei Männerfäuste hätte hineinstecken können, und die einzige Sorge Echols war, diese Wunden nicht bis zu den Knochen durchdringen zu lassen.

Keines der Mulis überlebte diesen Treck, aber alle Kamele, bis auf eines, das in eine Schlucht gestürzt war.
Robert E. Lee lobte ihre ausgezeichnete Leistung bei der Expedition.
Kameltransporte sollten in Zukunft helfen, den Wilden Westen hier im Grenzgebiet zu erschließen und zu befrieden.
Aber kurze Zeit später brach der Bürgerkrieg aus, und nach seiner Beendigung wollte niemand mehr Jefferson Davis' Kamelprogramm fortführen.

Als du deiner Freundin allerdings die Preise für die Big Bend Camel Tours vorliest, winkt sie ab. Das ist etwas für Outdoormillionäre.
»650 Dollar ist doch gar nicht so viel! Dafür bekommst du, Zitat: dein garantiert 12 Jahre altes Kamel, das für diesen Job bestens geeignet ist, sanft, herzig, und verblüffend komisch. Darauf reitest du 6 bis 8 Meilen am Tag, kommst abends zurück in ein *Bunkhouse*, bekommst Abendessen und Unterkunft. Außerdem nimmt jeder Führer nur eine Gruppe von höchstens sechs Personen mit, also ist es auch kein Massentourismus. Und du weißt, wie gerne ich mal länger auf einem Kamel reiten würde als nur eine Stunde.«
Aber natürlich wäre heute erstens das falsche Datum, und zweitens müsst ihr noch viel, viel weiter …
Schließlich habt ihr auch einen Zeitplan.

In Presidio erwartet euch enttäuschenderweise kein Motel, dafür ist der Ort, ein ehemaliges Fort, zu klein.
Aber auf dem Weg dahin kreischt deine Freundin plötzlich »schau!« und du siehst, wie sich eine blassrote Schlange wellenförmig über die einspurige Straße bewegt. Keine Chance, ihr könnt nicht bremsen, erwischt sie voll in der Mitte.
»Würg! Eklig! Gut dass du sie diesmal gesehen hast, das letzte Mal hast dus mir nicht geglaubt!«
»Sicher hab ich dirs geglaubt, nur gesehen hatte ichs eben nicht. Also, fahr jetzt zurück, dann filmen wir sie, dann können wir zuhause feststellen, was es für eine war. Ich halte sie ja für 'ne Klapperschlange«, fügst du hinzu.

Deine Freundin hat weniger Angst, von einer Giftschlange gebissen zu werden, denkst du manchmal, als dass es sie einfach vor den Tieren ekelt, von denen sie denkt, sie seien glitschig. Du kannst ihr tausendmal beteuern, Schlangen fühlten sich trocken an, sie verzieht das Gesicht und ekelt sich weiter.

Auch dir scheint es sicherer in deinen Sandalen nicht auszusteigen, der Körper der Schlange bewegt sich noch, auch wenn ihr Rückgrat sicher gebrochen ist. Du hängst mit der Kamera über deiner Fahrerin und zoomst das Tier näher.

Später am Abend wird sie sich die Schlange auf dem Bildschirm ansehen und dich beschuldigen, sie bildfüllend völlig harmlos aussehen zu lassen. Fast schön und gar nicht gefährlich sähe das eklige Vieh aus, sagt sie vorwurfsvoll.

»Hättest du sie eben selber gefilmt, hättest ja aussteigen können«, stichelst du. Es schüttelt sie wieder.

»Vielleicht sollten wir mal im März kommen, und nach Sweetwater fahren, das liegt irgendwo bei Abilene. Die haben da jährlich der Welt größtes Klapperschlangenfest, wenn dus wissen willst! Immer am zweiten Märzwochenende.

Du könntest am Schönheitswettbewerb für die »*Miss Snake Charmer Queen*« teilnehmen am Donnerstagabend, im Auditorium, wo schon Elvis seinerzeit aufgetreten ist.

Seit 1958 gibt's diesen Wettbewerb, der ursprünglich den Farmern helfen sollte, der Schlangenplage Herr zu werden, die ihren Viehbestand bedrohte. Über hundertzwanzig Tonnen Schwarze Diamantrücken-Klapperschlangen waren das bisher. Und etwa 50.000 Besucher im Jahr. Wenn das nix ist?

Du könntest von Experten gezeigt bekommen, wie man Schlangen hält, fängt und anderes mehr, es gibt geführte Schlangenjagden, wo du sie mit Benzinspray aus ihren Verstecken lockst, du kannst lernen, wie sie gemolken werden, und natürlich gibt's es *cookouts*, du sollst möglichst viele schwarze Diamondbacks mitbringen, denn es gibt tolle Preise für die Leute, die die meisten mitgebracht haben, – das geht nach Gewicht, nicht nach Anzahl, und dann wird natürlich das abendliche große Festessen veranstaltet, denn wie jeder Mensch dort in Sweetwater weiß,

sind Western Diamondbacks einfach die zarteste Versuchung weltweit …
Außerdem kannst du endlich all deine Träume nach Accessoires aus Schlangenhaut erfüllen: Hutbänder, natürlich Stiefel, Handtaschen, Reisetaschen, Füllfedern, Bilderrahmen, Briefbeschwerer …«
»Hör auf«, stöhnt sie gequält, »das reicht.«

Da ihr auch in Marfa kein passendes Motel findet, müsst ihr weiter nach Alpine.
Eine nette kleine Universitätsstadt.
Ihr fahrt lange durch eine Gewitterlandschaft, aber der Regen bleibt aus. Was nicht ausbleibt, ist unglaublicherweise wieder eine Zollkontrolle mitten im Land. Diesmal seid ihr schneller mit den Pässen zur Hand und die Kontrolle scheint auch oberflächlicher – bis du den Drogenhund bemerkst, der euer Auto aber freundlicherweise zu Recht ignoriert.
Dass die Stadt Studenten beherbergt, merkt ihr an den relativ hohen Preisen und den allgegenwärtigen McDonald's. Noch nie, scheint euch, habt ihr in einer so kleinen Stadt so viele davon gesehen. Einerseits billiges Essen, andererseits Billigjobs für die Studenten.
Du musst immer grinsen, wenn europäische Studenten amerikanische fragen, was sie im Sommer arbeiten, und die sagen dann »in a restaurant«. Österreichische Studenten denken an Anzug tragende Serviertätigkeit dabei. Hier kann es alles mögliche bedeuten, jede Würstchenbude kann ein »Restaurant« sein, und da zu arbeiten kann kellnern bedeuten, Burger zu brutzeln oder acht Stunden täglich Frittensiebe zu bedienen … Jedenfalls sind es Billigjobs, die sich an keine Richtlinien halten müssen, denn trotz Bill Clintons seinerzeitigem Versuch, die »*minimum wages*«, also ein Mindestgehalt, national bindend zu regeln, ist es beim Versuch geblieben. *»The face of the minimum wage is the face of America«,* hat er heiser ins Mikro gesagt. Aber niemand hat ihm zugehört.
Jeder Bundesstaat kann immer noch seine eigenen Mindestlöhne festlegen, egal, ob der Congress ein anderes Gesetz beschlossen hat oder nicht.

Orgeon und Washington zahlen mit etwa 6,50 Dollar die Stunde die höchsten Mindestlöhne, Massachusetts hat 2001 6,75 bezahlt, aber Kansas nur 2,65 und Wyoming gar nur 1,60!
Dazu kommen sieben Bundesstaaten, darunter Florida und Tennessee, die nicht einmal einen Mindestlohn garantieren!

Auf der Suche nach einem preiswerten Motel fahrt ihr hinauf zur Sul Ross State University, auf deren Gelände auch das Big Bend Museum steht.
Die kleinen Häuschen für Studenten und Studentinnen auf dem Campus wecken in euch beiden Erinnerungen an gute Unierlebnisse in den Staaten. Schade, dass es noch zu früh ist für die Herbsteinschreibperiode, die Unibookstores und Shops sind sonst immer eine tolle Informationsquelle, und manchmal halten sie deine junge blonde Begleiterin für eine neue Studentin und schenken ihr ungefragt ein Begrüßungspäckchen, wenn sie ihr Buch zahlt. Darin gibt es Infos über die Uni selbst, mindestens einen gelben liniierten Schreibblock und Kugelschreiber mit dem Unilogo, dazu Pizzagutscheine und andere Bons der örtlichen Gewerbetreibenden, die möchten, dass ihr in den nächsten Jahren ihre *business* frequentiert und manchmal noch *goodies* wie Miniaturwaschzeug und sogar Tampons. Von hier oben habt ihr einen ganz guten Überblick über die Stadt und ihre Main Street, die die Hauptverkehrsader ist. Aus einem Straßendorf gewachsen, ist es nun eine »*Main Street Town*«. Da findet ihr auch euer Motel.

Downtown gibt es ein altes Hotel aus den Zwanziger-, Dreißigerjahren, mit einem Speisesaal im glasgedeckten Innenhof, das euch gefällt. Ihr trinkt einen Kaffee in der alten Bar mit den Fenstern zur Straße und seht dem Treiben draußen zu. Auf dem Weg zur Toilette bemerkst du einen altmodischen Speiseaufzug, der noch immer in Betrieb ist, und eine Treppe nach oben.
»Vermieten Sie auch Zimmer?«, fragst du die Besitzerin, die gleichzeitig auch Kellnerin ist und schon ein wenig aufgelöst wirkt.

»Ja, schon«, sagt sie, »aber jetzt ist alles belegt, ich hab nämlich auch Besuch von meiner Schwägerin und den Kindern, die wohnen jetzt im *Hideaway*.«
»Schade«, sagst du, »dieses versteckte kleine Liebesnest mitten in der Stadt, mit der großen Dachterrasse, ganz privat, – wie ihrs hier bewerbt, das hätt ich mir gerne angesehn.«
Schnell entschlossen drückt sie dir einen Schlüssel in die Hand. »Ist noch nicht aufgeräumt, aber ansehen …« und schon rennt sie wieder in den Speisesaal. Natürlich nimmst du deine Freundin zur Besichtigung mit. Ihr quält euch drei Stock hoch im Küchendunst und öffnet gespannt die Tür zu diesem »Privatissimum«.
Na ja. Amerikaner mögen so etwas europäisch und *nice* finden, eben weil es keine Standardhoteleinrichtung ist, aber eure Begeisterung hält sich in Grenzen. Unter schiefen Dachstreben ist ein Schiebeschrank eingebaut, das Doppelbett ist für zwei Leute zu eng bemessen und hinter einer halbhohen Holzfaserplattenwand lauert noch ein Bunkbed für die *kids*. Das Badezimmer ist winzig und hat außer der Dusche nichts zu bieten als einen Kleiderhaken an der Tür.
Aber vor dem Doppelbett, auf dem die meisten irdischen Besitztümer der Schwägerin ausgebreitet sind, steht noch eine kleine Kommode mit Blick aus dem Dachschrägfenster, falls man irgendwie einen Hocker findet, um sich hinzusetzen, beziehungsweise den Platz. Schön ist eigentlich nur die Glastür auf den Holzbalkon, der die ganze Länge des Daches einnimmt, sichtlich neu ist und mit zwei Liegen ausgestattet. Noch ein paar Blumenkübel und ein Whirlpool, dann wäre der Balkon perfekt. Er ist wirklich von nirgends einzusehen und daher sehr privat.
Von hier können Verliebte Mond und Sterne betrachten oder einander in die Augen sehen, ganz ungestört. So steht es auch im Prospekt.
Allerdings müsstest du bereit sein, pro Nacht den etwa dreifachen Motelpreis zu bezahlen. Schwer vorstellbar. Aber vielleicht gibt's ja hier auch das eine oder andere illegale Liebespaar, das dieses Anbot mitten in der Stadt, wo man seine Autos unauffälliger parken kann als vor einem Motel, ab und zu in Anspruch nimmt.

Du wünschst es der gestressten jungen Frau jedenfalls, die sichtlich nicht genügend Personal und also wahrscheinlich auch keine großen Reichtümer hat. »Hats dir gefallen?«, fragt sie gehetzt. »Is ein bissl klein das Apartment, aber is doch das einzige auf der Welt, das in einer ehemaligen Liftkabine eingebaut is, das is schon was Spezielles, denkt ihr nicht?« Das ist es auf alle Fälle, stimmt ihr zu.

Trotz des drohenden Regens fahrt ihr zum Apache Trading Post, einem »*must-see*« in Alpine. Vor der Stadt liegt der »indianische« Holzbau, in einem Gatter auf ausgedörrter Wiese steht ein Esel. Auch ihm ist heiß. Ihr schlendert durch den Souvenirshop, seht euch im Hintergrund die Videoshow über die berühmten *Marfa Lights* an.
Was den Leuten in Nevada ihre Ufos, sind den Einwohnern von Marfa schon seit ersten Siedlungszeiten 1883 ihre rätselhaften Lichterscheinungen, für die es bis heute keine wissenschaftliche Erklärung gibt.
Weder Elmsfeuer noch Erdgas, weder Schmetterlingsschwärme noch Nachtvögel, weder Wetterleuchten noch sonst etwas kann die Erklärung sein, obwohl es viele krause Theorien gibt. Jedenfalls macht das Marfa mindestens so interessant wie die Tatsache, dass hier der höchstgelegene Golfplatz von ganz Texas liegt. Immerhin eine Meile hoch, das sind stolze 1600 Meter.
Im Trading Post findet ihr keine Souvenirs, die euch interessieren würden, und so fahrt ihr wieder. Ihr sucht ein Restaurant, das auf Highway Nr. 3600 liegt, vorher, hat man euch gesagt, gäbs ein Ramada. Nicht zu übersehen, Kinderspiel.
Das Ramada hat die Nummer 2800, ihr fahrt also zügig weiter. Zwar gibt's keine Häuser mehr, aber demnächst muss doch diese verflixte Nummer 3600 auftauchen.
Es beginnt zu regnen, und du findest, umkehren wäre besser, ihr seid schon weit draußen. Ihr könnt ja im Ramada nochmal fragen, und sonst esst ihr eben da, was solls.
Deine treusorgende Freundin sprintet durch den Regenwasserfall ins Ramada und kommt nach kurzer Zeit total durchnässt zurück. »Weißt du, wo das blöde Restaurant ist? Direkt hier hinter dem Hotel! Warum es dann eine so hohe

Nummer hat, weiß der Typ drin auch nicht, aber jedenfalls ist es da rechts ums Haus. Und deshalb bin ich nass geworden!«
»Sollen wir uns bei der Stadtverwaltung beschweren?«, fragst du tückisch. Aber sie lacht schon wieder, und das Essen ist gut, es gibt die versprochenen Shrimps.
Am Tag darauf fahrt ihr nochmals nach Marfa, um euch zumindest die Aussichtsstelle anzusehen, von wo aus man »garantiert« mindestens jeden zweiten Tag eine Lichterscheinung sehen kann. Da es heller Morgen ist, habt ihr natürlich keine Chance, das ist euch schon klar, aber ihr wollt außerdem einen Blick auf das »El Paisano«-Hotel werfen, das 1955 das »Hauptquartier« für Regisseur George Stevens und die Crew war, als er den Film »Giganten« mit James Dean drehte.
Ein hübsches altes Hotel, in dem heute auch das Visitor Center untergebracht ist.
Ihr betrachtet die alten Filmfotos und du gerätst ein wenig ins Schwärmen. James Dean war einer deiner Lieblingsschauspieler.
»Mit dem Fahrrad bin ich durch die ganze Gegend gefahren, jeden seiner Filme habe ich mindesten drei Mal gesehen! Das habe ich für keinen anderen Star getan«, gestehst du deiner Freundin. »Es scheint mir immer noch unglaublich, dass er nur 24 Jahre alt geworden ist.«
Als ihr zum Auto zurückgeht, siehst du ein handgemaltes Schild, auf dem steht, dass der Secondhandladen gegenüber wegen Geschäftsauflösung alles um zehn Cent verschenkt. Da seid ihr eine wundervolle Stunde damit beschäftigt Sachen im Wert von einigen Dollars einzukaufen. Für den Zoll lasst ihr die Preisschildchen dran, damit die euch das eventuell auch glauben, bei eurer Rückkehr.

Es ist also schon ziemlich spät, als ihr das Donald Judd Museum gefunden habt. Obwohl samstags bis 17 Uhr geöffnet, lässt der junge strenge Mann euch um knapp 16 Uhr nicht mehr hinein. Ihr erhascht nur einen kurzen Blick auf einige Fotos.
»Können wir dann wenigstens draußen ein paar *Land-Art* Sachen anschauen? Wir kommen aus Europa und das ist

unsere einzige Chance, wir sind sooo weit gefahren, extra wegen dieses Ortes.« Der Museumsmensch lässt sich erweichen und führt euch durch eine lange, hitzeausströmende Wiese zu Claes Oldenburgs geheimnisvollem Ring aus verschiedenen Gesteinen. Es ist sehr still, dicke weiße Wolken schieben sich durch den transparentblauen Himmel und werfen Schatten auf das Kunstwerk, das eine meditative und gleichzeitig archaische Wirkung auf dich hat. Es stimmt, alleine hättet ihr die Stelle in dem hohen Gras nicht gefunden. Besänftigt ob eures wirklichen Interesses bringt er euch noch zu dem Privathaus des Künstlers.

Die »Eingangstür« ist ein einige Meter vom eigentlichen Haus entfernter Rahmen mit einer halbhohen Türe darin, Symbol eines Eingangs. Das Haus selbst war bis 1916 eine Exerzierhalle der US-Armee, das Dach stammt von einem Flugzeughangar, mit dem der Künstler die Halbruine überdacht hat. Hier war sein Speisezimmer, wenige lange blockartige Tische und Bauhausstühle stehen an der linken oberen Ecke des riesigen, ansonsten leeren Saales mit den hochliegenden Fenstern. Ein wunderbar gutproportionierter Raum, in dem er Freunde empfing, was er gegen Schluss hin immer weniger tat, erklärt euch euer Begleiter. Im Anbau gibt es einen völlig privaten Patio mit Bad und Sauna, die Bauhauseinflüsse auch hier unübersehbar. Alles ist aus Holz und Stein ausgeführt und mit Sträuchern an optisch erholsamen Punkten sparsam aufgelockert.

Nein, leider, die Privaträume oben darf man nicht besichtigen, hier hinten gibt es noch die Küche, die aussieht als wäre sie noch aus der Armeezeit, so altmodisch ist alles, und man könnte wahrscheinlich rein größenmäßig immer noch ein Regiment versorgen.

Ihr bedankt euch aufrichtig bei eurem Begleiter, der schon öfter auf die Uhr gesehen hat und seht euch auf dem Gelände noch einige der Künstlerateliers an und vor allem die großen Hallen, in denen weitere *land-art* ausgestellt ist. Die schmalen, bodenlangen Fenster lassen viel Licht und Gegenlicht zu, und es ist manchmal verwirrend, wie bei einem Vexierrätsel, zu sehen, was innen und was außen, was Schatten, Stein oder Metall ist. Auch draußen auf dem großen Gelände, parallel zur

Straße, stehen Objekte. So habt ihr das Museum auch endlich gefunden. Du hattest auf ein witziges Molkereischild mit einer blinzelnden Kuh gezeigt, und dahinter dann endlich die Kuben erspäht, die dir zu regelmäßig gesetzt schienen, um Bauruinen zu sein. Hierher möchtest du sicher noch einmal zurück, möchtest mehr erfahren. Aber morgen, Sonntag, ist alles geschlossen, und mehr Zeit habt ihr nicht.

Auf schnurgerader Straße fahrt ihr zum Übernachten weiter nach Van Horn. Straße und Eisenbahnschienen, Straße und Eisenbahnschienen. Und ein Gewitterhimmel, der dunkelblauschwarz bis zum Boden zu reichen scheint. Blitze zucken in Sekundenabständen von verschiedenen Seiten und aus verschiedenen Gewittern. Kein Tropfen Regen fällt auf eure Straße, obwohl ihr rechts oder links richtige Schleier von gelblichen Regenharfen bewundern könnt, die vom Wind in die eine oder andere Richtung geweht werden. Manchmal kommt auch für Sekunden die grüntrübe Sonne ins Bild.
Der Wagen schaukelt unter den Windstößen, die Windräder bei den Farmen haben Hochbetrieb. Etwas fast Magisches hat dieses Dahinfahren ins Unbekannte. Nach jedem Hügel ein Sog ins Tal. Oben bei Fort Davis könnt ihr die Kuppel des McDonald's Observatoriums erahnen. Der Blick auf die Gewitter vom Mount Locke muss beeindruckend sein.
In Pecos bleibt ihr in Laura's Lodge, wo es euch sehr gefällt. Im Pool habt ihr anfänglich ein wenig Angst vor einem Mann. Er flucht und spuckt vor sich hin und du bittest ihn, das zu lassen. Nach einiger Zeit verschwindet er, und mit einem Mal fällt dir ein, dass er vielleicht am Tourette-Syndrom leidet, und nichts dafür kann, dass er sich so aufführt, und du schämst dich.
Zu allem Überfluss sticht eine Wespe deine Freundin in den Fuß, und sie reagiert panisch. Du sorgst dich natürlich, nicht nur um ihre Fahrtüchtigkeit, reibst die Stelle dick mit nasser Seife ein, lässt es trocknen und fabrizierst einen Würfeleisbeutel mit einem kleinen Hotelhandtuch, den sie drauflegen kann. Nach einer Stunde ist die Schwellung weg, der kurze Schmerz vergessen.

Nachdem euch am Morgen der Juniorchef höchst persönlich Kaffee macht, obwohl eigentlich kein Frühstück im Preis inbegriffen wäre, fahrt ihr los, um das *»Museum of the West«* zu besichtigen.
Das ehemalige Orient Hotel von 1896 ist dreistöckig und liegt breit und behäbig da, als warte es nur auf Gäste.
Direkt an der Eisenbahnlinie Texas & Pacific, wo es 1881 zur Bahnstation wurde, war Pecos früh natürlich sofort auch Anziehungspunkt für Gesindel und Outlaws, und hatte einen ziemlich schlechten Ruf.
Im Saloon des Orient, der völlig original erhalten ist, könnt ihr euch davon überzeugen. Messingplatten im Holzboden zeigen die Stellen und nennen die Namen der Leute, die der Barkeeper – der als Statue lebensgroß und fast täuschend echt hinter der Bar steht – hier erledigt hat.
Raue Kerle waren sie, die Reisenden, die Farmer und die Cowhands, soviel ist sicher. Aber auch fleißig und arbeitsam. Und schon 1883, nach einem Streit vor einer Bar, traten am 4. Juli die Cowboys von vier *ranches* gegeneinander an, um zu sehen, wer denn die besten Reiter und Lassowerfer hätte. Auch Broncos ungesattelt zu reiten, oder sich auf Stieren zu halten, war bereits damals ein Spektakel, und so kann sich Pecos zurecht als die Stadt in Texas rühmen, in der das allererste *Rodeo* stattfand. Wow!
Dieses »West of the Pecos Rodeo« wird natürlich seither jährlich weitergeführt.
Als weitere Attraktion gibt's ein Cantaloupe Festival im Herbst, am zweiten Augustwochenende. In dieser Höhe gedeiht die beliebte Melonenart mithilfe künstlicher Bewässerung besonders gut.
Für Texaner liegt sie auf einer Qualitätslinie mit Hummern aus Maine, Französischen Weinen oder Schweizer Käse.

Das Orient Hotel hat fünfzig Zimmer, und jedes ist als eine Art Museum der guten alten Zeit eingerichtet. Nach hinten, in den Innenhof, der von stattlichen alten Schattenbäumen überdacht wird, gibt es Veranden und Balkone mit eisernen Tischen und Bänken, hölzerne Schaukelstühle und natürlich Spucknäpfe, die hier allerdings angekettet sind.
In diesem Halbdunkel konnten die Gäste sich abends ein

wenig näher kennenlernen, über die Ernte oder andere Wichtigkeiten plaudern und sich dabei mit Zeitungen fächeln oder, falls es Ehefrauen erlaubt war mitzukommen, hätten diese, je nach Reichtum, Stand und Gelegenheit Papier- oder Seidenfächer, Elfenbein- oder Straußenfederfächer benutzt.

In den Zimmern gibt es ganze Einrichtungen aus armen Farmhäusern oder reicheren, Apotheken, Ärzte, – die Praxiseinrichtung eines Gynäkologen, die dieser noch bis circa 1960 verwendet hat, ist fast furchteinflößend primitiv.

Daneben gibt's natürlich auch verschämt die Ausstattung eines Freudenhauses oder braver, die original Hochzeitssuite, die bis zur Schließung des Hotels vermietet wurde.

Ihr seht euch das kleine Bett an, auf dem ein Hochzeitskleid mit hohem Fischbeinkragen liegt, die Stiefel des Bräutigams und seine Weste, so, als hätten die beiden gerade das Zimmer verlassen. Im offenen Schrank steht ihr ledernes Reisegepäck, Bürsten und Kämme auf dem Waschtischchen, gestärkte Handtücher auf dem Holzständer. Alles sehr rührend.

Das enge Schulzimmer voller Fotos großer Einklassenzimmer: Farmerjungen mit Strohhüten, Mädchen in karierten Hängekleiderschürzen und die steifen Lehrerinnen in ihren bodenlangen dunklen Kleidern, die Haare fest zurückgekämmt und aufgesteckt. Manche tragen für die Gelegenheit ihren Sonntagshut.

Obwohl dir die Füße wehtun, und die Räume relativ heiß sind, willst du alle fünfzig sehen. Dazu kommen noch Fotos und Hinweise an den Wänden der vielen Gänge, und am Ende habt ihr gut drei Stunden hier verbracht. Du wünschtest, so ein Museum stünde in jeder größeren Stadt zuhause. Alltagsgeschichte (fast) zum Anfassen.

Im Park draußen setzt ihr euch mal kurz hin und verschnauft. Unter den Bäumen ist es kühler. Gegenüber steht das älteste Gebäude der Stadt, ein kleines Steinhaus, in dessen Vorgarten das Grab des berüchtigten Clay Allison, eines »*Gentleman Gunfighters*« liegt.

Erstaunlicherweise findet ihr dort auch etwas, das euch sehr bekannt vorkommt: Eine Replik des Wirts- und Opernhauses von Judge Roy Bean, dessen Original ihr ja in Langtry gesehen habt. Gelächter, das die umstehenden Touristen mit Stirnrunzeln quittieren.

El Paso ist euer nächstes Ziel. Unterwegs haltet ihr kurz in Sierra Blanca, einem 700-Seelen-Ort, in dem es das einzige noch in Betrieb befindliche Adobe-Courthouse geben soll. Die Enttäuschung ist programmiert. Um es zu verschönern, oder aus welchem Grund auch immer, hat man es mit einem weißen Betonsilo überbaut, es steht darin wie in einer Garage, zwei ausgetrocknete Kakteen zieren den Eingang. Schade. Sonst hätten die gleichnamigen Bergrücken, die nicht viel höher liegen als der Ort, einen schönen Hintergrund für ein Foto abgegeben.
El Paso, die größte Grenzstadt in Texas, und das noch größere Juarez hast du dir wieder einmal falsch vorgestellt. Die eine Stadt hat etwa 600.000 Einwohner, die mexikanische 1,6 Millionen.
Weil du hier ein paar Tage bleiben willst, habt ihr euch aus den Coupons ein sehr günstiges Motel im Westen der Stadt ausgesucht. Das stellt sich als nicht so einfach heraus. Ihr müsst die gesamte Stadt der Länge nach durchqueren, und was da an kaputten Autos kreucht und fleucht, euch alle halben Meilen als Einbieger von allen Seiten bedroht, ist gigantisch. Viele der *trucks* und Stationwagen sind mit Arbeitern besetzt, den Autos fehlen Fenster, Auspuff oder Ladeflächenbegrenzungen, schwarze Müllsäcke flattern gefährlich unbefestigt im Fahrtwind über Gemüsekisten, die so hoch aufgeschichtet sind, dass du selbst bei den großzügigen Kurven Angst hast, sie könnten einfach umkippen. Oder zumindest ihre Fracht in Teilen direkt vor eurem Auto verlieren. Schlimmer noch, ein verwehter Müllsack könnte sich an eure Scheibe pressen, und was dann?
Flüchtig siehst du ein Restaurant mit der Aufschrift »Wiener Schnitzel«. Es verkauft allerdings keineswegs heimatliche Nahrung, sondern *hot dogs*, wie du weißt. Du solltest Bekannten ein Foto von so einem Laden mitbringen, sie haben da immer gerne gegessen mit den Kindern. Nie hast du einen gesehen, aber jetzt wagst du keinesfalls, deine Freundin um einen U-Turn zu bitten.

Nach einer Stunde habt ihrs endlich geschafft und findet das Motel auch. Es ist einfach, aber der Pool ist sauber. Ihr seid zu allem zu müde. Kein *sightseeing* mehr, nur Faulenzen, Faulenzen und nach Befragung des Telefonbuchs abends auf zu einem eurer Lieblingsrestaurants, das ihr euch ab und zu gönnt, einem Red Lobster.
Immer wünscht ihr euch, dass diese Restaurantkette nach Österreich gekommen wäre, statt McDonald's.
Sicher, er ist nicht gerade billig, der Rote Hummer, aber schließlich habt ihr euch neben der Arbeit auch ein wenig Vergnügen verdient. Die ebenerdigen Bauten sehen immer ähnlich aus, der rote Hummer als Wahrzeichen ist von blauem Neonlicht eingefasst, nicht sehr groß. Und die Kette inseriert auch nirgends, habt ihr festgestellt. Sie kann ihrer Kundschaft sicher sein, die Parkplätze sind zumindest im Sommer immer voll und eine Schlange geduldig Wartender breitet sich schon auf die Umlaufveranda aus.
Im Vorraum stehen meist Tanks mit frischen Hummern, hier könntest du dir dein persönlich zuzubereitendes Tier aussuchen. Das bringst du denn doch nicht übers Herz. Hinter einem Stehpult stehen die beiden Angestellten, meist mit Mikros vor dem Mund, und fragen nach deiner Reservierung. Hast du keine, sagt man dir, je nach dem, wie viele Leute in deiner Gruppe sind, wie lange die Wartezeit sein wird, und ob du im Raucher- oder Nichtrauchersaal sitzen magst. Dann wird dein Name ins Buch eingetragen, man verweist dich eventuell an die Bar, den *drink* von dort kannst du dann mitnehmen, falls dein Essplatz früher frei wird, als du ihn getrunken hast, aber sicher.
Die Angestellten habens immer eilig, sind aber sehr freundlich und meist kompetenter als in anderen Lokalen. Ihr habt herausgefunden, dass Raucherplätze früher zu haben sind als Nichtraucher, und da die Lüftung gut funktioniert und keineswegs alle dort rauchen, kommt ihr meist schnell dran.
Manchmal gibt es Spezialangebote, die euch eure Servierperson ansagt. Dann lässt sie euch mit der Karte allein, bringt Eiswasser, Besteck und eure *drinks* und ist dann »jederzeit bereit, wenn ihr es seid, *ladies*«. Das kann stimmen oder nicht.

Sicherheitshalber ist ein Großteil der genormten Speisekarten bebildert. Dazu gibt es eine Extrakarte mit bunten *drinks*, mit oder ohne Schirmchen, mit oder ohne Alkohol und, wenn du magst, auch eine Eiskarte.
Salz und Pfeffer stehen auf dem Tisch in kleinen Coronabierflaschen, und darum fällt dir meist ein, so ein Bier zu bestellen. Einmal hat dir die Kellnerin gleich ein zweites mitgebracht, in einem ovalen Metallkorb, dick in Eis eingegraben.
»Nein, du musst es ja nicht trinken, aber ich hab gedacht, ihr Mädels seht durstig aus.« Das kommt davon, dass deine Fahrerin es so genau nimmt und nie auch nur ein kleines Bier trinken würde, solange ihr nicht abends im Motel seid. Die Kellnerin hat wahrscheinlich gedacht, du gönnst deiner jungen Begleiterin nicht mal ein Bier, Geizhals, der du bist.
Da ihr diesmal Kühlschrank und Mikrowelle im Zimmer habt, bestellst du dir Shrimps und Steak. Deine Freundin zieht die Brauen hoch. »Warum nicht gleich Hummer? Hast du im Lotto gewonnen?«
Sie hat sich ein *special* bestellt, mit fünf verschieden zubereiteten Häufchen Shrimps.
Aber vorher kommt natürlich der dazugehörige Salat, und wenn ihr gemein sein wollt, in anderen Lokalen, weil eure Kellnerin euch wirklich schrecklich schlecht, langsam und vergesslich bedient hat, dann lasst ihr sie da stehen und die verschiedenen Salatsoßen runterbeten, obwohl ihr genau wisst, welche ihr wollt.
Auch heute möchtet ihr wirklich Gorgonzolasauce, auch wenn sie ein gemeiner Dickmacher ist.
Aber das Schlimmste hier sind immer die warmen Brötchen. Denen könnt ihr einfach nicht widerstehen. Heute wickelst du gleich zwei in die dicken Papierservietten und verstaust sie in der großen Umhängetasche.
»Frühstück«, sagst du erklärend.
Leider gibt's zu deinen Shrimps mit Steak natürlich auch gebackene Kartoffel, eine Riesenidahokartoffel, in Alufolie gebacken und du kannst dir aussuchen, womit du sie geschmacksverbessern willst.
»Heute nehm ich sie mit allem«, sagst du der Kellnerin. »Ich hab wirklich Hunger.«

»Das ist gut, Honey, also: Butter, Zwiebeln, Käse, Schnittlauch ...«
»Jaja«, unterbrichst du sie, weil dir das Wasser schon im Mund zusammenläuft. »Einfach alles Gute, das ihr dahabt.«
Du weißt, dass ihr euch die Kartoffel ohnehin teilen werdet.

Einmal hat dich deine Freundin bei einer früheren Reise gebeten, dir einen bestimmten Drink vorab zu bestellen. Wahrscheinlich will sie ihn zumindest kosten, denkst du dir unschuldig und bestellst ihn.
Allerdings kommt er dann in einem Gefäß, das entfernt einer südländisch eingebauchten Weinkaraffe ähnelt, und mindestens einen Dreivierteliter fasst. »Das Glas darfst du mit heimnehmen, weißt du ja«, sagt die Kellnerin.
Nein, das hast du nicht gewusst, aber der schelmische Gesichtsausdruck deines Gegenüber spricht Bände. Am Ende der Reise wirst du das Gefäß mit in Socken gepackten Porzellanfigürchen füllen, und sie werden den Transport unbeschadet überstehen.
Nach dem Essen verlangst du einen Container zum Mitnehmen der erheblichen Restmengen.
Gegrillte Shrimps, das halbe Steak samt einem Soßencontainer, noch zwei Brötchen und eine tatsächlich halbe Kartoffel. In einem anderen nehmt ihr den Limonenkuchen mit, den ihr nur dazu bestellt habt, ihr könntet keinen Bissen mehr hinunterbringen.
Ihr hinterlasst ein gutes Trinkeld und fahrt nachhause, verstaut das Essen im Kühlschrank und trinkt noch ein Glas Wein vorm Schlafengehn, satt und zufrieden.

Von den vielen *missions* sucht ihr euch die Ysleta del Sur Pueblo Mission im Tigua-Indianer-Reservat aus. Sie ist die älteste dieser hier so zahlreichen prächtigen Kirchen- und Klosterbauten, die der Missionierung der Indianer einerseits, dem Machtanspruch der spanischen Kirche andererseits dienten. Schon 1681 wurde sie von Flüchtlingen aus dem heutigen New Mexico gegründet, die vor »einem blutigen Indianeraufstand, der Spanische und Indianische Christen vertrieb«, geflohen waren.

Die katholische Kirche und ihre Nebengebäude sind noch heute der religiöse Mittelpunkt für die katholischen Tigua-Indianer. Trotzdem wurde der Stamm, von dem etwa 1500 im Reservat leben sollen, erst um 1985 offiziell von Texas anerkannt.

Im Museum des Tigua Culturecenters erfährst du kaum etwas über den Stamm, es ist frustrierend. Nur, dass sie friedliebend und gute Katholiken sind und waren und manchmal Stammestänze aufführen, sowie ein Café namens Caique betreiben, viele Andenkenläden. Und indianisches (!) Brot backen ...

Natürlich betreiben sie auch ein Casino.

Auf dem Heimweg versucht ihr den Concordia Friedhof zu finden, der einen »*Boot Hill*« in einer eigenen Sektion hat, wo berüchtigte Westernpistolenhelden begraben sind. Schade, ihr müsst dran vorbeigefahren sein. Und ihr wollt nicht zu lange suchen, sondern den Gewittern ausweichen, die in den Bergen toben, an deren baren Flanken Häuser aufsteigen, die von der Ferne an tibetische Bergsiedlungen erinnern inmitten all der Wolken.

Ihr verspeist euer gestriges Abendessen, durch ein paar *cracker* aufgepeppt, und findet auch noch zwei Pfirsiche, die deine Freundin vor zwei Tagen gekauft hat. Sie sind so hart, dass sie wahrscheinlich noch eine Woche auf der Hutablage im Auto brauchen werden, um zu reifen, sagst du lachend.

»Aber sie haben so schön ausgesehen!«

»Aber du hast sie nicht vorsichtig angefasst«, machst du sie nach.

»Ich hab mich geniert.«

»Dafür gibt's jetzt eben kein Obst als Nachspeise. Höchstens später flüssig – falls ich dich von meinem Wein kosten lasse.«

Ausgeruht fahrt ihr morgens los, um endlich vielleicht den Mietwagen umzutauschen. Du hast dich an sein Scheppern gewöhnt und du magst es, dass er weiß ist. Deine Freundin hätte immer gerne blaue Autos, von denen du behauptest, dass man sie viel schlechter sehen kann. Aber sie mag nun mal die Farbe.

Weil die Innenstadthighways so stressig waren, fahrt ihr auf einer Parallelstraße. Das ist zwar pittoresk, und ihr seht sicher vieles, was Tagestouristenaugen verborgen bleibt, aber es dauert entsetzlich lange, da ihr ja erstens nur fünfzig Meilen schnell fahren dürft, zweitens viele Ampeln auf eurem Weg liegen und drittens habt ihr hier ein Secondhandshoppingparadies gefunden. Auch wenn du jedes zweite Antiquitätengeschäft oder Ähnliches deiner Freundin verschweigst, sind doch auch auf ihrer Seite genügend, die sie »nur ganz schnell« mal anfahren will. »Der Tag vergeht auch sehr schnell«, gibst du zu bedenken, aber es ist wie beim Pilzesuchen. Noch einer und noch einer, bis das Körbchen voll ist …

Endlich findet ihr den ziemlich mieselsüchtigen Parkplatz eurer Mietautofirma. Es regnet leicht und du gehst mit hinein in den Kiosk. Als ihr dran seid, reagiert der Weiße hinter dem Tresen abweisend. »Schaut euch um, alles, was ich habe, sind die drei Wagen draußen, und die sind vorbestellt. Wo habt ihr das Auto nochmals gemietet? In Dallas? Dann gebts doch dort wieder zurück, es fehlt ihm doch nichts, oder?«
Ihr wollt jedenfalls wenigstens das Geld für den Reifenwechsel in Sanderson wiederhaben. Tja, dafür ist er sicher nicht zuständig, das sollt ihr auch in Dallas machen. Nein, er mag nicht mit dieser Gratisnummer telefonieren, er ist hier der Districtmanager und was er sagt, gilt und stimmt. Basta.
Du gehst hinaus und rauchst eine Zigarette unter dem Vordach. Der Typ regt dich auf, aber die Füße tun dir weh und da bist du meist ungerecht wegen der Schmerzen.
Deine Freundin kommt schäumend und zornrosa heraus. Es nervt sie, dass sie nichts erreichen konnte, stur wie der Kerl war. Und Dallas ist noch Wochen entfernt …
»Sei froh, lass uns noch nicht an die Rückreise denken. Und es war ja schließlich mein Geld.« »Ja, und du wirst wahrscheinlich in Dallas vergessen, weil wir so müde sein werden und dann stirbst du drum«, kontert sie wieder halbwegs besänftigt. Du kannst ganz sicher sein, dass *sie* es nicht vergessen wird.

Abends zeigt ihr euch die jeweilige Ausbeute eurer Billigläden. Langsam wird dir unheimlich, wie ihr das alles für die Lieben zuhause auch dorthin schaffen werdet. Eine Kleinigkeit dort, eine Kleinigkeit da. Immer schnappt ihr euch Prospekte und Infos in Motels und Museen, »das Auto trägts ja«, ist euer ständiger Spruch.
Die Stunden der Wahrheit kommen in den letzten Tagen vor dem Abflug, wenn ihr verzweifelt noch einen Papiersack und noch einen aus den Tiefen des Kofferraums schleppt, und euch schweren Herzens doch von ein paar Papierkörben voller bunter, skurriler Infos über hängende Felsen, Naturbrücken, Sommerrodelbahnen, lustigen Speisekarten, vielen Land-und Städtekarten und anderem trennt ...

Ihr seht euch abends nochmals all die Attraktionen von El Paso in den Führern an. Ihr seid eigentlich zu müde für diese Stadt. Nach Ciudad Juarez möchtest du nicht, es ist zu groß und zu heiß für nur einen Tag, Militärmuseen magst du dir nicht ansehen, noch mehr Missionen schaffst du nicht zu Fuß – auch zuhause kannst du dir nicht jede Kirche bis in den letzten kunsthistorischen Winkel ansehen. Viel lieber würdest du über die Grenze nach Las Cruces in New Mexico fahren.
»Und, warum nicht?« Deine Freundin ist gleich Feuer und Flamme. Das White Sands Monument ist wirklich etwas Einmaliges, und ihr seid schon so nah dran.
»Nicht nur mir zuliebe?«, fragst du.
»Keinesfalls! Ein weißes Auto in einer völlig weißen Wüste, das stell ich mir toll vor«, albert sie.
»Du willst ja nur so schnell als möglich auf die alte Route 66, gibs zu!«
Das natürlich auch, so war es ja ausgemacht. Durch New Mexiko und im Norden vielleicht noch ein wenig Oklahoma und dann wieder nach Texas hinein.
Das White Sands National Monument ist eine Gipswüste in den Bergen bei Las Cruces.
Die Luft ist klar und die Berge, durch die ihr fahrt, sehen aus wie in Arizona. Ihr durchquert ein langes Tal, in dem am 16. Juli 1945 die erste Atombombe getestet wurde.

Auch jetzt noch mit einem langen Maschendrahtzaun bis weit in die Berge militärisches Sperrgebiet.
Steine, karges Gebüsch und niedrige Kakteen.
An der Einfahrt zu White Sands gibt es ein kleines Visitorcenter, das über einen sprechenden Beo verfügt. Hier könntet ihr euch auch Plastikschneeschüsseln ausleihen, um über die Gipshänge zu rodeln, aber das scheint euch ein zu seltsames Vergnügen bei mehr als dreißig Grad.
Bald ist euer weißes Auto wirklich auf einer gipsbedeckten Straße unterwegs und dann seid ihr mitten drin.

Vor dem unendlich blauen Himmel seid ihr von schmerzend weißen Dünen umgeben. Es gibt keine Pflanze, keinen Strauch, nur dieses grelle mittäglich unnatürliche Weiß. Ihr stellt den Motor ab und öffnet eines der Fenster ein wenig. Es ist fast still bis auf einen leicht sirrenden Wind.
Ihr seid in einer Mulde zwischen den Dünen stehengeblieben, die euch den Himmel begrenzen, in dem nicht eine Wolke zu sehen ist. Der kalte Kontrast von Weiß und Blau löst Winterassoziationen aus, aber natürlich schließt ihr das Fenster der Hitze wegen gleich wieder.
Tiefer in der Wüste denkst du einen Augenblick, auf Sylt zu sein.
Strandkorbartige Gebilde stehen da in einigen Abständen. Als ihr heranfahrt, sind es wieder nur praktische Picknickplätze aus Eisen und Sichtbeton, die mit einem strandkorbartig geschwungenen Rückenteil mit Dach den Wind davon abhalten sollen, Gips in dein Essen zu wehen. Alles da, auch der obligate Grillplatz und der Abfallkorb.
Und viele, viele Besucher waren hier, die Rückwände sind voller Namen aus allen Staaten.
Ihr macht euch einen Spaß daraus, euer Auto möglichst so zu parken, dass es fast im weißen Dünenhintergrund verschwindet für ein paar Fotos. Ihr geht ein paar zaghafte Schritte in die Düne hinein, aber statt heiß zu sein, fühlt sich der feine Gips ganz kühl an. Dann leert ihr eine der Wasserflaschen.
Später fahrt ihr die Runde durch White Sands aus und plötzlich verfinstert sich der Himmel. Es blitzt und donnert und schon klatscht Regen herunter. Ihr flüchtet

bergab, wollt hier lieber nicht bleiben, wer weiß, was eine Mischung von Regen und Gips mit einem Auto anstellt?
Die Antwort habt ihr gleich in Form extremer Schlieren auf der Windschutzscheibe. Deine Freundin kneift die Augen zusammen. Ob deshalb oder wegen des Gewitters, kannst du nicht beurteilen. Du hältst die Videokamera ans Fenster. Blauschwarz rollen die Wolken über die weißen Dünen, von denen der Wind lange Schleier treibt. Der Regen wird stärker.
Was, denkst du, wenn Gips und Wasser sich gegen das Auto verbünden? Die Straße ist trotz der Scheinwerfer kaum zu sehen. Könntet ihr um die nächste Kurve in einer patzigen Gipslawine steckenbleiben?
Aber nach der nächsten Kurve ist das Gewitter plötzlich fast harmlos hinter euch, der Regen wird dünner und hört dann ganz auf. Über dem Tal scheint schon wieder die Sonne.
»Wir werden eine Autowäsche brauchen«, sagst du ablenkend. »Obwohl, es ist ja ohnehin weiß.«
Ihr begnügt euch dann damit, die Scheiben und Lichtanlagen mit Mineralwasser und Papiertüchern zu säubern. Den Rest wird hoffentlich der nächste Regen erledigen.

Ihr fahrt hinunter in den kleinen Ort Old Mesilla.
Auf dem Dorfplatz steht ein großer Steinpavillon, auf dem zufällig, euch zu Ehren, wie ihr augenzwinkernd behauptet, eine Mariachiband spielt. Ihr setzt euch vor ein Café in den Schatten und hört und seht eine Weile zu.
Ganz entzückend ist ein etwa zweieinhalbjähriges Mädchen, das seiner Mutter entwischt und vor dem Pavillon mit erhobenen Ärmchen zu tanzen beginnt. Mutter und Großmutter fangen es ein, aber das Kleine entwischt wieder und tanzt voller Freude – und zur Freude aller Zuseher – weiter. Seltsamerweise tanzt es viel besser, als die Mariachis spielen, und sie gehen dann auch auf das Kind ein und spielen einen gewöhnlichen Song, zu dem es ganz exakt tanzt, ohne dass es nach Fernsehkopie aussieht. Nein, es hat nur Spaß, und zeigt es auch. Die Zuseher klatschen und die Mutter schnappt sich das Kleine endlich, zwingts unter ihren Arm und schnallts dann im Buggy fest, halb stolz, halb verlegen.

Die bunte Szene hat eure Aufmerksamkeit von der eigentlichen Story abgelenkt: Die Mariachis spielen für einen guten Zweck, nämlich den zweisprachigen Kindergarten, und die spanisch gekleidete Frau vor dem Pavillon, die du zuerst für eine – wenn auch bewegungslose – Tänzerin gehalten hast, ist nur ein lebensgroßes Mannequin, das eine Zigarrenkiste trägt, in die du deine Spende werfen kannst, dann nickt es dankbar.
Der Platz gefällt euch. Hier seid ihr die einzigen Touristen heute. Die einstöckigen, pastellfarbenen Häuser sind wirklich bewohnt und die Leute gehen hier zu Fuß einkaufen. Auch die Nebengassen sind pittoresk und sauber, wie in einem freundlichen Film.
Später erfahrt ihr, dass hier auch schon viele Filme gedreht worden sind. An einer Straßenecke gibt es eine wandhohe Zeichnung von Billy The Kid, und als ihr neugierig näherkommt, ist es das Logo für den Souvenirshop um die Ecke.
»Nur ein Blick, o. k.?«, schwört ihr euch gleichzeitig.
Nun wisst ihr auch, wo die Touristen sind. Alle brav hier bei »Billy The Kid« und seiner Schatzhöhle. Einer Mischung aus »new« und »Mexico«, alle Achtung. Neben schrecklichstem Kitsch stehen und liegen wunderschöne Dinge, es gibt Arbeiten verschiedener Indianerstämme aus ganz Amerika, Schachteln verschiedener handgeschöpfter Papiere, moderne Glaskunstobjekte neben T-Shirts mit »lustigen« Aufdrucken. Neben der Kasse stehen Holzkisten mit alten Postkarten, die euch sofort magisch anziehen. Wieder eine Stunde freudig vertrödelt. Weiter Richtung Tucson in Arizona.

In der Nähe von Lordsburg soll es eine Geisterstadt geben, und die wollt ihr unbedingt sehen. Sie heißt Steins und ist in Privatbesitz.
Ihr fahrt vom Highway in ein enges Tal hinunter, durch das sich eine Eisenbahnlinie quält.
Und da ist Steins.
Mehrere Holzgebäude stehen zwischen Hang und Eisenbahn. Eine Art großes, zweistöckiges Wohnhaus mit durchhängender Veranda und einem Wüstenpflanzengarten, daneben ein undurchdringlicher Dschungel an

Büschen und Bäumen, mit einem alten Holzgatterzaun abgetrennt. Ihr könnt ein paar Dächer in dem Pflanzenwust mehr erahnen als sehen. Du stellst die Kamera auf den Modus »alter Film«. Das passt hier gut. Eine Schmiede, ein Wagenschuppen, ein Zaun, hinter dem Truthähne kollern und Zwerghähne kreischen. Ein paar neugierige Ziegen kommen an den Rungenzaun.

Viel altes Gerät liegt wie absichtslos auf dem Gelände, aber bei näherem Hinsehen erkennst du die Absicht der Besitzer. Das Schönste ist eine alte Postkutsche von der 1857 Birch Stage Line und eine andere von 1880.

Ihr könnt euch nicht beherrschen und klettert mühsam in das hohe Ding mit seinen zerfledderten Ledersitzbezügen. Westernromantik pur!

In diesem Augenblick schiebt sich ein langer Frachtzug langsam von links ins Bild. Er hat zwei Loks und hält genau vor eurer Westerngeisterstadt an. Wenn du die modernen Dieselloks weglässt, und dich nur auf die offenen Wagen konzentrierst, passt das alles hierher ...

Was nicht passt, sind da unten zwei alte Pickups, um die drei Leute stehen, die ihr vorher nicht gesehen habt. Anscheinend wollen sie irgendetwas reparieren.

»Wollt ihr Mädels nicht reinkommen?«, fragt eine Frau, die aus der Tür des Wohnhauses getreten ist. »Dürfen wir denn?«, fragst du verblüfft. Schließlich ist dies alles Privatbesitz.

»Aber klar, kommt rein, ich mach euch Kaffee. Oder ihr kauft mir ein paar Ansichtskarten ab, was immer.«

Der Innenraum ist eine Mischung aus Infocenter und Laden. Ihr setzt euch und fragt die Frau ein wenig nach »ihrer« Geisterstadt aus.

»Na ja«, sagt sie. »Eigentlich hat mein Mann bei einer Bank gearbeitet. Hat sich immer schon für Eisenbahngeschichte und so interessiert. Wir haben ja in der Stadt gewohnt damals, nicht?« Sie verrät euch nicht, in welcher.

»Und knapp vor seiner Pensionierung ruft er mich abends an und sagt: »*Honey*, was hältst du davon, wenn wir uns 'ne Geisterstadt kaufen?« Was hätt ich schon groß sagen sollen, ihm hats gefallen und da sind wir also dann daher gezogen. Gefällt mir gut. Nicht zu viele Besucher, und

Nachbarn haben wir auch nicht allzuviele, aber in der Saison geht das Geschäft gut und uns gefällts.«

Du überlegst, wie du reagieren würdest, sollte man dich von heute auf morgen in eine einsame Schlucht verbannen wollen ...

Die Zeitungen in ihrem Ständer sind ein paar Tage alt, und falls sie Fernsehen hat, ist die große Schüssel irgendwo sehr gut verborgen.

»Strom fällt manchmal aus«, sagt sie, als könne sie deine Gedanken lesen, »aber ich hab 'ne alte Tiefkühltruhe, die geht mit Gas.«

Nachdenklich sitzt sie euch gegenüber und lächelt.

Ihr Mann kommt herein, und ihr bittet ihn, für die Kamera das seinerzeitige Telefonat mit seiner Frau nochmals zu bestätigen. »*Will do*«, sagt er, und so hast du einen stolzen Geisterstadtbesitzer und Ex-Bankmenschen auf Film, falls dir zuhause wieder mal nicht geglaubt wird.

Er möchte euch auch gerne die »nicht öffentlichen Gebäude« zeigen, aber das würde unverhältnismäßig viel Eintritt kosten, ihr müsst sparen, sagt ihr bedauernd.

»Na, dann wenigstens den Garten, kommt.«

Und er führt euch hinters Haus, wo er mit Pflanzen, Büschen und bizarren Steinen eine Art buntes, skurriles Paradies erschafft.

An vielen Büschen hängen abgeschlagene Flaschenhälse. »Gegen Schnecken«, sagt er auf eure Frage. Andere Zweige tragen ganze langhalsige Flaschen, »Ich finds einfach hübsch«, sagt er, »wie das Licht drin spielt, am Morgen oder Abend.«

Er weiß viel über seine Pflanzen, Obst- und Beerensträucher. Schade, dass ihr nicht mehr Zeit habt, wirklich.

Euer Tacho steht bei 10.000 Meilen, als ihr zum Apache Pass hinaufkommt. In Bowie macht ihr eine kleine Stadtrundfahrt. Ob hier das berühmte *Bowie-Messer* herkommt? Das kleine Visitorcenter hat geschlossen, aber auf dem Logo über der Tür ist das Messer zu sehen. Der Ort wirkt ausgestorben.

In der Mainstreet sind zwei Antiquitätengeschäfte. Eines davon scheint auch eine Art Restaurant zu sein.

»Dürfen wir reinkommen?«, fragst du den älteren Mann, der im Schaufenster auf einem – sicher zu verkaufenden – Uraltsofa sitzt und seine Zeitung liest. Er nickt. Fast wie ein Wohnraum, das Geschäft, ein Wohnraum der Jahrhundertwende. Ihr seht euch um, doch alles wäre entweder viel zu teuer, aber vor allem zu groß. Im Hintergrund des dämmrigen Ladens stehen vier Tische, jeder aus einer anderen Stilepoche, und entsprechend mit Platzmatten oder Tischtüchern gedeckt. Ein sehr freundlicher, etwas jüngerer Mann kommt auf euch zu und fragt, ob ihr Lunch haben wollt, zählt euch auf, was er alles anzubieten hat.
»Fein«, sagst du, »das ist genau richtig. Wir nehmen den Fruchtsalat mit Hüttenkäse und Kaffee dazu, danke.« Er verschwindet durch einen Vorhang nach hinten, kommt schnell zurück und legt euch aus einem Holzkasten schweres Silberbesteck vor. Dann bekommt ihr Leinenservietten, hübsch gefaltet, und sogar eure Wassergläser sind aus geschliffenem Kristall.
Das Essen schmeckt vorzüglich, ihr bleibt die einzigen Gäste.
»Sieh mal«, sagst du zu deiner Freundin, und hältst dir eine Hand vor den Mund, »schau mal den Eiscremelieferwagen da drüben!«
Auf dem rosa Lieferwagen ist ein riesiger weißer Schwan abgebildet.
»Na und?«
»Lies die Aufschrift!«
Irgendjemand mit dem deutschen Namen »Schwan« muss der Erfinder oder Besitzer dieser Eiscremefirma gewesen sein. Und da es sich ja nun um den Genetiv, nämlich »Schwan's Eiscreme«, handelt, steht auf dem Lieferwagen die akustische Variante, nämlich »Schwantz Eiscreme.«
Gut, dass ihr alleine seid.
Nach dem Kaffee bittest du die Toilette benützen zu können und gehst durch die Küche, die sehr sauber ist und gleichzeitig als Vorratsraum dient, hinein.
»Die beiden sind aus Kalifornien hierhergezogen, um sich zur Ruhe zu setzen, und vielleicht auch, um Ruhe zu haben. Kann mir aber nicht vorstellen, dass es in so einer kleinen Stadt wie Bowie viel einfacher ist für zwei Männer,

zusammen zu leben«, sagst du ihr, während draußen gerade zwei gewichtige Westernfarmer gestikulierend unter dem Vordach stehen.

Die Straße durch die Berge ist ziemlich rau und die paar Meilen bis Wilcox seht ihr rundherum nichts als Gewitter, bis der Regen herunterprasselt und deine Freundin trotz der Scheinwerfer kaum mehr etwa sehen kann. Auf jeder kleinen Anhöhe fegt der Wind das Auto fast von der Straße, und ihr wisst nicht, sollt ihr unter einer Brücke stehenbleiben, falls eine kommt, und die Gewitter abwarten, oder euch weitertasten. Die Spurrillen verbessern die Bodenhaftung eures Autos auch nicht gerade und wieder einmal könnt ihr kein Haus sehen, wo ihr Unterschlupf finden könntet.
Aber dann kommt endlich am Horizont die Sonne wieder durch und Regen und Wind sind so schnell vorbei, wie sie gekommen sind.
Ihr wollt in Wilcox übernachten, einem 3000-Einwohner-Ort, von dem es heißt, dass in den umliegenden Farmen früher mehr *Outlaws* und *pistoleros* Unterschlupf gefunden hatten, als es Rinder gab. Schließlich ist Tombstone nicht weit.
Dein Feuerzeug ist ausgegangen und im Motel gibt es keine Zünder. Irgendwo solltest du doch ein Reservefeuerzeug haben, aber wo? Ergeben nimmt deine Freundin die Suche auf und durchwühlt den Kofferraum, ohne Erfolg. Endlich fällt dir ein, dass du ja im Auto, in deiner Seitenkartentasche, noch eines hast.
Ein Gasfeuerzeug in Form eines Revolvers.
Du hast keine Ahnung, ob es euch bei einem Überfall etwas genützt hätte, und hattest es jetzt auch Wochen vergessen, aber so kommst du endlich zu deiner Abendzigarette.
Im nächsten Jahr wirst du es wieder mitnehmen, diesmal als *last-minute*-Einfall – dummerweise in deinem Handgepäck. Am österreichischen Flughafen verursachst du einen kleinen Aufruhr, den du zuerst nicht verstehst, hast das Ding ja schon wieder vergessen. So musst du es beschämt zurücklassen. Gut, dass eure Begleiterin noch da ist und du es ihr aushändigen kannst. Ihren verblüfften Blick wirst du lange nicht vergessen.

Tombstone nannte Ed Schieffelin seinen ersten Claim angeblich, weil man ihm sagte, zwischen feindlichen Indianern und Klapperschlangen hätte er keine Chance, außer, seinen eigenen Grabstein zu finden.
Tombstone an einem Sonntag ist wunderbar.
Heute findet auch ein Veteranenfest statt, und trotz der Hitze ist die antike Mainstreet voller Menschen im Outfit der guten alten Zeit. Mit wehendem Mantel eilt Doc Holiday an euch vorüber, jede Menge gutgeschnürter Ladies in Reisekleidern samt Sonnenschirm flaniert vor euch, Kinder und Erwachsene spielen das Spiel mit wie einen ewigen Heimatabend. Nur Touristen haben ihre übliche *Short-und-T-shirt*-Uniform an.
Postkutschen stehen bereit, nur einsteigen, *ladies*. Und in den Saloons tragen die Damen vom Gewerbe laszive Dekolletees und schwarze Spitzenstrümpfe mit Strumpfbändern unter ihren bunten Seidenröcken samt *petticoats*. Manche der »*girls*« haben die Siebzig weit hinter sich, bedienen aber noch fleißig in den verschiedenen Gaststätten, wo auch Wyatt Earp und seine Brüder mal zwischendurch einkehren, sich kippelnd auf die Stühle breiten und das eine oder andere Autogramm an kleine Kinder verteilen.
Wie sie es schaffen, in den vielen Kostümteilen, vor allem den wehenden langen Mänteln, nicht zu schwitzen, ist ein wahres Wunder.
Hier hat es um 1885 über hundert Spielhallen, Kartenkneipen und Bordelle gegeben, man hat den Männern viel geboten, in dieser damals am schnellsten wachsenden Stadt Arizonas. Heute ist das alles ganz brav und bieder, man kann unbesorgt kleine Kinder und Schulklassen hierherbringen. In den restaurierten Häusern wohnen Menschen wie du und ich und verdienen sich ihre Dollars auf ehrliche Weise.
Die Straße ist voll von alten, tollen Bikes an diesem Sonntag und auch ein paar liebevoll restaurierte Oldtimer zeigen sich. Daneben Kinder mit Eseln und Erwachsene in moderner Westernkluft zu Pferd. Auch die Sheriffs, hörst du, sollen am Sonntag in der alten »Tracht«, nämlich Lederhose und -weste, Karohemd, den Stetson auf dem Kopf

und den berühmten Stern angesteckt, herumreiten. Leider seht ihr keinen. Natürlich wollt ihr die Vorführung des berühmten *Shoot-out* am O. K.-Corral sehen, die paar Dollar spielen keine Rolle. Und es wird sicher lustig, es einmal hier in Tombstone zu sehen, und nicht nur in alten Filmen deiner Kindheit. Es ist gar nicht so einfach, Tickets zu bekommen, und du sitzt im Schatten auf einer Bank, während deine brave Freundin sich in die Schlange einreiht und sich mit Postkarten fächelt. Die Halle ist minimal klimatisiert und der Deckenventilator wirbelt nur verschiedene Parfüms, Rasierwasser, Deos und richtigen Menschengeruch durcheinander.

Zum *fight* werdet ihr wie eine Herde durch ein Türchen geschleust und in der prallen Nachmittagssonne auf Stühlchen gezwängt. Hinter euch, an der Mauer, gäbe es zwar Schattendächer über einer Art Viehkobel, aber da soll sich bitte niemand hinsetzen, das ist verboten. So stehts auf dem Schild und so sagts auch der Entertainer, der aus der gegenüberliegenden Dekoration, sprich einer Art Saloon, kommt und mit Riesenrevolvern behangen ist.
Er versucht eine Weile die *kids* in der ersten Reihe auf dem Boden Dinge über Wyatt Earp zu fragen, will sie seine *guns* anfassen lassen, aber nichts zieht. Seine *jokes* für die Erwachsenen, der verzweifelte Wunsch, eine lustige oder irgendeine Reaktion hervorzurufen, misslingt.
Niemand hat große Lust, ihm zu erzählen, aus welchem Bundesstaat er kommt, die Japaner zwei Reihen vor dir schneiden sich fast die kleinen Nasen ab mit ihren elektrischen Ventilatoren, verstehen ihn aber sichtlich überhaupt nicht. Sie wollen das, was alle wollen: Es soll endlich anfangen, das Spektakel.
Da muss aber zuerst noch eines der dekolletierten Mädchen ran, es erzählt eine traurige Geschichte von einem untreuen Cowboy, zu der dann verstärkungsweise noch andere Cowgirls die Bühne betreten und ihr singen helfen. Der Applaus ist nicht so heiß wie das Wetter.
Gnadenlos geht's weiter in einer Art Vorprogramm. Die Zuschauer wollen nicht begreifen, dass der eigentliche Akt ja nur wenige Minuten dauert, die Zeit muss doch

vorher gefüllt werden, die Geschichte, wie es dazu kam, halbwegs erzählt werden, auch wenn sie vielleicht doch alle kennen ...

Doc Holiday trinkt in einer schattigen Ecke mehrfach aus einer Schnapsflasche teefarbenes Wasser, ein einsamer Cowboy sitzt am Blocktisch und gibt einem Mädchen die Chance, ihn mit auf die Bank gestelltem Bein, das viel Strumpfband und Unterwäsche zeigt, anzusingen, bis er ermattet mit dem Kopf auf den Tisch sinkt und hinter seinem Hut einschläft.

Die Hand tut dir schon weh vom Betätigen des japanischen Klappfächers und in der einst eiskalten Wasserflasche, auf die ihr eure nackten Füße zwecks Kühlung gestellt habt, hat das Wasser wahrscheinlich bald den Siedepunkt erreicht.

Die Schießerei läuft zentimetergenau nach Plan, jeder Schuss fällt so wie damals und im gleichen Zeitabstand: 32 Schüsse in 27 Sekunden und drei Tote. Die Luft ist voller Rauch und die Ohren dröhnen euch. Jetzt ist der Applaus frenetisch. Vielleicht auch aus Erleichterung, wieder in klimatisierte Räume zurückzukommen, wer weiß. Ein paar Unverdrossene lassen sich mit den Westernhelden noch fotografieren.

Ihr geht nach hinten ins Gelände, wo der O. K.-Corall nachgebaut ist und die Position jedes Fighters mit Figuren und Tafeln genau nachgestellt. Dann schlendert ihr mit neuen Wasserflaschen versehen nochmals die Boardwalks entlang und kauft doch ein paar Postkarten für eure wachsende Sammlung.

Nein, zum Veteranenfest wollt ihr nicht kommen, danke für die Einladung, lieber Cowboy, auch wenn das Bier dort heute für Mädchen gratis ist, nein danke, wirklich nicht.

Beim Hinausfahren aus der Stadt bleibt ihr noch bei dem berühmten Friedhof stehen. Hier liegen sie alle, die Berühmten, die Berüchtigten und die Unbekannten. »Aus Versehen gehängt«, »Ermordet in den Straßen von Tombstone«, »Gelyncht«. Vor manchen der primitiven Holztafeln oder Steinen stehen verrostete Getränkedosen mit oder ohne vertrocknete Blumen aus Papier.

Der Souvenirstand am Eingang zu den 270 Gräbern verkauft auch Cola. Ehe du den Friedhof betrittst, musst du an der Reklametafel vorbei, die dich auffordert: »*Enjoy.*«

Auf dem Highway am Nachmittag denkst du an den Friedhof von Tombstone, als ein Lastwagen vor euch im Regen ohne zu blinken dauernd die Spur wechselt, sich unvermittelt einbremst, so dass ihr ihn fast berührt. Ausweichen ist durch eine Baustelle unmöglich. Auch sie durchfährt er in Schlangenlinien. Ihr habt ein bisschen Angst. »Der muss betrunken sein«, knirscht deine Fahrerin. »Oder von seinen 56 Gängen sind ein paar kaputt und er kann nicht anders«, meinst du. Aber ihr seid froh ihn vor Tucson zu verlieren.
Tucson ist zwar berühmt für sein gutes Klima und den vielen Sonnenschein, aber ihr wollt hier leider nur übernachten. Vielleicht ein ander Mal, Tucson!

Ihr fahrt zum »Casa Grande«-Nationaldenkmal.
Von einem prähistorischen Volk namens Hohokam im 14. Jahrhundert gebaut, ist es völlig anders als ihre sonstigen, aus Lehm, Buschwerk und Holz errichteten Bauten.
Inmitten einer Hochebene mit rötlichem Sand und vielen Kakteen steht dieses wirklich einmalige Gebäude.
Adobefarben ragt es drei Stock hoch wie ein primitiver Wolkenkratzerturm gegen den grellblauen Himmel der Berge. Ihr nähert euch vom Visitorcenter aus langsam. Neben dir stehen Laternenkakteen, die sicher drei Meter hoch sind und voller Schusslöcher. Da hinein fliegen eilig kleine Vögel, als ob sie Nester darin hätten. Das »Große Haus« ist unglaublich beeindruckend, je näher ihr kommt. Es erinnert dich an Puebloindianerbauten, die ins Gigantische vergrößert wurden. Was von ferne wie ein Würfel aussah, den man zum Schutz vor Witterung mit einer modern abgesetzten Dachkonstruktion überbaut hat, scheint von der Nähe ein systematisches Bauwerk mit Treppenabsätzen, Verbindungen über alle Stockwerke mit Leitern … Eine Wehrburg könnte es sein, denkst du, ein letzter Auffangplatz für ein ganzes Dorf. Nichts Ähnliches außerhalb Mexiko haben Forscher je entdeckt. Und noch immer

rätselt man über ein kleines Fenster in etwa halber Höhe einer Wand, ob es ein Kalenderfenster war, und so der ganze Turm vielleicht ein Observatorium. Noch ist das Gebäude ein Rätsel. Das gefällt dir. Im Umkreis sind noch die Grundrisse des ehemaligen Dorfes zu sehen. Warum um 1450 die Indianer dies alles aufgegeben haben, bleibt ebenfalls das Geheimnis der Hohokam.

In Phoenix gefällt euch gleich alles an der Stadt. Nicht, weil es die Hauptstadt Arizonas ist, sondern weil es landschaftlich so schön liegt, in einem Becken, von Bergen umgeben. Und schon beim Hineinfahren mögt ihr die verschiedenen Einflüsse von spanischer und indianischer Kultur, die sich euch zeigen.
Mit dem Motel habt ihr Glück, ihr braucht wieder mal etwas Entspannung und wollt drei Nächte bleiben.
Es ist eines von denen, die den Pool nicht Richtung Straße, sondern im Innenhof haben, und diesmal ist es ein wirklich schön begrünter und gepflegter Garten, in dem der Pool liegt. Da ihr früh kommt, bekommt ihr ein Zimmer ganz nahe dran, und auch echtes Frühstück werdet ihr zur Abwechslung bekommen, frische Brötchen, Müsli, Obst … ihr habt wirklich Glück. Und weil der Garten auch über einen Whirlpool verfügt, lasst ihr euch so bald als möglich eure Autofahrmuskeln massieren, während ihr die Ruhe und Orangensaft genießt.
Etwas abseits hättet ihr auch den Schlüssel zu einem überwucherten Patio mit Grillplatz.
Ihr treibt gemütlich und allein im Pool, der Besitzer kommt mal vorbei um zu fragen, ob alles in Ordnung ist und euch gefällt, und ihr antwortet wahrheitsgemäß. Nach etwa einer Stunde kommt ein Schweizer Ehepaar, das gerade streitet, weil montags irgendein Museum geschlossen ist, das er unbedingt sehen wollte, und noch eine Nacht können sie nicht bleiben, seine Frau ist Schuld, sie hat schließlich diese zwei Wochen geplant, hat sie denn keinen Kalender benutzt, wäre doch besser gewesen, eine Pauschalreise zu machen, doch, dann hätte man eben verlässlich, was man bestellt hätte, nicht wahr, und nicht ein geschlossenes Museum, oder?

Ihr schwimmt ans andere Poolende, um zu lachen. Die beiden bleiben eine halbe Stunde und lesen in ihren Büchern. Ihr winkt ihnen zu, als sie vorbeigehen, aber sie reagieren nicht. »Schließlich können sie uns ja nicht kennen, oder? Da können sie uns auch nicht so einfach grüßen, ist ja klar, oder?«, sagst du in breitestem Schwyzerdütsch.

Seit Wochen habt ihr kein deutsches Wort mehr gehört.
Später kommt noch ein junger Tscheche, der hier einen schwarzen Freund kennengelernt hat, dem gegenüber er noch sehr schüchtern ist. Ihr spielt zusammen Frisbee, und der junge Schwarze fragt dich nach einer Weile, weil du ja auch aus Europa bist, warum sein neuer Freund so ernsthaft ist und gar keinen Sinn für *fun* hat.
Da kannst du ihm leider auch nicht helfen.
Wäsche waschen und andere häusliche Tätigkeiten, sowie Nagelpflege, nach dem Abendessen, schreibst du auf eine Postkarte für jemanden, der sich diese Art Reisebericht verdient hat.

Am nächsten Morgen besucht ihr die Stadt per Auto. Die Luft ist so klar wie an einem Wintermorgen. Ihr fahrt zu einem Tauschmarkt, an dem jedermann teilnehmen kann, und das ist lustig. Was es hier alles gäbe, ganze Häuser könnte man einrichten mit all den angebotenen Dingen. Ihr stöbert in Büchern um fünfzig Cent, sagt euch wieder und wieder, dass ihr schon genügend Bücher habt, dass ihr mit Übergepäck enden werdet, und das kommt teuer ... aber Bücher müssen sein.
Nachmittags ist der Pool leider wegen Reinigungsarbeiten geschlossen, schade. Aber den Whirlpool könnt ihr benützen und dann fahrt ihr einkaufen fürs Abendessen, das ihr zuhause haben wollt.
»Weißt du übrigens, dass hier in Phoenix heuer die erste Stadtregierung vereidigt wurde, die nur aus Frauen besteht?«, sagst du unvermittelt.
»Nicht wahr, davon hätte ich doch auch gehört!«
»Wirklich! Die hatten hier in Arizona ja auch schon 1912 ein Frauenwahlrecht, das haben die Schweizer noch nicht mal bis fast zur Jahrtausendwende durchgehend in ihren

Kantonen geschafft. Und sie haben hier über dreißig Prozent Frauenanteil in der Legislative, sonst liegt der Bundesstaatendurchschnitt bei gerade mal 22 Prozent. Und Sandra Day O'Connor, die die fünf Frauen vereidigt hat, war 1972 die erste Frau überhaupt, die in ein Bundesgericht gewählt wurde. Und all diese Frauen sind nicht über Listen in ihre Ämter gelangt, sondern direkt und einzeln gewählt worden, das gelingt oft nicht einmal Männern«, fügst du triumphierend hinzu. Ein Wermutstropfen scheint dir eine Nachrichtenmeldung zu sein, wo Doris Meissner, die *Immigration Service Commissioner* ist, zugeben muss, dass die – allerdings von Männern ausgedachte – Methode, illegale Einwanderer abzuhalten, indem man sie in Wüstengegenden trieb, weil man hoffte, sie so auch nur vom Versuch einer Grenzüberschreitung abzuschrecken, im Disaster geendet hat. Die Immigranten kamen dennoch über diese »erleichterten« Übergänge und viele fanden in der glühenden Hitze den Tod.

Am frühen Abend fahrt ihr hinauf zum South Mountain Park. Von eurem Motel ist es eine gute Stunde durch die Stadt, ehe der Berg euch quasi entgegenkommt. Die gewundene Straße hinauf auf den Camelback Mountain liegt schon fast im Dunkeln, während unter euch die Stadt manchmal im Sonnenlicht aufblitzt. Es herrscht reger Verkehr.
Oben auf der Aussichtsplattform sind etwa 50 Menschen, meist mexikanische Familien mit Kindern und Freunden. Unterhalb eines Felsens stehend auch ein Kamerateam. Die Bergflanke zu eurer Rechten wird langsam pink und dann violett. Unter euch im Tal gehen die ersten Lichter von Phoenix an und langsam wird die blasse Sonne zu eurer Rechten in dem glasblauen Himmel rötlich. Die Gespräche werden leiser, die Menschen, es sind inzwischen mehr als hundert, sitzen auf dem Boden oder auf den wenigen Bänken und warten. Selbst die buntgekleideten Kinder tollen nicht mehr von Gruppe zu Gruppe.
Niemand muss hier ein Radio spielen lassen, fällt dir auf, niemand hat Bierdosen dabei.
Von hier oben habt ihr eine mehr als halbkreisförmige Rundumsicht. Der wolkenlose Himmel verfärbt sich

anfangs fast unmerklich. Noch ist er transparent, von hellem Blau über den Bergen gegenüber. Langsam wird er gegen oben zu dunkler und die Sonne verfärbt sich ins Dunkelrot, während zwischen ihr und dem Berg, hinter den sie sinken wird, ein hellgelbes, dann dunkelgelbes Leuchtband sich aufbaut.

Durch einen Wettertrick ist der zuvor wolkenlose Himmel plötzlich mit orangen und dunkelroten Schleiern durchzogen, die sich mehr und mehr ausbreiten, bis der Himmel, so weit ihr sehen könnt, in Flammen zu stehen scheint, die auch die umliegenden Berge in ein rotviolettes Licht tauchen, intensiv, jede Felskrümmung, jeden Strauch scharf hervorhebend.

Die Sonne sinkt langsam und glutrot nach unten. Sie hat einen grauen Halo, der sie aus den intensiven Farben, all dem Gelb, Orange, Rot und Violett hervorhebt. Als sie verschwunden ist, stehen noch winzige knallrote Wolken an ihrer Stelle und der Himmel über euch ist von einem dunklen Türkis voller großer Sterne.

Lange noch flammt der Himmel und die meisten Menschen bleiben noch, um die letzten magischen Momente auszukosten.

Schweigend fahrt ihr die gewundene Straße nach unten. Gut, dass sie kaum beleuchtet ist. Manchmal erhaschst du noch einen Blick nach unten auf die Lichter der Stadt. Du weißt nicht, wo sie aufhören und die Sterne beginnen.

»Hier möchte ich ganz gerne studieren«, sagt deine Freundin verschmitzt. »Aber du hast doch …« »Trotzdem. An der Uni in Phoenix kann man alles *online* machen. Donnerstag Einführungsvorlesung und mittwochs Abschlusstest. Du bekommst dein Lehrbuch und per E-Mail sogar die Lebensläufe deiner Mitstudenten, es kann dir ganz egal sein, wie sie aussehen. Und sonst eben ganz normaler Unibetrieb. Das ist immerhin mit 75.000 Studierenden die größte Privatuni der Staaten. Hauptsächlich für Leute, die sich im Management verbessern wollen, die schon einen guten Job haben. Da könnte ich zum Beispiel heute Abend, statt ins Kino zu gehen, meine Hausaufgaben machen.«

»Und Prüfungen? Wie macht man Prüfungen?«

»Auch online natürlich. Und die Ergebnisse sollen sogar besser sein als beim normalen Studium.«
»Und wer kontrolliert da, ob du nicht schwindelst? Da könnte ja ein Genie neben dir zuhause sitzen und dir die Antworten ansagen!«
»Das weiß ich nicht. Aber geschummelt ist immer worden. Ich glaub, wenn sich jemand für so ein Studium meldet, hat er auch den Ehrgeiz, etwas zu lernen.«
»Und ich hätte vielleicht damals höhere Mathematik begriffen«, fügst du nostalgisch hinzu. »Wenn ich den Professor nie gesehen hätte und er mich nicht dauernd verspottet hätte, wer weiß, was aus mir nicht hätte werden können! Vielleicht sogar Mathematikdozentin.«
Deine Freundin grinst ebenfalls.

Auf dem Highway fahrt ihr an einer *chain-gang* vorbei.
Von einem Laster wird gerade ein tragbares Klo geladen. Eine Gruppe Gefangener in dunkler Gefängniskeidung mit orangeroten Leuchtwesten steht herum. Sie sind mit Fußfesseln aneinandergekettet. Ihr seht mit Entsetzen, dass es Frauen sind. Weiter vorne säubern sie die Straßenränder von Abfall.
»Wir sind in Maricopa County, jetzt fällts mir ein. Das sind Gefangene von Sheriff Joe!«
»Und der leitet ein Frauengefängnis?«
»Hast du noch nie von diesem tollen Typen gehört, dem härtesten Sheriff von Arizona, Joe Arpaio?
Stell dir einen Mann vor, der gerade 18 war, als der Koreakrieg ausbrach, zur Army ging, drei Jahre diente und dann Polizist in Washington D.C. wurde. Nach einem kurzen Einsatz in Las Vegas wurde er verdeckter Ermittler für das nationale Drogenbüro. Über 20 Jahre haben sie ihn überall hingeschickt, die Türkei, Holland, Mexiko, Panama, Irak und Iran.
Er hasst Drogen und Drogendealer, aber natürlich auch Abhängige. Bis 1982 war er Leiter des örtlichen Büros hier in Arizona. Dann ist er in den Ruhestand getreten. Er hat dann wieder in seinem alten Beruf gearbeitet, im Reisebüro seiner Frau. Zehn Jahre später ist er zur Sheriffwahl angetreten und hat versprochen, das Gefängnissystem so

zu reformieren, dass kein Insasse je wieder in ein Gefängnis zurückkäme.

Und er hat es teilweise geschafft. Weil die Gefängnisse auch hier permanent überfüllt sind, vor allem auch mit Leuten, die lange auf ihre Verurteilung warten müssen, hat er statt teurer Neubauten in der Nähe eines städtischen Abfallplatzes dahinten eine Zeltstadt aufgebaut.«

»Bei der Hitze?«, fragt sie ungläubig.

»Ja, gerade auch bei der Hitze. Die Pressekonferenz zur Eröffnung hat er auch ganz bewusst zu Mittag gemacht, damit auch die Reporterinnen und Reporter schwitzen, bei seinem *High-Noon*.

Er ist nicht der Meinung, dass Gefängnisse wie »Country Clubs« geführt werden sollen. In seinen gibt es weder Zigaretten noch Kaffee oder Softdrinks. Essen und Gesundheitsvorsorge müssen die Gefangenen selbst finanzieren. Damit sie die Gefängnishemden nicht bei der Entlassung stehlen, gibt es eben diese schwarzweißgestreiften outfits und er zwingt die Männer aus dem gleichen Grund, rosafarbene Gefängnisunterhosen zu tragen. Die meisten seiner Gefangenen sind Leute, die zwar verhaftet wurden, aber erst auf ein Urteil warten. Nur etwa 25 Prozent sind verurteilte Kleinkriminelle, die etwa ein Jahr absitzen müssen. Arpaio ist fest von seinen Erziehungsmethoden überzeugt. Wenn Leute bei 35 Grad Hitze hier in der Wüste in einem Zelt leben müssen, wenn sie gezeichnet sind durch ihre Kleidung, wenn das Zelt Löcher hat, durch die der Regen kommt oder auch mal Ratten vom städtischen Abfallplatz, dann werden sie sichs das nächstemal überlegen, ob sie besoffen autofahren, ist er sicher. Auch die eine oder andere Strafverschärfung, wie bei Außenarbeiten den ganzen Tag einen Rucksack voller Steine mitschleppen zu müssen, ist hier gang und gäbe. Warum sollen es Gefangene besser haben als Soldaten im Golfkrieg – das ist immer seine Verteidigung, wenn die Zustände in den Lagern kritisiert werden. Kritisiert wird, dass er alle gleich schlecht behandelt: bereits Verurteilte und solche, die noch darauf warten.

»Ich habe keine Fluggesellschaft zu leiten, die den einen Steak und den anderen Würstchen serviert«, ist eine seiner stehenden Redewendungen. Einzige Ausnahme: Bereits Verurteilte müssen ins Zelt, wo inzwischen etwa 1400 einsitzen. Paradoxerweise hätten sies im Gefängnis besser: Dort dürften sie rauchen und Kaffee trinken und ihre Zellen hätten ein Dach und wären klimatisiert. Dass dort die Zellen für je vier Männer oder drei Frauen nur die Innenmaße eines mittleren Kombi haben, so dass außer dreiundzwanzig Stunden auf den Pritschen zu liegen keine Bewegung möglich ist, ist die eigentliche Strafe.

Selbst Amnesty International hat sich schon eingeschaltet – was Sheriff Joe aber wenig kratzt. Sowenig wie ein Todesfall 1996, der durch alle Medien ging. Ein 32-jähriger Gefangener starb in Joes Gefängnis durch Strangulation und eine gebrochene Larynx. Zeugen sprachen von Gewaltanwendung. Sheriff Joe ist immer noch sauer, weil sich das Gefängnis mit den Angehörigen außergerichtlich geeinigt hat. 8,25 Millionen Dollar, das war der höchste in Arizona je zugesprochene Betrag für so einen Todesfall. Aber er fühlte sich hintergangen. Die Zeltstadt besteht aus drei Abteilungen für Frauen, Männer und Jugendliche. Jeweils etwa 20 Personen in einem Armeezelt. Sie sind durch Wellblechmauern und rasiermesserscharfen Stacheldraht voneinander getrennt ...«
»Aber, kann der wirklich das alles so selbstherrlich tun? Nur weil er den Politikern angeblich Geld spart für neue Gefängnisse?«
»Kann er. Schließlich muss er sich alle vier Jahre wieder der Wahl stellen, und wenn er gewählt ist, ist er quasi Polizeichef, Leiter des Justizvollzugsdienstes und anderes mehr. *Wie* er den Strafvollzug regelt, ist seine Sache, solange die Gesetze seines Landkreises eingehalten werden und er darauf achtet, dass verurteilte Straftäter ihre Strafen auch verbüßen. Ihre Menschenrechte sollte er natürlich auch achten ...«
»Und wie lebt er so? Immer noch mit seiner Reisebürofrau zusammen? Die wird's auch nicht leicht mit ihm haben!«
Schade, musst du zugeben, das weißt du nicht. Aber dass er im Wells Fargo Building im 19. Stock residiert, das schon. »Angeblich alles vom Feinsten. Ein Eckbüro mit

zwei Panoramafenstern, rote Teppiche, schwere Ledermöbel, ein Großbildfernseher.«

»Da wird er sich wahrscheinlich all die Videos mitgeschnitten haben von seinen unzähligen Fernsehauftritten, schätze ich mal. Publicitygeil scheint er ja zu sein. Und wahrscheinlich recht groß und schneidig.«

»Du wirst staunen, er hat grade mal so das Mindestmaß für die Army, trägt Brillen und hat vor ein paar Jahren erst sein Fett abgebaut, weil er aufgehört hat, sagte er, Spaghetti mit viel Sauce zu mampfen. Auf der Straße würde sich keiner nach ihm umdrehen. Nur seine Stimme, da merkst du den Ausbildner. Und da beherrscht er jede Nuance, es ist fast unheimlich, ihm im Fernsehen zuzuhören. Ein wahrer Populist und ein Sturschädel.
Aber die Gefängnisse quellen weiterhin über, und die Rückfallquote hat er nicht wirklich senken können.«

»Trotzdem, muss ganz schön umtriebig sein, der Typ.«

»Ja, er hat schließlich das ganze County unter sich, dazu noch ein paar von den *Retirement Communities*, da muss er auch für Ordnung sorgen.«

»Du meinst sowas wie Sun City?«

»Genau.«

»Jetzt gibt's davon ja schon ein paar, aber vor 20 Jahren war Sun City hier bei Phoenix die erste dieser Altenstädte. Hat inzwischen, warte, lass mich nachsehen, circa 55.000 Einwohner, und Sun City West wächst daneben dazu und hat auch schon 30.000 Oldies in seinen Ringmauern. Sieht aus der Luft aus wie eine Spirale mit einem künstlichen See in der Mitte, jede Menge Golfplätze und rundherum schön abgeschlossen, damit niemand reinkann.«

»Fünfundfünfzig muss man sein, oder?«

»Ja, das ist das Mindestalter. Und dann ziehst du mit *Hubby* aus dem kalten Norden hierher, kaufst dir ein Häuschen um etwa 150.000 Dollar mindestens, nach oben kannst dus gerne erweitern, hast Sonne, Golf und Spaß bis an dein Lebensende. Keine Kriminalität ...«

»Keine Besuche.«

»Doch, wenn sie sich ordentlich anmelden, dann schon. Sogar Enkelkinder dürfen ein paar Stunden mitgebracht werden. Überleg mal, die können sich das vielleicht ein,

zweimal im Jahr leisten, Oma zu besuchen, und dann dürfen sie da nicht mal übernachten!«
»Und wieso?«
»Erinnerst du dich an das Ehepaar aus Sun City am Nebentisch in New Orleans? Sie hat gesagt, sie hätten zwanzig Jahre damit verbracht die Kinder großzuziehen, es reiche nun, die sollten für sich selbst sorgen, sie lasse sich nicht von plärrenden Enkeln terrorisieren. Und ihr Mann hat die ganze Zeit den spielenden Kindern auf der Straße zugesehen. Der hätte, glaub ich, nichts gegen die plärrenden Enkel gehabt.«
»Ich kanns mir nicht vorstellen. Lauter Menschen, die irgendwann hier sterben werden, trotz allem Golfspielen und Schwimmen.«
»*God's Waitingroom* nennen die Anwohner die Cities spöttisch«, bestätigst du.
»Aber es geht den Alten eben auch vor allem um die Sicherheit, die solche Städte bieten. Ältere Leute werden ängstlicher, sie hören dauernd von Verbrechen an anderen älteren Menschen, sie können sich nicht mehr so gut zur Wehr setzen, glauben sie, sie wollen Ruhe und Frieden und eine gute Zeit.
Und wenn ihre Zeit gekommen ist, gibt's ein tolles Begräbnis, bei dem jeder auf jeden schaut und hofft, nicht der Nächste zu sein.
Und während die Bewohner alle beim Begräbnis sind, fahren die selbsternannten Aufpasser, oft ziemlich verbiesterte Ex-Militärs oder Wachdienstbeamte in Autos oder Golfwägelchen, Streife, damit niemand etwa in ein verlassenes Haus einbricht oder es anzündet. Und bei soviel gehäuftem Alter gibt's natürlich auch Demenzen. Da muss man dann auch Ms. Sowieso wieder mal suchen, die im Nachthemd herumirrt, das ist tragisch.
Aber es gibt ja unter anderem das tolle R. U. O. K.-Rückrufsicherheitssystem – wenn du da verwitwet alleine lebst, ruft dich täglich der Computer an, um zu sehen, wie es dir geht. Hebst du ab, ist alles in Ordnung, ansonsten sieht man alarmiert sofort nach dir. Und ein Krankenhaus gibt es natürlich auch, dazu Langzeitpflegeeinrichtungen und in den neueren Siedlungen werden die Häuser schon mit

Krankenpflegegarantien verkauft – so kommt man nie ins staatliche oder private Pflegeheim, sondern bleibt zuhause.«
»Und was tu ich da den ganzen Tag? Schließlich wäre ich sicher mit 55 noch sehr aktiv um Himmels willen. Ich kann doch nicht nur 18 Stunden golfen und schwimmen!«
»Du kannst Töpfern lernen«, sagst du, um Ernst bemüht – deine linkshändige Freundin würde das wahrscheinlich als Letztes belegen, – »oder Aerobic, Jazzgymnastik, Radfahren. Busausflüge ins Casino, einkaufen gehen, Handarbeiten, und ein wenig Hausarbeit kannst du ja doch auch selber tun, und vielleicht deinen Vorgarten so weit als erlaubt mit Keramiktieren verschönern …«
Sie grinst.
»Und dann könntest du noch die Hauptbeschäftigung einsamer Witwen ausüben: Du könntest lernen zu trinken. Sie gebens nicht gerne zu, aber das Alkoholproblem ist beträchtlich. Und Frauen leben auch hier länger als ihre Männer, da ist selten ein Neuer in Sicht, das merkst du ja am ehesten bei den Fotos von den Bunten Abenden: Frauen in der überwiegenden Mehrzahl.«
Sie wirft einen kurzen Blick auf die Straße und dann auf die Broschüre.
»Die sind ja uralt«, entfährt es ihr.
Dazu kannst du nichts sagen. Es stimmt bedrückenderweise. Aber sie lächeln alle, »sie haben Spaß«. Gute alte amerikanische Tradition.
Und einen Mietvertrag, in dem es heißt: Kein Alkohol, keine Drogen, keine laute Musik (was, wenn der Hörapparat ausfällt?) oder gar Parken vor den Häusern … (Was, falls du vergessliche Achtzigjährige den Garagentoröffner nicht findest? Wirst du dann von der *Posse* ermahnt? Verhaftet? Der Stadt verwiesen?) Ihr seid zu jung und zu arm, es herauszufinden, fürchtet ihr.
»Und wenn wir uns wenigstens eine der »normalen« Sicherheitssiedlungen, eine *»Gated Community«* ansehen?«
»Dürfen da arme Leute wie wir rein?«
»Weiß ich nicht, aber jedenfalls könnten dort theoretisch auch Familien wohnen. Allerdings hätten wir da auch jede Menge Vorschriften zu beachten, meine Liebe: Du kannst

weder deine Haustür noch deinen Gartenzaun beliebig streichen, falls du eine bestimmte Farbe möchtest, *sorry*. Auch die Zaunhöhe wäre normiert und hinter deine Panoramafenster darfst du die Möbel auch nicht nach Geschmack verteilen, man kann ja reinsehen, also muss das auch geordnet sein, der Blick ins Innere frei und unverstellt und alles geschmackvoll eingerichtet, versteht sich. Leider entspricht das nicht immer deinem oder meinem Geschmack, fürchte ich. Auch die Pflanzen und Blumen im Garten sind in Höhe und Farbe in erlaubt und verboten eingeteilt, und eine Gartenschaukel für die *kids* ist undenkbar, egal wie teuer sie wäre. Verboten, aus. Offene Garagentüren sind pfui, es könnte ja eine gewisse Unordnung da drin herrschen, und der Nachbar müsste im Vorbeifahren einen Schock erleiden, wenn er das sähe, und würde sofort zum Handy greifen, um dich zu ermahnen. Und dass du Hunde gern hast, wäre auch ein Problem. Der Hund deiner Großmutter zum Beispiel wäre zu groß und zu schwer. Sie schreiben dir echt auch Größe und Gewicht der erlaubten Haustiere vor!«
Deine Freundin äugt ungläubig.
»Und dafür zahlen die Menschen freiwillig?«
»Sie tuns für die Sicherheit. Und weil sie sich dann um nichts mehr kümmern müssen.
Inzwischen gibt es solche geschlossenen Siedlungen wie gesagt auch für »normale« Familien. Dort darfs hinter den Mauern allerdings weder Schulen noch Kinos, Gaststätten oder Geschäfte geben. Nur Wohnen ist erlaubt.
Kannst dir vorstellen, was die *kids*, ehe sie einen Führerschein haben, da alles anstellen, weil sie ja nicht raus können. Keine Verbrecher können eindringen, dafür sorgen die Mauern und eigene Polizeitruppen, aber die Vandalismusrate durch die Langeweile der *kids* ist so hoch wie in den *slums* jeder beliebigen Großstadt.«

Nachdenklich fahrt ihr die wildromantische Bergstraße nach Flagstaff zum Mittagessen. Ein fast alpines Lokal am Waldrand, viel Holz im Inneren. Ihr bestellt genüsslich euer Essen und vertreibt euch die Zeit mit dem Lesen von Aufschriften auf Postern, so wie immer. Dann kontrollierst

du spaßeshalber die Toilette, ob da auch das obligate Schild »Angestellte müssen vor dem Zurückkommen ihre Hände waschen, so will es das Gesetz« steht oder hängt, mit Stift und Grammatikfehlern oder echt aus dem entsprechenden Laden, als Aufkleber oder Holztafel.
Bei vielen kleinen Lokalen an der Grenze warst du dir trotz des Schildes sicher, dass niemand außer dem örtlichen Gesundheitsinspektor es je gelesen hat. Manchmal ist das »*must*« fett unterstrichen, und trotzdem hat seit langer Zeit niemand mehr die Wasserleitung betätigen können, sie ist nicht mehr angeschlossen.
Als ihr nach dem Essen bezahlt, verlangt ihr zwei Stück Gratis-Kuchen.
»Oh, das tut mir leid, hat er euch echt keinen Kuchen angeboten?« »*No, sorry,* hat er nicht.«
»Ich lass ihn euch gleich bringen, habt kurz Geduld, und entschuldigt nochmals.«
Des Rätsels Lösung ist das Spruchband über der Kasse: »Wir haben immer frischen Kuchen. Sollte unser Servierpersonal vergessen, darauf hinzuweisen, geht er aufs Haus.«
Und unser geknickter junger Kellner hatte leider vergessen. So schleppt ihr einen Styrofoam Container mit zwei wunderbar süßen Beerenkuchenstücken mit auf die Reise. Deine Freundin ist ein wenig traurig, weil ihr hier soooo nahe am Grand Canyon wärt und ihr keine Zeit habt, hinzufahren. Sie schwärmt dir vor, wie gut es dir da gefallen würde, und du lenkst sie damit ab, dass auch hier Richtung Gallup alle möglichen Wunder der Natur zu sehen wären: der Meteor Krater nach Two Guns, zum Beispiel, ein wirklich riesiger Krater im Nirgendwo, dann die *Little Painted Desert* Fels- und Steinformationen oder gar der Versteinerte Wald. Aber das tröstet sie nicht.

In Gallup seid ihr wieder in New Mexico. Auf der Fahrt durch die roten Berge hat es meist geregnet. Ihr steuert das *Visitor Center* an, das auf der anderen Seite des Flusses liegt und von allerlei modernen bunten Eisenskulpturen mit indianischen Motiven umgeben ist. Du hast nur einen kurzen Blick dafür übrig, denn du brauchst dringend

eine Toilette, die du auch direkt neben dem kleinen Park findest. Sie lässt sich nicht abschließen und besteht nur aus den berühmten zwei Porzellantrittbrettern neben dem Loch im Boden.
Deine Freundin hat schlauerweise gesehen, dass es bereits vier Uhr ist und das Visitorcenter gerade von der Frau, die es betreibt, verlassen wird. Auf eure Bitte hin sperrt sie »*certainly*« das Büro wieder auf, und während du dich mit Infofoldern eindeckst, genießt deine Freundin die Vorzüge einer amerikanischen Toilette.

Gallup, »die Indianerhauptstadt des Westens«, ist ein Zentrum von indianischer Kunst und natürlich auch Kommerz. Zuni Pueblo ist nicht weit und auch die Navajos haben hier ein Zentrum ihrer Geschäftstätigkeit. Der Ort wird durch zwei Straßen definiert, die 40, auf der ihr gekommen seid, und eine Parallelstraße, die alte Route 66.
Der Regen wird stärker und ihr fahrt wieder über den Fluss, um das berühmte Hotel Ranchero zu sehen. In seinem Inneren hängen die Fotos all der großen Filmstars, die hier gearbeitet und gewohnt haben. Sehr beeindruckend auch das Gebäude selbst. Schade, dass der Regen nun in wahren Wasserfällen herunterkommt, ihr habt noch einen weiten Weg vor euch heute.
Die Scheibenwischer führen einen fast machtlosen Kampf gegen den Regen und auf dem Hochplateau seid ihr gleich wieder von zuckenden Gewittern umgeben. Obwohl die Straße eben verläuft, werdet ihr dauernd vor »*Flash Floods*« gewarnt. Nach ein paar Minuten wisst ihr auch warum. Der Wagen schwankt und bockt, Wasserfontänen nehmen euch die Sicht, es wird so dunkel, dass ihr die Straßenbegrenzung nicht mehr erkennen könnt. Ihr kämpft euch schweigend durch die unsichtbare Landschaft. Nur nicht auf die Seite getrieben werden von diesen Windböen, nur nicht die Straße verlieren ...
Ein Hügel von sicher nur wenigen Metern Höhenunterschied macht dir Angst. Was, wenn euch der Wind da oben ungeschützt einfach umbläst? Was, wenn hügelabwärts ein ansonsten trockenes Flussbett lauert und euch den Weg mit tosenden Wassermassen versperrt?

Wie sollt ihr euch verhalten? In dem schaukelnden Wagen bleiben? Auf sein Dach klettern, wie es eine Freundin in Virginia einmal getan hat? Aber die hatte einen Kombi mit Dachreling, die konnte sich da festbinden mit ihrer Jacke. Ihr hättet nur ein glattes, abschüssiges Dach, keinerlei Chance …

Sie musste damals drei Stunden da oben verharren, *»and I feared for my life every second«*, sagt diese durchaus robuste und furchtlose Frau noch Jahre später. »Immer hat der Wagen geschaukelt und sich gedreht, ich wusste, wenn er umfällt, bin ich dran. In dem Wahnsinnswirbel kannst du nicht einmal zu schwimmen versuchen. Nach drei Stunden wars vorbei. Das Wasser ist gesunken, und ich kannte die Gegend ja gut. Bin durch den Wald nachhause und hab dann mit den Söhnen den Wagen rausgezogen mit dem Traktor. War gar nicht einfach …«

Aber obwohl der Wind euch auf der Hügelkuppe nochmals in die Seiten fährt, seht ihr im Tal vor euch schon wieder die Sonne. Es ist, als hättet ihr eine unsichtbare Grenze überfahren. Aus den nun trockenen Wolken kommen breitgefächerte Sonnenstrahlen und Regenbogen. Die Berge glühen intensiv. Alles ist wieder wunderbar.

»Das müssen wir heute Abend feiern, und zuhause dürfen wirs nicht erzählen, sonst lassen die dich nicht mehr mit, bei so gefährlichen Abenteuern«, versuchst du die Spannung zu lockern. »Du bist absolut toll gefahren, wirklich.«

»Hast du keine Angst gehabt?«

»Angst schon, aber nicht, dass du falsch reagierst. Nur Angst, dass dir etwas passieren könnte, nur weil ich nicht autofahren kann. Das macht mich in solchen Situationen noch hilfloser, als ich ohnehin schon bin.«

Nun nähert ihr euch der Brücke, die ihr kreuzen müsst, um auf die andere Seite zu gelangen, dies ist der Aussichtspunkt für den *Continental Divide*, die Grenze zwischen Atlantik und Pazifik.

Der Parkplatz ist ungeteert und staubig, eine Art hölzerner Bar mit Souvenirgeschäft steht zwar da, sieht aber heruntergekommen und geschlossen aus, obwohl du durch ein Fenster meinst, Bewegungen zu erkennen. Ihr geht nach vorne an den Hügelrand und seht zu den Bergen hinüber,

die in allen Violett- und Rotschattierungen leuchten, und das kommt nicht von der Sonne. Rechts von euch ist ein grauviolettes Gewitter aufgetürmt, lautlose Blitze zucken manchmal durch die Wolken, der Donner ist unhörbar. Ein wunderbar großer Regenbogen spannt sich fast zum Greifen nah über das Tal.
Ihr bleibt einfach ruhig stehen und genießt das alles. Dann lest ihr die Daten auf der Steintafel.
Wieder denkst du an die Eroberung dieses unsagbar großen Landes, bedauerst nur, dass es kein friedliches Erobern sein konnte, ein Teilen all dieser Schönheit und dieses Reichtums, ein Voneinander-Lernen …
Ihr fotografiert euch gegenseitig vor der Tafel und dann gehst du mit der Videokamera herum, berauscht von diesen Farben und Formen.
Währenddessen kommt ein Indianer aus dem verlotterten Gebäude und spricht mit deiner Freundin, die gerade etwas aus dem Auto holt. Sie schüttelt mehrmals den Kopf, aber du bist zu weit weg, um zu hören, was gesprochen wird. Der Indianer geht wieder zurück ins Haus und jemand zieht von innen karierte Vorhänge zu.
»Was war denn das?«
»Er wollte mich mit meiner Kamera fotografieren. Eigentlich wollte ich sie ihm nicht geben, er roch ziemlich nach Bier. Und dann hat er mich um zwei Dollar angebettelt, weil er telefonieren muss. Ich hab sie ihm wirklich gegeben, weil ich so verblüfft war. Ist eigentlich gar nicht meine Art. Aber ich wollte ihn auch ehrlich gesagt weghaben.«
»Ganze zwei Dollar?«, fragst du scheinheilig. »Fünfzig Cent hättens auch getan, oder? Wenn er schon bettelt.«
»Ich hab mich geschämt.«
»Und damit hat er gerechnet. Drum hat er ja auch einen fixen Betrag verlangt, damit du nicht zum Überlegen kommst. Er wollte dir als weißer Amerikanerin ein schlechtes Gewissen machen. Und jetzt wird er sein Bier trinken da drin. Zwischen Gallup und Bluewater gibt's ja nichts. Und hier steht nirgendwo ein Auto. Der oder die sind zu Fuß hier, oder sie campen da drin und warten auf die wenigen Touristen, die sich daher verirren um diese

Zeit. Nicht mal das Geschäft ist offen, weil es sich wahrscheinlich nicht rentiert. Gönn ihm halt das Trink-Geld. Ich beteilige mich zur Hälfte, wenn du magst. Continental Divide und Trinkgeld Divide, o. k.?«

In Grants bleibt ihr über Nacht.
Dass hier seit den Fünfzigerjahren Uran gefördert wird, und die Berge hier herum der Welt drittgrößte Vorräte bergen, willst du eigentlich gar nicht wissen, und du versteckst den Infofolder vor deiner Freundin.
Hier kann es schon empfindlich kühl werden, das Hotel hat einen riesigen Indoorpool im gedeckten Innenhof und vom Jacuzzi aus kannst du den Leuten beim Essen in einem der Speisesäle zusehen.
Während du später im Fernsehen nach dem örtlichen Wetterkanal suchst, fragt deine postkartenschreibende Freundin plötzlich: »Welcher Tag ist heute?«
»Sonntag, der 9. August«, antwortest du bereitwillig.
»Laut Fernsehprogramm ist aber Montag, der 10. August.«
»Kann nicht sein, wir waren ja Freitag und Samstag in Phoenix.«
Sie beginnt vom 12. Juli, eurem Reisebeginn, die Stationen durchzuzählen. Es funktioniert nicht.
»Ich wollte ohnehin meine Freunde in Chicago anrufen«, sagst du, »dann kann ich auch gleich fragen, was für ein Tag wirklich ist. Ganz so am Rande, natürlich.« Leider funktioniert das Telefon nicht. Seltsamerweise kann man die Rezeption aber trotzdem erreichen. Ja, leider, keine Auswärtsgespräche, die *lines* sind *down* durch den Sturm. Und ja doch, heute *ist* Montag.
Nun gut, ihr habt irgendwo einen Wochentag verloren. *Who cares*. Wen störts. Und ihr kichert auf euren Betten wie Kleinkinder.

Es scheint gar nicht so unüblich zu sein, dass man im *Land of plenty* einen Tag verliert. Bei einer späteren Reise steht ihr beim Check-in, wo ein verzweifelter französischer Familienvater, dessen Englisch nicht sehr gut ist, mit Frau und zwei Kindern zu erklären versucht, dass man sich im Datum geirrt habe, er könne nicht die Tickets noch

einmal bezahlen, er habe sie ja schon bezahlt, und dass das Flugzeug gestern ohne sie weggeflogen sei, ja, das sei tragisch, aber sie müssten doch nach Frankreich zurück um Himmels willen. Seine Frau ist den Tränen nah, Tochter und Sohn sehen weg. Der Vater ist gelähmt, er sitzt im Rollstuhl. Es war sicher nicht einfach, diese Reise vorzubereiten, und nun dieses Missgeschick.
Das Mädchen am Check-in hat seine Geduld verloren. Entweder die Familie ist seit Stunden hier und hat sie erschöpft, oder sie ist nicht aus Texas. Sie wendet sich einfach ab und den Nächsten zu. Ihr habt nicht einmal Zeit, irgendetwas für die Familie zu tun. Als ihr dran seid, fragst du trotzdem, ob ihr etwas helfen könntet. Sie sieht dich an. »Ich habs ihnen hundertmal erklärt. Sie müssen neue Tickets lösen, es geht nicht anders. Und der Flug heute ist voll. Nicht mal ihn könnt ich noch reinbekommen. Danke, und habt einen guten Flug.«

Albuquerque ist eine wahre Fundgrube für Route-66-Fans. Ihr findet ein Motel noch fast in der Stadt, das aussieht, als wäre es aus den Fünfzigern, ganz in Weiß und mit etwas verlotterten Holzplanken verkleidet. Zufällig liegt das städtische Irrenhaus gegenüber, wie du am nächsten Morgen feststellen kannst.
Das *Old Town 66 Diner* ist zwar restauriert, aber doch noch typisch in seiner Containerform und ihr habt Spaß, den Kellnern beim Mixen der verschiedenen Sodagetränke zuzusehen. Diese Maschinen sieht man nicht mehr sehr oft.
An der Stirnwand ist der gesamte Verlauf der Route 66 aufgemalt und auch mit Uhren die Zeitdifferenz angegeben. Am Tresen sitzen zwei junge französische Biker, wie Dick und Doof in Größe und Umfang, aber beide in gebrauchter Motorradkleidung. »Wie sagt man nochmals *Zahlen bitte?*«, fragt der Kleine den Großen. Der ordert den *check* mit internationaler Zeichensprache. Dann fotografieren sie sich gegenseitig vor der Wandkarte und du kannst nicht widerstehen, sie auf Französich anzureden und anzubieten ein Foto von ihnen beiden zu machen, was sie sehr freut. Sie werfen sich richtig in Positur,

um möglichst wild zu wirken. Deine Freundin filmt euch inzwischen alle drei mit der Kamera, die ihr, wo es geht, mit ausgeschaltetem Rotlicht auf den Tisch stellt, so dass ihr Menschen und Dinge unbeobachtet filmen könnt.
Nach hinten hinaus gibt es noch eine gedeckte Veranda, in der eine Pappstatue von Marlon Brando in Lebensgröße steht, aus dem Film »The Wild Ones«. An der Wand hängen Nummernschilder und eine ganze Fotogalerie von Schauspielern und Bikern.
Du fragst die Menschengruppe, die hier sichtlich irgend etwas Wichtiges beim Essen besprechen muss, um die Erlaubnis, den Raum filmen zu dürfen, nur den Raum, keinesfalls sie, die guten Bürger von Albuquerque, fügst du hinzu. Der Vorsitzende des örtlichen Sparvereins lässt dich gerne gewähren.

Ihr seht euch *downtown* an, und es gelingt dir einfach nicht, aus dem fahrenden Auto die alte grüne gusseiserne Route-66-Uhr zu filmen. Stehenbleiben ist nicht möglich und sooft ihr dran vorbeikommt bei eurem Herumfahren, schiebt sich entweder ein Lastwagen ins Bild oder ein Bus.
Ihr parkt beim Stardust Hotel, dessen Fassade wie vieles hier aus den Zwanzigern ist, trinkt einen Eiskaffee vor der Tür und seht dem bunten Treiben auf der Straße zu. Businessmen und Biker, Indianer, Mexikaner, trotz der Hitze gehen hier die Leute noch ein paar Schritte zu Fuß, merkt ihr. Ihr schlendert ein Stück die Straße hinauf und entdeckt jede Menge normaler Geschäfte und Restaurants, aber auch viele Souvenirs von der »Mutter aller Straßen«.
Ihr seht euch das *Institute of American Indian Arts Museum* an, das sehr informativ ist und dich durch seine pure Größe wieder einmal in den Rollstuhl zwingt, den deine Freundin geduldig durch die vielen Räume schiebt, bis dein Genick fast steif wird. Vieles hängt doch ein wenig hoch.
Das Schlangenmuseum wird gerade geschlossen, was deine Freundin eher freut. Dreißig Arten könnte sie hier sehen, bemerkst du schelmisch. Vor allem

Klapperschlangen. Die seien übrigens gar nicht so gefährlich, behauptet der Besitzer, Bob. Höchstens acht Menschen pro Jahr sterben in den USA an ihrem Biss. Sonst verliert man meist nur einen Finger oder Zehen, meint er stoisch. Unangenehm, ja, aber nicht tödlich ... »Have a nice day now.«
Für das kleine, laut Prospekt »heimelige« Atom-Museum, in dem es sogar ein Exemplar der »Fat Man Bombe« vom 16. Juli 1945 zu besichtigen gäbe, fehlt euch die Lust. Beim Nachhausefahren erspähst du bei der Suche nach der Route-66-Uhr einen *Secondhandladen*, vor dem ein Parkplatz nur auf euch zu warten scheint. Hier findet ihr ein paar kleine Route 66 Andenken zu Spottpreisen. Und weil ein Stück Pink unter einem Stapel Bücher dein Interesse weckt, findest du einen Bilderrahmen, in den jemand ungeschickt eine alte rosa Glückwunschkarte eingelassen hat. Zwei Dollar, steht hinten auf dem Rahmen. »Old«. Diesmal handelst du nicht einmal. Abends im Motel löst du die Karte vorsichtig heraus. Es ist eine aufklappbare Glückwunschkarte mit erhabenem Muster auf der Vorderseite, aus dickem gewachsten Papier. Eine seidene, gelbe Kordel samt Quaste liegt wie ein Lesezeichen in der Mitte. Unter die metallgoldfarben vorgedruckten Glückwünsche hat jemand mit braunverfärbter Tinte und Feder in ganz kleiner, schöner Handschrift 1913 einen Brief darauf geschrieben. Welche Geschichten hier immer wieder auftauchen! Einmal hast du ein kleines Bildchen gekauft, auf dem eine Marktszene im Biedermeierdeutschland zu sehen ist, aus teilweise gefaltetem und gestanztem Papier, so dass einiges dreidimensional erscheint. Irgendwann müssen diese Bildchen nach einem gewissen Otto Pieck recht beliebt gewesen sein, du hast inzwischen selber zwei. Aber es rührte dich, dass jemand auf das Bild hinten geschrieben hatte: »From Grossmutters House.«

Santa Fe. Eine Stadt für Menschen, eine Stadt mit klarer Luft und ohne Wolkenkratzer. Santa Fe ist anders und ihr verliebt euch sofort. Der warme Farbton der vielen Adobehäuser, die vielen Gärten und Pflanzen, dieses Abgerundete, Untechnische schlägt euch in Bann. »Eineinhalb Meilen hoch sind wir hier«, verkündest du stolz.

»Ich dachte, du wärst einsneunundfünfzig?«
»Nein, so hoch liegt Santa Fe! Einfacher so, muss man nicht lang in Fuß rechnen!«
Hier gönnt ihr euch wieder einmal ein frühes Essen bei Red Lobster und fahrt dann gemächlich hinaus zur alten Santa Fe Train Station.
Das vergleichbar winzige Stationsgebäude mit dem Namen nicht nur dieser Stadt, sondern auch einer Bahnlinie, deren Waggons ihr quer durch Amerika immer wieder begegnet seid, macht dich ganz heimwehkrank. Auch wenn die Lokschuppen und Verladerampen zum Teil in Geschäfte umgewandelt wurden, hier stehen noch einige Waggons aus der Blütezeit dieser Bahn bis knapp nach dem zweiten Weltkrieg. Besonders auffällig ist ein *diningcar* aus Aluminium, der wie ein Geschoß wirkt, das jeden Moment abgefeuert werden könnte. Hinter den bullaugenkleinen Fenstern gegen die Hitze seht ihr, was von der Einrichtung geblieben ist. Daneben stehen etwa ein Dutzend andere Waggons, Schlafwagen, Doppeldecker ... und während ihr herumgeht, taucht die untergehende Sonne den ganzen Platz in ein so ungewöhnliches Kameralicht, dass Freunde zuhause behaupten, ihr hättet es manipuliert ...
Am Morgen findet ihr noch einen Parkplatz direkt vor der Kirche und besucht das Indian Cultural Museum. Ein mehrstöckiger Adobebau, ist es eines der Wahrzeichen dieser bunten Stadt. Leider dürft ihr hier drin nicht filmen. »Das macht nichts«, sagst du. »Die Kamera ist nicht an.« Trotzdem beobachtest du, dass es kaum Videoüberwachungskameras gibt und wagst ab und zu ein paar Sequenzen. Denn leider wirst du wahrscheinlich hier nie wieder herkommen, und in dem Buch, das du kaufst, sind bei weitem nicht alle Dinge aufgeführt, die dir interessant erscheinen.

Hier leben überdurchschnittlich viele bildende Künstler aus aller Welt, und nach einigem Herumirren findet ihr die *Old Canyon Road*, von der du gehört hast, die eigentlich eine riesige, bewohnte Galerie ist. Von Büschen und kleinen Gärten gesäumt liegt sie über dem Fluss und ist leider zu lang, als dass du sie zu Fuß abgehen könntest.

Das Sträßchen ist aber eine Einbahn, und da ihr keinen Ungeduldigen hinter euch habt, fahrt ihr es im Schritttempo ab.
Hier gibt es Kitsch und Kunst gleichwertig nebeneinander. Die Katzenfrau hat einen Vorgarten voller Bronzekatzen zwischen den Blumen, eine süßer als die andere, und die Preisliste hängt am Tor. Daneben gibt es wirklich ausgereifte Skulpturen und wenigstens die Videokamera entdeckt die meisten von ihnen. Einmal könnt ihr stehenbleiben und ein Kunstwerk unten im Flussbett bestaunen. Hier würdest du gerne ein paar Wochen verbringen, dich mit dem einen oder anderen Künstler langsam bekanntmachen können, in Ateliers sitzen und still zusehen, wie etwas entsteht ... So bleibt es nur bei einem viel zu flüchtigen Eindruck, keine Zeit, dich mit einem einzigen Stück wirklich auseinandersetzen zu können. »*You can't always get what you want*« ist kein Trost heute.
Dann stürzt ihr euch aber ins richtige Tourismusleben. Die Innenstadt kann man gut zu Fuß abgehen, Einheimische kämpfen in den engeren Gassen genauso gegen Touristen, wie du es von zuhause gewohnt bist, noch gibt es die später allgegenwärtigen *cellphones* nicht, und auf der großen Plaza vor dem Gouverneurspalast sitzen und liegen Einheimische und Fremde auf dem Rasen oder auf Bänken und eine Sängerin, die wirklich gut ist, singt zwischen ein paar Verkaufsbuden Janis-Joplin-Songs. Das passt auch zu den vielen Hippies aller Altersstufen, zu dem blondgefärbten schwarzen Transvestiten mit weißem Pudel, den fliegenden Händlern mit mexikanischem Essen.
Die Gesetzeshüter halten sich im Schatten und Hintergrund, sind aber unübersehbar. Trotzdem siehst du einen großen jungen Mann, der bei über dreißig Grad Hitze einen langen grauen Westernmantel anhat, mehrfach mit Jugendlichen verhandeln, während er auf der Wiese einmal da, einmal dort seine langen Beine ausstreckt. Der Mantel hat viele Innentaschen.
An der Stirnseite ist die Plaza von hübschen Restaurants mit Balkonen im ersten Stock gesäumt, doch deine Freundin hat einen Laden mit Häagen-Dazs-Eiscreme erspäht, das genügt ihr als Mittagessen.

Ihr schlendert durch den Park mit eurem Eis, bückt euch nicht ein einziges Mal zu den Indianerinnen und Mexikanerinnen in ihren leuchtenden Kleidern und den schwarzen Hüten, die im Schatten auf dem Pflaster vor dem Gouverneurspalast ihren Silberschmuck auf bunte Tücher gebreitet haben. Aber pittoresk anzusehen sind sie.
Ebenso wie viele der relativ kleinen Geschäfte, die ihre Auslagenfenster filmreif gestaltet haben. Inszenierungen mit drei Damenhüten oder Stiefeln aus dreierlei gefärbtem Straußenleder und Silberdrahteinlagen, alles ist bunt, und doch, für sich genommen könnte man jedes in einen schwarzen Rahmen fassen und ausstellen.
Kleine Gänge in Hinterhöfe mit noch mehr wunderbaren Holzschnitzereien, Indioteppichen, Balsaholzvögeln, Schmiedeeisenarbeiten, auf antik gearbeiteten mexikanischen Truhen und Kleinmöbeln, dazwischen Blumen und Kakteen – dies sind schließlich bewohnte Geschäftshäuser, am Abend kann der Besitzer sich hier draußen entspannen, wenn das Hoftor geschlossen ist.
Dass es hier allenthalben natürlich auch Chili gibt, ist klar. Ganze Chilikaufhäuschen stehen in Nebengassen und bieten jede Art dieser Schoten, jede Sorte. Getrocknet, getrocknet & geröstet, rote, grüne, violette, schwarze, in Körnern, nur Schoten, als Pulver, als Pulvermischung – und natürlich auch als Dekorgegenstand in jeder Größe, Farbe und aus verschiedenstem Material.

Um die Ecke entdeckst du einen kleinen Durchgang. Ihr geht an einem rosa Haus vorbei und findet euch in einem charmanten Innenhof mit einem kleinen, künstlerisch gestalteten modernen Brunnen. Die winzigen Geschäfte bieten in Ruhe, was sie haben, manche der Verkäufer sitzen vor den Türen und schwatzen, niemand fordert euch auf einzutreten oder etwas zu kaufen. Es ist ruhig hier und in einer Schattenecke sitzt eine Verkäuferin mit untergeschlagenen Beinen auf einer Steinbank und liest versunken in einem Klassiker.
Ihr setzt euch dankbar auf den Brunnenrand und ruht euch aus. Eine wunderbare Stadt. Hierher möchtet ihr sofort wieder kommen.

Auf einer herrlich einsamen, reklametafellosen Straße durch bewaldete Berge fahrt ihr nach Las Vegas, New Mexico.
Keine Ahnung, was euch dort erwartet, ihr mögt New Mexico einfach gerne, jetzt wisst ihr, warum man es *»Land of enchantment«* nennt. Und die Spielerstadt Las Vegas, Nevada, habt ihr beide noch nicht gesehen. Also, per Spaß dieser namensgleiche kleine Ort im Nirgendwo, von dem du später erfährst, dass die *US-mail* vor nicht allzulanger Zeit Tonnen von fehlgedruckten Briefmarken schreddern musste, die zwar frontal die Spielerstadt Las Vegas in Nevada zeigten, aber leider als Bundesstaat eben New Mexico aufgedruckt hatte.
Ob da ein patriotischer Einheimischer von hier seine Hände im Spiel hatte?
Nachdem ihr euer Motel gefunden habt, fahrt ihr in die hügelige Stadt, die sogar zwei große Plätze hat und einen schönen Park in einer Nebenstraße. Alle Häuser im Zentrum scheinen aus der Gründerzeit zu sein, wenn man unter ihre Fassaden schaut, und das ehemalige Kino ist ein sehenswertes Gebäude. Ihr fahrt die Bridgestreet entlang im Abendlicht und du filmst im langsamen Vorbeifahren die Geschäftigkeit der Kleinstadt knapp vor Sonnenuntergang. Unten im alten Bahnhofsviertel gibt es einen – leider schon geschlossenen – Antiquitätenladen, den ihr euch für morgens aufhebt. Auch das alte, riesige Hotel gegenüber scheint dir ein gutes Motiv, aber es wird schon zu dunkel.
Am Morgen fahrt ihr zur »Bahnhofstraße« zurück. Anscheinend zu früh für den Antiquitätenhändler. Aber das Hotel!

Ihr parkt das Auto auf dem sandigen Parkplatz vor einem Seitenflügel, in dem ein armseliges Bierlokal oder Jugendtreff eingerichtet ist. Ihr geht zur Vorderseite des Hotels, das wie ein E ohne den Mittelstrich gebaut ist, und mit den Enden der Seitenflügel direkt zu den Bahngeleisen schaut.
Was für ein wunderbarer Bau es heute noch ist, und wie elegant es einst gewesen sein muss, als sichtlich Wintertouristen hierherkamen, um das gute Klima zu genießen. Zwischen Geleisen und Hotel war einst ein gepflegter

Garten, die Reste des Brunnens in der Mitte des grasüberwachsenen Hofes sind noch vorhanden. Eine breite Veranda läuft um die Seitenflügel und den Eingangsbereich. Das Hotel ist dreistöckig. Die Zimmer müssen großzügig gewesen sein, die Fenster liegen weit auseinander und sind sehr hoch. Da und dort sind noch hölzerne, elegant geschwungene Läden in den oberen Stockwerken zu erkennen.

»Hotel Castaneda« steht noch lesbar über dem Hauptportal. Vorsichtig klettert ihr die brüchigen Treppen zur Veranda hoch. Im linken Flügel müssen die Serviceeinrichtungen gewesen sein, eine riesige Küche ist noch an schwarzweißen Fliesen und einigen Gas- und Wasserhähnen erkennbar. Anschließend gibt es den Speisesaal, der sicher gut hundert Leute gefasst hat. Schimmernder Parkettboden und ein Mahagonitresen im Barbereich. An einigen Fenstern, die fast bis zum Boden gehen, hängen noch Fetzen der Damastvorhänge. Der Raum hatte an seiner gegenüberliegenden Längsseite abwechselnd Spiegel und Fenster. Ein Ballsaal, vollgestopft mit Gerümpel aus der Jetztzeit, alte Kühlschränke, Elektrogeräte, Kisten und Kartons. Aber noch ist die Symmetrie der kleinen Erker erkennbar, in denen Fenstersitze waren oder zwei Stühlchen standen, auf denen man sich ausruhen konnte.
Der Haupteingang ist vernagelt, aber du kannst dir vorstellen, dass die Halle bis zum ersten Stock offen war und eine schöne Treppe oder sogar zwei hatte.
Zu einer Zeit, als es noch Gepäckträger gab, Menschen mit Schrankkoffern verreisten, muss dies ein paradiesischer Ort gewesen sein.
Ihr fahrt über die Geleise zu einem Lagerplatz, missachtet das »Einfahrt verboten«-Schild. Ihr wollt einmal die ganze Front dieses Hotels sehen.
Gigantisch.
»Lass es uns kaufen und restaurieren«, sagt deine Freundin. »Mit einer *location* wie Las Vegas, New Mexico, kann doch gar nichts schief gehen.«
»Wir mieten uns einen Indianerstamm oder erfinden einfach einen, der betreibts dann als Casino mit angeschlossenem Hotel.

Aber keinerlei Indianerkunst oder so. Eher alles auf gute alte Zeit. Goldluster, Ober im Frack, Geschirr und Besteck vom Feinsten, richtig putzige Liftboys mit Uniform, alle Computer diskret unter dem Tresen, Gästebuch mit handschriftlicher Eintragung, keinerlei digitale Uhren, Klos mit Kette zum Spülen, Zutritt nur für Erwachsene, Familien mit Kindern in einen Anbau, Mindestaufenthalt drei Tage ...«
»Aber in einer Zimmerecke gibt's dann schon alle Internetanschlüsse und so.«
»Ja, aber diskret. Vielleicht in einen Mahagonirolltop eingebaut. Und fürs Zimmerservice bauen wir wieder Speiseaufzüge ein, falls es die nicht gäbe ...«
Ihr spinnt an dem Szenario und habt viel Spaß dabei.
»Wir sollten fragen, was es kostet, wirklich«, sagt deine praktisch veranlagte Freundin.
»Zuviel«, antwortest du seufzend.
»Ich hab einen Bausparvertrag«, bietet sie an.
»Ich nicht«, sagst du, »lass uns fahren, ehe wir uns zu sehr hineinsteigern. Bis Tucumcari sollten wir noch kommen.«

Eine Stadt an der Route 66, die nichts Besonderes hat. Ein paar Tankstellen und *diners* haben nostalgische Reklametafeln dieser Traumstraße im Namen, aber sonst ist die Stadt heute eher eine Durchfahrstation von »*Americas Main Street*«, einer Straße von Chicago bis Los Angeles, die in den Vierzigerjahren erst geteert wurde, und auf der in den gloriosen Aufbaujahren nach dem Zweiten Weltkrieg die Amerikaner erstmals entdeckten, dass der Weg mehr sein konnte als das Ziel.
Dieser Straße ist alles zu verdanken, was Amerikanern ein Heimatgefühl gibt: bestimmte Tankstellenketten, *fastfood*, *diners*, die Motelketten, in denen Fahrer und Auto fast ungetrennt die Nacht verbringen konnten.
Wehmütig denkst du an die Motel 6, die so heißen, weil sie in der guten alten Zeit auch nur 6 Dollar kosteten ...
Und weil deine Freundin einen abenteuerlustigen Tag hat, will sie ein Stück auf der alten Route 66 fahren, die parallel zum Highway verläuft. Nach einer Meile hast du leise Zweifel, aber als brave Beifahrerin, führerscheinlos, sagst

du nichts. Die Straße ist nur sehr knapp zweispurig und der Belag plötzlich verschwunden. Ihr habt ein echtes altes Stück erwischt. Kurvig und ein wenig auf und ab durch ein paar Hügel, da und dort ein Farmhaus samt Silo, links von euch aber, tröstlich für dich, immer wieder Lastwagen auf dem *highway* zu sehen. Ihr fahrt scheppernd und langsam über Rindergatter und du hoffst, dass euch kein Einheimischer in einem Laster begegnet, ausweichen könntet ihr nicht.
Deine Freundin aber ists zufrieden. An einem ehemaligen Motel aus den Vierzigerjahren haltet ihr an. Das Vordach, unter dem noch die Benzinpumpe steht, ist seinem Namen gerecht nach vorne gefallen, das Rezeptionsgebäude von Gras überwuchert und die kleinen Bungalows mit ihren Schutzdächern für die Autos fast komplett abgerissen, abgebrannt und überwuchert.
Dabei war das eine Goldgrube hier, weißt du. Das Motel steht auf einem Hügel, der einem anderen Hügel gegenüberliegt, dazwischen ein sehr tiefer Taleinschnitt. Die alten Wagen fuhren mit Schwung nach unten, packten tapfer die Steigung und kamen schnaufend mit kochendem Wasserkühler hier an.
Sie mussten warten, bis das Kühlerwasser wieder abgekühlt war, brauchten vielleicht auch eine kleine Reparatur, die Kinder hatten Hunger und Durst, waren müde ... Hier gab es alles was man brauchte. Die Fama will es, dass der Besitzer sich gegen eine Aufschüttung des Taleinschnitts aus diesem Grund gewehrt hat und – im Gegenteil – bei jedem Frühlingsregensturz kräftig mitgeholfen habe, das Tal noch tiefer zu legen.

Langsam möchtet ihr wieder auf eine geteerte Straße, aber es gibt keine Abbiegemöglichkeit. Wenn man so langsam fährt, werden einem Entfernungen wieder ganz anders bewusst, natürlich. Hinter euch zieht ihr eine mindestens zwanzig Meter lange Staubfahne her und der Wagen schaukelt und rüttelt, fährt aber brav weiter.
Trotzdem, hier möchtest du keine Panne haben. Zum Highway wären es sicher zwei Kilometer quer durch Disteln, unbekannte Stechpflanzen, Kakteen – und wer weiß

welche Kriechtiere sich da auch verbergen könnten. Stiefel würde man da mindestens brauchen, denkst du. Und wenn, müsste deine Freundin alleine los, das scheint dir kein guter Gedanke.

Aber da taucht endlich das winzige ehemalige Postamt zu eurer Linken auf, ein kioskgroßer Betonbau, auf dem die Inschrift »Postamt Nr. ...« noch schwach lesbar ist. Nun seid ihr bald wieder in einem Dörfchen und könnt auf den Highway zurück.

»Ein tolles *feeling* muss das sein, hier mit dem Motorrad zu fahren oder einem Geländewagen«, schwärmt deine Fahrerin. »Unseres ist nicht wirklich geeignet dafür, wenn man die Strecke nicht kennt, wir sind ja richtig geschlichen!«

Gut, denkst du, dass sie das so sportlich gesehen hat.

Du hast die Freiheit des Motorradbeifahrens leider mit 20 Jahren aufgegeben. Sooft deine – damals ungeschützten – Knie den Boden in den Kurven zu streifen drohten, hast du dich dagegengelehnt. Nachdem du dadurch einmal einen Sturz verursacht hast, der glücklicherweise glimpflich verlief, hat dein Fahrer ein anderes Mal auf dem Weg zum Badesee mit Schwung ein Rindergatter genommen, das »eigentlich immer offen gewesen ist«. Nur leider diesmal nicht.

Ihr seid zwar glücklicherweise in einer Sumpfwiese gelandet und dir ist nichts passiert, aber dem forschen Fahrer fiel die Triumph auf den nackten Oberschenkel, von dem sich der heiße Tank nicht gleich lösen wollte. Du hast ihm Schlamm draufgehäuft und ihn den Nachmittag mit dem Bein im Bergsee verbringen lassen, schließlich wart ihr dreißig Kilometer von zuhause weg, und er musste euch zurückfahren können.

Das war dein letztes Motorraderlebnis.

Von Tucumcari geht's jetzt wieder nach Texas zurück. Ihr haltet kurz vor dem riesigen Denkmal mit der Nummer 66, das in der Sonne rötlich leuchtet. Deine Freundin parkt euch dahinter und steigt aus, um von vorne ein Foto dieses Symbols zu schießen. Du hast für die Fahrt schon bequemlichkeitshalber die Schuhe ausgezogen, bleibst also sitzen

und fotografierst zum Fenster hinaus. Wochen später Gelächter ob deines »verkehrten« Bildes.
Ob ihr unterwegs in einen anderen Bundesstaat eine Stunde Zeit gewonnen oder verloren habt, werdet ihr spätestens an der Motelrezeption an der Uhr erkennen. Es ist nicht wirklich wichtig, außer ihr braucht eventuell gerade diese Stunde, um noch vor vier Uhr in ein Museum zu kommen.
»*Is this the way to Amarillo*«, spielst du unterwegs lautstark und ihr singt mit und lacht.
Leider habt ihr diesmal mit der Zeitverschiebung Pech. Es ist eine Stunde zu spät, um noch Karten für das Musical »Texas« im Palo Duro-Canyon zu bekommen, das heißt, ihr müsst eine Nacht länger bleiben, als geplant, also sucht ihr ein möglichst billiges Motel.
Als ihr zum zweiten Mal an einem burgzinnenbewehrten »Camelot Inn« vorbeifahrt, der »alle Zimmer im Westflügel um 29,90« anbietet, dreht ihr um und fahrt hin.
Ja, das Sonderangebot gilt, und man dirigiert euch durch die Lobby und viele lange Gänge. Ihr habt soviel Gepäck mit als möglich.
Angekommen, stellt ihr fest, dass euer Zimmer natürlich eine Tür nach hinten raus zum Parkplatz und dem Pool hat, ihr hättet also, wie gewohnt, gleich mit dem Wagen herfahren können.
Während deine Freundin sich auf den langen Rückmarsch durchs Gebäude macht, das ja immerhin klimatisiert ist, holst du schon mal kalte Säfte heraus und richtest die Tasche für den späteren Poolbesuch her. Du musst etwas in der Nase haben, du schnüffelst, wahrscheinlich riecht die Klimaanlage unter dem Fenster etwas streng.
Du verstaust Handgepäck und Toilettartikel, öffnest deiner hochbepackten Freundin die Hintertür und ihr richtet euch für drei Nächte ein.
Sie zieht die Nase kraus. »Hier stinkts aber ziemlich, was ist das?« »Wahrscheinlich die Klimaanlage, das wird wieder vergehen, bis wir vom Pool zurück sind, ich hab sie mal auf voll geschaltet.«
Ihr latscht die Länge des Gebäudes zum eingezäunten Pool, der eine seltsame Farbe hat. Und ein Schild, auf

dem steht, dass er wegen »Auffrischung der Chemikalien« leider außer Betrieb ist. Ihr seid sauer. »Aber billig ist es doch«, sagt sie tröstend. »Wir können auch mal einen Tag ohne Pool auskommen.«
»Ungern«, murmelst du.
Ihr kommt ins Zimmer zurück. Der Geruch hat sich eher verstärkt. Als hätte sich eine Katze hier eingeschlichen. Und unter dem Bett entdeckst du dann auch einen noch feuchten Fleck, in den das Zimmermädchen sichtlich bereits Chemikalien eingerieben hat, aber ohne Erfolg, wie ihr riecht.
Ihr seid irgendwie müde. Sollt ihr jetzt alles wieder einpacken und ein neues Zimmer beziehen? Bis auf den Geruch ist dieses hier wirklich sonst o. k., schön groß und hell. »Morgen«, kommst du ihr zuvor. »Morgen ziehen wir um, heute bin ich zu fertig. Irgendwie sogar froh, dass es für das Musical zu spät ist, ich hätte nicht viel Spaß dran gehabt.«
Ihr lasst die Türe offen und schiebt einen der Stühle davor, damit sie nicht zuschlägt. Dann tust du das erste Mal das normal Amerikanische: Ihr bestellt euch telefonisch Pizza und als sie kommt, esst ihr sie auf den Betten sitzend aus den Schachteln.
»Das haben wir als Kinder immer gemacht«, sagt deine Freundin träumerisch. Du erinnerst dich an einen Haushalt, wo die Mutter sogar einen einfachen *Quilt* gemacht hatte, der zur »Pizzadecke« wurde, auf die die Kinder zum Pizzaessen auf den blauen Teppichboden im *familyroom* gesetzt wurden. Die Gewohnheit behielten sie auch als Erwachsene bei.
Die Pizza ist gut, aber du freust dich doch auf »richtiges« Essen beim nächsten Mal.
Nach einigem Hin und Her zieht ihr am nächsten Morgen aus dem Camelot Inn weg. Sooft ihr in den nächsten Tagen dran vorbeifahrt, müsst ihr trotz allem grinsen. Irgendjemand hat vielleicht gerade »euer« Zimmer belegt.

Hier in Amarillo, das nach dem spanischen Wort »gelb« wegen der Erdfarbe der Flussufer so benannt wurde, geht ihr trotz der Hitze in den Zoo. Es gibt nämlich neben ein paar exotischen Tieren vor allem solche aus den *High Plains* und auch eine Herde Bisons, die wollt ihr euch ansehen. Ihr habt Glück. Drei ältere Bisonherren suhlen sich ein paar Meter unter eueren Füßen und nach einiger Zeit kommen zwei Muttertiere mit ihren staksigen Babies zum Wasserbehälter.

Die kleinen Kerle wollen spielen, und stupsen die alten Bullen an, die aber nur ein blutunterlaufenes Auge öffnen, prusten, und sabbernd wieder in ihren Mittagsschlaf versinken. Erst etwas später bequemt sich einer der Bullen aufzustehen, und diese Masse an Tier ist schon beeindruckend. Wenn du dir vorstellst, dass tausende davon auf einmal durch die Prärien jagten, im Winter im tiefen Schnee standen und doch ihr Futter fanden, weil sie mit ihren Riesenschädeln den Schnee aufgraben konnten, und welch tolle Symbiose sie mit den Prärieindianern quasi eingingen, die alles an einem Bison verwerten konnten, vom Fleisch über Haut und Knochen ... und dann kamen die Weißen und zerstörten das alles. Sinnlos wurden tausende Bisons erschossen, aus keinem anderen Grund, als weil es möglich war und »Spaß« machte ... Und außerdem natürlich den Indianern die Lebensgrundlage entzog, und so den Westen zu »zivilisieren« half.

Ihr seid umgezogen in die *Big Texan Steak Ranch & Opry*. Da ihr sehr früh dran seid und euer Zimmer noch nicht fertig ist, habt ihr Zeit, euch diese Motelanlage näher anzusehen. Sie ist wie eine Westernstadt angelegt, zweistöckig, und die aneinandergebauten holzverkleideten »Häuser« in verschiedenen Farben haben die typischen Giebel, um noch mehr Höhe vorzutäuschen. Weiter hinten steht ein moderner Motelkomplex und das Wichtigste steht links von euch: der lebensgroße fette Bulle, der zu dem Steakhaus gehört wie Eis in Coca Cola. Dahinter der lange Bau des Restaurants und ein kleines Hurrikanmuseum.

Nach der Besichtigung ist euch heiß und du schickst deine Freundin an die Rezeption, um Handtücher für den Pool zu holen, bis euer Zimmer fertig ist. Sie kommt mit einem Armvoll zurück. Nur hast du nicht bedacht, dass ihr ohne Zimmer auch noch keine Umkleidemöglichkeit habt.

»Ach was, ich zieh mich im Auto um«, sagst du. »Schaut ja keiner her.«
Deine Freundin sieht sich skeptisch um, während du dich schon verrenkst. Sie ist schlauer als du und wartet, bis ein Zimmermädchen aus einem der Zimmer kommt, geht ins nächste mit, das gereinigt werden soll und zieht sich dezent dort im Bad um.
Der Swimmingpool, entdeckt ihr, hat die Umrisse des Staates Texas, und ihr macht euch einen Spaß daraus, eure Route zu bestimmen und abzuschwimmen.
Ein Zimmermädchen gestikuliert aus dem modernen Anbau, ja, ihr seid gemeint, ihr könnt nun einziehen.
Faul schickst du deine Freundin vor, das Zimmer ist im ersten Stock und über eine dieser Treppen zu erreichen, die du nicht so gerne hast, weil man nach unten durchsehen kann, und das macht dich schwindlig. So oft du dir auch sagst, es wäre dasselbe, wenn sie in Betonbauweise ausgeführt wäre, es hilft nichts. Außerdem, falls ihr das Zimmer nicht gefällt, könnt ihr es immer noch tauschen, ehe ihr den halben Autoinhalt nach oben schleppt.
»Ganz gut«, sagt sie auf deine Frage. »Viel Holz und Cowboyausstattung, aber recht schöne Farben und das Bad ist sehr groß, es gibt Mikrowelle und Kühlschrank.«

Seufzend schleppst du also deine paar Habseligkeiten, die du selber tragen kannst, nach oben, während sie wieder den Hauptteil zu tragen hat und mehrmals auf und ab muss. Dafür richtest du ihr inzwischen einen kalten roten Grapefruitsaft als kleinen Lohn für die große Mühe.
Ein paar Collegestudenten fahren unten neben euer Auto. Einer davon wiegt sicher 120 Kilo. Sie haben alle dasselbe Teamshirt an. Du denkst, dass sie hier hinten parken, um billiger zu einem Zimmer zu kommen. Sie werden ein Doppelzimmer mit Queenbetten nehmen, sich nur zu zweit im Auto an der Rezeption sehen lassen, und dann werden die anderen drei mit ins Zimmer gehen. Einer wird auf dem Teppichboden schlafen, Platz ist genug. So sparen sie ein wenig Geld für ein abendliches Bier, denkst du amüsiert.

Abends geht ihr natürlich hinüber ins Steakhouse. Im Vorraum droht ein ausgestopfter, aufgerichteter Bär, und wer Lust hat, kann an einem Stand gleich Luftgewehr schießen. Ihr aber seid hungrig und wollt in den Saal. Er hat die zweistöckige Größe einer heimischen Bierhalle und Geweihluster hängen von der Decke, von denen du hoffst, sie seien gut vertäut. An der Längswand läuft oben eine Galerie, auf der auch gedeckte Tische stehen und endlose Geweihe hängen. Euch genügts hier unten.
Man kann in die Küche sehen, wo die berühmten Steaks gebrutzelt werden. Davor gibt's eine kleine Empore, auf der du den 120 Kilo Collegestudenten von vorhin sitzen siehst. Er hat eine große weiße Serviette umgebunden, und seine Kollegen stehen etwas abseits in ihren Mannschaftshemden. »Sieh mal, der will wirklich das 72-Unzen-Steak zu essen versuchen«, machst du deine Freundin aufmerksam. Während ihr genüsslich eure vergleichsweisen Ministeaks mit Beilagen verzehrt, die wirklich ausgezeichnet schmecken, kämpft sich der Junge auf der Empore tapfer mit Messer und Gabel durch seinen Fleischberg. Er muss auch die riesige gebackene Kartoffel dazu vertilgen und ein Dessert. Wenn er es schafft, das alles in 60 Minuten zu essen, kostet es ihn keinen Groschen. Ihr beeilt euch nicht sonderlich mit eurem Essen, ihr wollt sehen, ob er es schafft. Der Saal ist nicht einmal halbvoll, und wenn die Klingel, die die Zeit ab und zu angibt, ertönt, applaudieren ihm nur wenige, um ihn anzufeuern.
Als die Zeit um ist, hat er erst etwa zwei Drittel geschafft und ist fast den Tränen nahe. Seine Kollegen, die vorher weder mit ihm reden, noch näher als einen Meter neben ihm stehen durften, trösten ihn und führen ihn an einen Tisch, wo sie das restliche Steak brüderlich teilen. Schließlich müssen sie es jetzt ja auch bezahlen.
Ihr nehmt draußen an der Bar noch einen Kaffee. Du bestellst dir einen Schnaps dazu, das gibt dir Zeit, die unglaubliche Liste der Steakesser durchzugehen, die unter einer Glasplatte auf dem Tresen liegt.
Männlich, weiblich, Wohnort, Gewicht der Person, Zeit, die man gebraucht hat, das Steak zu essen, eventuelle Bemerkungen des Teilnehmers.

Hier haben schon 12-jährige Kinder in 45 Minuten das alles verdrückt, über 80-Jährige, eine junge Französin mit 42 Kilo Lebendgewicht hat es geschafft, andere kommen jährlich, »um zu sehen, ob sies noch können«, und unter Bemerkungen steht dann »Schlechtes Jahr heuer, 48 Minuten war einfach zu langsam«. Andere behaupten, sie hätten nach 30 Minuten nochmals von vorne anfangen können oder gerne mehr Nachtisch gehabt.
Es scheint euch unfassbar, doch amerikanischer Sportsgeist macht eben vor nichts halt. »Aber sonst reden sie dauernd vom gesunden Leben und Cholesterin und Cholesterol«, bemerkt deine Freundin, während ihr in der Vitrine am Eingang nochmals das originalgroße 2-Kilo-Steak samt Zubehör – aus Plastik – bestaunt.
»Nie könnte ich das essen, nie! Und wenn du mir eine Pistole ansetzt!«, schwört sie. »Und wenn, dann könnte ich sicher jahrelang bis überhaupt nie wieder ein Steak sehen, geschweige denn essen.«
Du stimmst ihr zu.
Dann dreht ihr ein paar faule Runden im texasförmigen Pool. Als du mal raufgehst, um ins Bad zu gehen, erschrickst du. Dein Herz hämmert wie verrückt. In der Dämmerung siehst du ein Paar jeansbekleidete Beine in gelben Stiefeln. Irgendein Mann steht da an der dunklen Holzwand. In deiner Panik fällt dir nichts ein als das Licht aufzudrehen statt die Tür wieder aufzureißen und zu schreien.
Gut, dass du es nicht getan hast.
Die Jeansbeine mit Stiefeln sind die »Beine«, auf denen euer Nachttisch zwischen den Betten steht, das ist dir nur vorher noch nicht aufgefallen ...
»Du siehst doch sonst immer alles«, feixt deine Freundin, als du ihr deine Blamage erzählst, »und so was Auffälliges siehst du nicht?«

Später fahrt ihr runter ins Viertel San Jacinto, wo für die Fans ein Stück Route 66 installiert wurde. Immerhin war Amarillo die größte Stadt in Texas, durch die diese Straße führte. Auf dieser Meile gibt es fast nur Route-66-Shops, ein paar Fanclubs, aber auch allerhand *secondhandstores*. Ihr parkt auf einem leeren Platz schräg hinter einem

solchen und geht ein wenig stöbern. Du findest endlich einen erschwinglichen kleinen Keramikarmadillo für zwei Dollar und ansonsten macht es euch wie üblich Spaß, Geschichten zu den Gegenständen zu erfinden.
Als ihr wegfahren wollt, gibt es ein knirschendes Geräusch. Deine Freundin, in den Rückspiegel sehend, weiß nicht was los ist.
»Ich glaube, wir hängen in dem grünen Kombi da fest«, meinst du. »Welcher ... o Gott, den hab ich jetzt überhaupt nicht gesehen, der war doch vorhin noch nicht da!«, ist sie verzweifelt.
»Soll schon vorgekommen sein, dass Zweitautos auf unsere Parkplätze drängen«, bemerkst du lakonisch. »Dies ist ein freies Land, *remember*?«
Aber sie hat kein Lächeln für dich übrig. Ein Fahrfehler solchen Ausmaßes! Das ist ihr ja noch nie passiert, wie hat denn das sein können, was sollen wir denn jetzt tun!
Du merkst, sie ist wirklich völlig mit den Nerven fertig wegen der Kleinigkeit.
»Beruhige dich, schlag ganz vorsichtig rechts ein, so, noch ein bisschen, und jetzt versuch nach hinten wegzukommen so vorsichtig du kannst.«
Es gelingt beim zweiten Anlauf euch von dem Stationwagon zu lösen.
»Siehst du, nix passiert«, sagst du fröhlich.
Ihr steigt aber doch aus und untersucht den grünen Wagen nach eventuellen Kratzspuren. Nichts zu finden.
»Was soll ich denn jetzt tun? Ihm einen Zettel schreiben?«, fragt sie nervös. »Blödsinn, es war ja nichts, außer dass du dich aufgeregt hast, weil du es hasst, Fehler zu machen. Und wenn wir ihn beschädigt hätten, wären wir versichert gewesen, was soll also der Stress? Und jetzt parkst du dich da nochmals ein und wir gehen da rüber einen Kaffee trinken auf den Schreck. Keine Widerrede.«
Sie gehorcht wortlos.

Am frühen Nachmittag fahrt ihr dann hinaus zum Palo Duro-Canyon, wo das Musical »Texas« als Freilichtaufführung stattfindet. »Auch im Sommer können die Nächte im Canyon kalt werden, bitte eine Decke mitnehmen.«

So etwas kennt ihr von den Alpen zuhause, wo die Temperatur sehr rasch sinken kann, aber hier? Außerdem habt ihr keine Decken mit. Also verstaut ihr sicherheitshalber die Heimflugpullover im Wagen.
Ein Arm des Red River hat vor Urzeiten diesen zweitgrößten Canyon der USA in die Felsen gegraben. Ihr fahrt auf der Höhenstraße und bleibt ab und zu stehen, um die spektakulären Farben der verschiedenen Felsschichten zu bestaunen. Schroffe Wände und Klippen, oft fast 300 Meter hinunterstürzend, und ihr habt von hier eine Draufsicht über das Mäander dieses Canyons, die atemberaubend ist.
»Der Grand Canyon mag größer sein, aber sein kleiner Bruder hier gefällt mir auch wirklich gut, ich habe mir das nicht so gewaltig vorgestellt«, sagt deine Freundin beeindruckt.
Langsam schlängelt sich der Weg zum Canyonboden. Hier ist die Zivilisation, die ihr da oben für einige Zeit fast vergessen habt, wieder voll da. Ein riesiger Parkplatz, auf dem jede Menge Busse stehen, dazu Reihen um Reihen Privatwagen. Ihr werdet von einem kostümierten Menschen mit Headset-Mikro eingewiesen, und er erklärt euch gleich, dass Filmaufnahmen verboten seien, *sorry ladies*. Also verstaust du betrübt die Videokamera wieder im Wagen. Aber zumindest die Fotoapparate nehmt ihr heimlich mit.
Rund um das Amphitheater ist ein Park mit Steinen und Wüstenpflanzen, es gibt ein paar Souvenirshops und ein großes Gebäude mit noch mehr Souvenirs, aber vor allem Wasser und Softdrinks. Die Preise sind allerdings texasreif, was die Höhe betrifft. Doch es ist heiß und ihr habt Durst. »Du musst das eben wie einen Opernbesuch rechnen«, sagst du grinsend zu deiner maulenden Freundin. »Da hast du auch solche Preise, das gehört eben dazu.«
»Aber kein Würstelstand in der engeren Umgebung«, gibt sie zurück.
In der Parkanlage wimmelt es von Schauspielerinnen und Schauspielern in Kostümen: Indianer, Cowboys, Mexikanerinnen. Sie sind auch ein wenig als Animateure unterwegs, hast du den Eindruck. Trotz der Nachmittagshitze gibt's *live* Westernmusik und eine Gruppe älterer Damen und Herren aus einem der Busse tanzt fröhlich mit. Du

hast Angst, ihr Blutdruck könnte dem nicht gewachsen sein. Ein paar Mütter mit kleinen Kindern tanzen auch. Dann beginnt jemand zu singen, weil Tanzen zu anstrengend ist, und auch hier wird wieder fröhlich mitgetan. Die Container quellen über vor Plastikwasserflaschen und dein Fächer leistet dir gute Dienste.
Die Füße tun dir allerdings weh von dem Herumstehen und Herumgehen. Bei den Verkaufsständen gibt es keine Stühle und dummerweise hast du einen weißen Rock an, mit dem sich schlecht auf der Erde sitzen lässt. Beide schleppt ihr eure Pullover mit, die entsetzlich heiß um eure Hüften hängen.
»Hoffentlich fängts bald an«, sagst du flehend. »Um halb neun«, sagt deine Freundin. Noch eine gute Stunde!
Aber anscheinend haben sie dann Mitleid mit euch Fußkranken und lassen euch schon um acht Uhr in das Amphitheater.
Eure Plätze sind etwa in der Mitte der Reihen und auch da etwa in der Mitte, ihr werdet wunderbar sehen und hören können. Links und rechts der Bühne stehen Holzbauten, die genausogut echt sein könnten, wie Dekoration. Der Blick auf die mit Kleingehölz bewachsene Canyonwand hinter der Bühne mit ihren verschiedenen Felsformationen und Farben scheint fast unwirklich. Ein großer grauer abgestorbener Baum reckt seine Äste in die Mitte des Hintergrunds. »Das wär ein Foto«, zischst du hinüber. Gehorsam gibt sie dir die Kamera.
Ihr betrachtet die Leute um euch her. Natürlich fehlen auch Japaner nicht, aber die meisten Anwesenden scheinen doch Amerikaner zu sein.
Du sitzt auf deinem Pullover und rutschst hin und her. Es ist schon fast neun Uhr.
Eine als Cowgirl verkleidete Frau kommt auf die Bühne und begrüßt euch, ihr werdet aufgefordert ihre Fragen zu beantworten, zu sagen, dass ihr Texas liebt, wobei sie das Land meint, und ähnliches mehr. Es ist noch nicht dunkel genug, sagt sie, deshalb wird jetzt irgendein Fred kommen und für uns singen, o. k.?
Dann kommt eine Sängerin, die auch tanzt, und nachdem Fred euch wieder darauf aufmerksam gemacht hat, dass

Fotografieren ab nun verboten sei, kanns losgehen. Aber zuerst muss wieder mal ein Preis verteilt werden, und zwar an die Leute, die heute den weitesten Anmarschweg hatten. Von Alaska bis Hawaii werden Staaten aufgerufen, recken sich meist Hände. Dann wird nach Ausländern gefragt, und deine Freundin stupst dich. »Nein, danke.« Du hast keine Lust, zwanzig Reihen bergab zu steigen, dort auf die Bühne zu klettern und irgend ein Plastikding in Empfang zu nehmen. »Wenn, dann gehst du!« »Alleine nicht!« »O. k., dann nicht.«
Also lasst ihr Japaner gewinnen. Sie erhalten eine echte Triangel, mit der sie ab jetzt zuhause wie eine Farmersfrau oder der Eisenbahnkoch früher die Leute zum Essen rufen können. Applaus. Verbeugung. Fähnchenschwenken.

Paul Green hat versucht, die gesamte Geschichte des Staates Texas anhand verschiedener Menschen und Szenen so darzustellen, dass auch jede Ethnie irgendwie vorkommt. Trotzdem kommen die *natives* natürlich nicht besonders vor, sie werden erst szenisch als mit Fackeln jagende Reiter oben auf der Canyonwand eingeführt, von wo sie dann spektakulär herunterrasen, und nach allerlei kriegerischen Handlungen reicht irgendein alter *Chief* im Tode seine Hand den Weißen aus Texas.
Den Mexikanern beziehungsweise Spaniern wird etwas mehr Zeit eingeräumt – sie haben ja auch die bunteren Kostüme, denkst du zynisch, und sie werden hauptsächlich in Tanznummern vorgestellt. Es gibt eine Liebesgeschichte zwischen Cowboy und -girl, die über Eisenbahnbau und Rancherdasein zu einem Happy End für die beiden und die Erbauung einer Stadt, deren Name aus dem jeweils halben Vornamen der Frau und des Mannes besteht, führt.
Dazwischen treten Westernhelden und auch Richter Roy Bean auf, es ist ein wunderbares Spektakel, auch wenn mancher Text fast unhörbar ist, weil wieder mal ein Mikro nicht funktioniert und selbst die Stimme Pavarottis dieses weite offene Amphitheater nicht unverstärkt füllen könnte.
Der versöhnliche Schluss endet mit einer Bühne voller bunter Gestalten, texanischer Fahnen und einem

spektakulären Feuerwerk, in dem auch der tote Baum, den du fotografiert hast, eine Rolle spielt.

Nein, das Musical Texas gibt es nicht auf Video. Du musst schon herkommen und es dir ansehen, *deary*, sagt die Souvenirverkäuferin. Es ist inzwischen fast Mitternacht und immer noch heiß. Bei den Ausgängen stehen Akteure und wollen die Besucher noch in gemütliche Gespräche verwickeln, das scheint ihre Aufgabe zu sein. Doch die Menschen winken ab. Sie sind müde. Einer der in seiner Verkleidung deutlich schwitzenden Schauspieler ist echt genervt. »Ansehen ja, aber mit uns über die Botschaft reden, das wollt ihr nicht, was!« Ihr geht mit eingezogenen Köpfen an ihm vorbei und fühlt euch stellvertetend schuldig.
Gut organisiert setzt sich der Konvoi reibungslos vom Parkplatz aus in Bewegung. Nur bei den Bussen gibt's die eine oder andere Verzögerung, weil Betty oder Missy fehlen. Ihr kommt relativ schnell weg und fahrt unter dem Sternenhimmel nachhause, zu müde, um viel zu reden. Vielleicht kommt ihr ja wieder einmal her. Ab 2003 soll das Musical jedes Jahr verändert werden, so dass die verschiedenen Ethnien besser zu Geltung kommen, heißt es im Prospekt.

Als du ein gelbes Schild siehst, stupst du deine Fahrerin an: »Waffle House?«
»Jederzeit«, antwortet sie und blinkt.
Auf einer früheren US-Reise habt ihr einmal drei Tage hintereinander in einem Waffle House in drei verschiedenen Städten spät mittag gegessen. Du warst schon ganz beschämt, deiner Freundin nichts Besseres zu bieten, aber ihr mögt die Speisen einerseits und das meist nicht sehr große Raumangebot andererseits, in dem immer noch die größere Raumhälfte den Rauchern vorbehalten ist.
Waffle House hat vierundzwanzig Stunden geöffnet, ist wunderbar für Frühstück, Mittagessen, Abendessen und Zwischenmahlzeiten.
Es bietet weit mehr als Waffeln an. Spezialität sind jede erdenkliche Art der Eierzubereitung, aber du kannst auch vegetarisch da essen oder ein Steak. Du setzt dich an

deinen Tisch, nimmst die bebilderte Speisekarte – dies ist ein Lokal für Ärmere, das heißt auch leider oft Analphabeten – die Kellnerin nimmt deine Bestellung auf und ruft sie dann in die »Küche«, die offen hinter dem Tresen zu sehen ist und aus ein paar Kochplatten besteht.
Die Bestellungen werden in Kürzeln angegeben und die zwei oder drei Leute, die kochen, führen sie in Windeseile aus. Das gleiche Gericht kann in verschiedenen Staaten andere Kürzel haben, und in Kentucky oder Alabama hättest du sie nie wiedererkannt.

Es sind gemütliche, familiäre Lokale. Gerade in kleineren Gemeinden werden sie zu einer Art Treffpunkt. Der örtliche Junggeselle wird nach seinem Wochenende gefragt, Babys werden bewundert – von Gästen und Personal, Fremde werden nach Woher und Wohin gefragt und oft gibt's eine mütterliche Kellnerin, die euch »mageren« Mädchen ungefragt die größere Portion bringt, ohne sie in Rechnung zu stellen. Dein Lieblingsessen sind ein großes Glas kalter Milch, eine bestimmte Art Rühreier mit Käse, dazu *sausage pads*, eine Art gewürzte, gebratene faschierte Wursträdchen, Rosinentoast und *grits*. Auf die *grits* gibst du dir *applebutter* und Ahornsirup. *Grits* ist eine Art weißes Maisgrießkoch, das du dir mit zerlassener Butter, Weintraubenmarmelade, Sirup oder Zucker süß oder - mit anderen Beilagen - sauer zubereiten kannst. Im Süden ist es sehr beliebt, wie Nudelgerichte in Italien. Im Norden schüttelt man darüber höflich den Kopf und sich ...
Ihr hinterlasst das Trinkgeld auf dem Tisch und seid gespannt auf die Rechnung. Fast immer hat sie einen Fehler, der kann zu euren Lasten oder Gunsten gehen, je nachdem. Die Mehrwertsteuer, die von Staat zu Staat verschieden ist, bleibt ja in Texas immer gleich, aber sie ist eine Fehlerquelle für viele der Angestellten bei diesem schlechtbezahlten Job. Und Rechnen liegt ihnen wirklich nicht, auch wenn sie die Stirne runzeln und die Zunge im Mundwinkel quasi mitdenkt.
Sie sind immer ganz aufgelöst, wenn ihr ihnen den Irrtum zeigt, und fast dankbar. Viele sind dem Job wahrscheinlich »erlegen«, weil der Aufnahmeruf lautet: »Wenn du gerne

bei uns isst, wirst du genau so gerne bei uns arbeiten.« Nach Schulbildung wird da nicht gefragt.

Am Morgen fahrt ihr ins *American Quarter Horse Heritage Center* und *-Museum*. Diese ur-amerikanischen Pferde waren schon fast ausgestorben und dieser einzigartigen Rasse ist hier ein ganzes Museum gewidmet, wo du alles über sie erfährst. Wie menschliche Stars auch, haben sich viele dieser berühmten Pferde eine eigene *Hall of Fame* erarbeitet, wo ihre Fotos, ihre Geschichte, ihre Abstammung und ihre Siege penibel dokumentiert sind.

Dann hinaus aufs Land zur Cadillac Ranch. Es sind etwa zwölf Meilen und du denkst, es muss genügend Schilder geben, die auf dieses Kunstwerk hinweisen. Dann seid ihr aber doch schon dran vorbei. Ihr macht einen U-Turn und parkt den Wagen auf dem Grasbankett neben der Straße. Ein Weidezaun läuft parallel zur Straße, in den ein kleines Gittertor eingelassen ist. Ein Feldweg führt durch die abgetretene und staubige Wiese, durch die der Untergrund schimmert. Und da stehen sie vor euch, die zehn Cadillacs. Inmitten eines immensen Futterfeldes, das von seinen Besitzern am Horizont gerade mit einer Riesenmaschine bearbeitet wird, das Farmhaus so klein wie ein Legohäuschen. In dieser Weite gegen den metallblauen Mittagshimmel stehen die Cadillacs in einer Reihe.
Ihre Nasen bohren sich in den hartgetretenen Boden und sollen denselben Winkel haben wie die Cheopspyramiden. Ihr könnts nicht nachmessen, glaubt es aber. *»Bumper Crop«* heißt die Installation hier, also »Stoßstangenernte«, und soll das amerikanische »Goldene Zeitalter« von 1949 bis 1963 darstellen. Beeindruckend.
Anderswo nagt der Zahn der Zeit an solchen Dingen, hier sind es die Sprayer. Jedes der Fahrzeuge ist über und über in allen Regenbogenfarben besprüht. Alle waren sie hier, schreiben *boys* und *girls* aus aller Welt, Peacezeichen und Fuckparolen halten sich die Waage, elaborierte Malereien und krude Symbole ... ein Stück Alltagskunst.
Ein paar Bierdosen liegen zerquetscht im Schatten unter den Autos, aber auch das scheint dir kein Sakrileg.

Während du mit der Kamera herumgehst, kommt ein offener Geländewagen mit sechs Studenten an. Einer springt von der Ladefläche und trägt ein Fahrrad mit sich, mit dem er unerschrocken die paar Meter zu den Caddys zurücklegt, es zu Boden wirft, und »Sieger« schreit. Dann klettert er in Windeseile auf den zweiten Cadillac von vorne. Die anderen fünf folgen etwas gemächlicher, drehen eine Runde um die Autos, sagen »hi« zu euch. Und dann klettern auch sie nach oben, wo sie großen Spaß daran finden, sich in Verrenkungen aller Art zu ergehen, weil sie denken, du filmst sie.

Nach kurzer Zeit ist es ihnen da oben zu heiß und sie nehmen ihre Getränkedosen brav mit zurück ins Auto, und der Radfahrer winkt euch nochmals zu.

Jetzt habt ihr genug Foto- und Filmmaterial. Du zoomst dir den Landarbeiter auf seiner Maschine her, entlässt ihn langsam wieder und schwenkst einen Halbkreis über die riesige Fläche Gras und dann zum vorbeisausenden Verkehr, Meter daneben. *Whoosh.*

Ihr aber habt euch, sagt ihr, ein paar Stunden am Pool verdient, und du blätterst in der Zeitung. »In Wyoming haben sie gerade 3.000 Flussforellen und andere Fische im Littlefield Creek killt«, sagst du deiner Freundin.

»Was?« »Nicht was, wie! Vergiftet. Und weißt du warum? Um Platz zu machen für die – Zitat: »bei Fischern beliebteren Colorado River Cutthroat Forellen«.

»Sonst noch was?«

»Wie wärs damit: In Louisiana haben sie ein Mädchen am ersten Tag nicht in die *Senior High* gelassen, weil sie so einen provokanten Haarstil hatte, dass die Schulvorsteherin sie heimgeschickt hat.«

»Wow, die muss ziemlich punkig ausgesehen haben.«

»Falsch geraten, das Mädel hatte lange Zöpfe, und laut Meinung der Lehrerin wäre das einer Störung des Unterrichts gleichgekommen. Und schau, da gibt's was über komische Warnhinweise auf allen möglichen Produkten! Horch dir das an, weißt du, was wichtig ist bei einem zusammenklappbaren Kinderwagen?«

»Keine Ahnung.«

»Der Hinweis des Herstellers: Vor Zusammenklappen Kind herausnehmen, natürlich!«
»Ja, ja«, sagt sie gähnend, »und hoffentlich weiß Gouverneur George Bush jr., was er tut, wenn er jetzt endlich unterschreibt, dass Texas heuer offiziell die Indianerkriege beendet.«

Am frühen Abend geht ihr nochmals in die Steakhalle und du fragst, ob du von der Galerie oben filmen darfst. »Aber klar«, sagt der Barkeeper, »mach nur, wir sind stolz auf das, was wir haben, nicht?«
Du kletterst also am Bären vorbei hinauf und während da unten ein paar wenige *early birds* schon essen, probt eine Tanzgruppe von etwa vierzig Damen in rotweißen Kleidern in der Mitte des Saales unter Anleitung eines älteren Mannes auf einem Tisch eine Art Wild-West-Formationstanz nach Kommandos.
Die Damen dürften aus einem Altersheim stammen. An einigen sehen die Kostüme ganz witzig aus, und sie haben noch gute Figuren. Andere haben statt der Stiefel bequemere weiße Laufschuhe an, was den optischen Eindruck etwas trübt, wenn sie die Beine schwingen sollen. Viel blaugetöntes Haar ist zu sehen, viel Platinblond. Naturhaarfarben scheinen verpönt zu sein. Der Lippenstift bei den mageren, ganz alten Damen ist schon fast grotesk über den Mundrand hinaus aufgetragen, aber tapfer lächeln sie alle ununterbrochen. Das gehört einfach dazu.

Deine Freundin hat sich inzwischen draußen das kleine Hurricane Museum angesehen.
Einmal im Frühjahr, am Tag eueres Abfluges von Fort Worth, war sie noch schnell *downtown* einkaufen, während du gewohnheitsmäßig Nachrichten hörtest, während du letzte Dinge verstaust. Ein schriller Alarmton lässt dich erschrecken und du siehst auf deinen Wecker, aber der ist es natürlich nicht. Der Alarm kommt vom örtlichen Sender und eine Zeile wird eingeblendet, dass für euer County und auch für eure Stadt die *Tornadowatch* nun fix ist, ihr sollt euch zuhause in einen tiefergelegenen Raum begeben oder ins Badezimmer, Taschenlampen, Trinkwasser

und was ihr sonst noch braucht und aus Erfahrung wisst, mitnehmen und Ruhe bewahren. Auf der eingeblendeten Karte rast die dunkle Pixelwolke von Nord nach Süd direkt über eure Stadt und den angrenzenden Flughafen, von dem aus ihr in drei Stunden starten sollt.
Schon gestern waren in *downtown* Fort Worth ziemliche Windschäden, habt ihr von der Besitzerin eines Restaurants erfahren, deren Mann noch ein zweites ebendort betreibt. »Aber nur ein bisschen Gebäudeschaden, *business as usual*. Hier muss man eben ab und zu damit rechnen.«
Was sollst du nun tun? Euer Gepäck ist fast fertiggepackt, der Wind fegt übers Motel, das sicher keinerlei Schutzraum hat, und deine Freundin ist wer weiß wo.
Sollt ihr den Flug sausen lassen? Wenn das Sturmzentrum über dem Flughafen ist, wäre er ja ohnehin gesperrt. Und tun kannst du gar nichts. Nur abwarten.
Nervös zappst du alle Kanäle durch, überall in der Region sind in die laufenden Programme die Sturmbilder und Warnzeilen eingebaut.
Der Weg von hier zum Flughafen ist zwar kurz, aber total flach, jeder größere Windstoß, das weißt du, würde euch vom Highway fegen.
Nach einer halben Stunde wird Entwarnung gegeben. Der Tornado hat sich, so schnell er gekommen ist, wieder aufgelöst, treibt mit starken Winden und Regen nach Norden ab. Deine Erleichterung ist enorm. Trotzdem bist du nicht sicher, ob der Flughafen offen sein wird. Und euer Flieger ist ein »Umkehrer« aus Frankfurt, wer weiß, ob er überhaupt landen konnte! Womöglich sitzt ihr Stunden am Flughafen fest …
»Puh, war das ein Sturm«, sagt deine Freundin später. »Die Ampeln hats nur so auf- und abgeschaukelt, dachte schon, jetzt und jetzt drehen die sich ganz rum. Und der Seitenwind! Hätte fast das Auto verweht, gut, dass es bei der *mall* einen Parkplatz neben dem Eingang gegeben hat, da wars ein wenig geschützt. Ich war mir nicht sicher, obs noch da ist, wenn ich rauskomme.« Aber sie lacht. Es ist vorbei und sie weiß nicht, was es wirklich war. Sollst dus ihr sagen? Ganz traust du der Lage immer noch nicht, also erzählst dus ihr.

Aber draußen ist der Himmel wieder fast blau und der Wind nur mehr stoßweise spürbar.
Ihr fahrt den gewohnten Weg und habt keine Probleme. Der Flughafen ist offen und später merkt ihr nur an dem nicht hundertprozentig durchgeputzten Flieger, dass er beim Hereinkommen Verspätung hatte. »Ziemlich holprig, die letzte Stunde«, gibt die Stewardess zu. »Und zurück jetzt fürcht ich auch.« Leider behält sie recht.

Unterwegs nach Lubbock fahrt ihr durch einen kleinen Ort namens Plainview. Im Vorbeifahren siehst du auf einem Haus den Namen »James Dean«. Du weißt, dass der Schauspieler aus Texas kam. Sollte dies sein Geburtsort gewesen sein? In keiner deiner Unterlagen ist etwas darüber erwähnt.
Lubbock ist wieder mal ein *dry county*, und ihr macht euch nach dem Abendessen auf die Suche nach dem Alkoholladen, der meist nur meterweit entfernt genau nach der jeweiligen Verbotslinie liegt. So löblich der Versuch an sich ist, Alkoholgenuss zu reduzieren, so skurrile Blüten treiben diese Verbote oft.
In Florida wart ihr einmal in einer verträumten Kleinstadt, die nur von *Bed & Breakfast* und außergewöhnlich vielen Antiquitätengeschäften lebte. Zu Mittag sucht ihr euch ein nettes Restaurant mit Spitzenvorhängen und vielen Pflanzen, guter moderner Kunst an den Wänden, nett gedeckten Tischen und bequemen Stühlen. Die aufmerksame Bedienung bringt euch das Menü und weist auf ihre große Kuchenauswahl hin.
Als sie eure Bestellung aufnimmt, möchtest du ein Glas Weißwein dazu.
»Das ist schwierig, *honey*«, sagt sie. »Wir sind hier weniger als hundert Meter von der Kirche entfernt.«
Du siehst sie verständnislos an.
»Ist das Gesetz hier, im Hundertmeterumkreis einer Kirche darfst du keinen Alkohol ausschenken.«
»Wirklich? Das hab ich ja noch nie gehört. Gut, dann nehm ich eben ein Glas Milch.«
»Hättest du nicht doch lieber Wein?«
»Ja, aber wenns doch nicht geht …«

»Geht schon. Guck mal, ich schick die Bedienung da drüben raus in den Garten, da haben wir unsere Bar, die ist weiter weg als hundert Meter von der Kirche, von da kann sie dir deinen Wein bringen, o. k.?« *America!*
Auf der Kuchenkarte steht dann noch der kleine Hinweis, dass man dir an Sonntagen, die ganz alkoholfrei zu sein haben, erlaubt, deinen eigenen Alkvorrat zum Essen mitzubringen, wenn du magst. Das Management.

Gewitzterweise nehmt ihr diesmal zur Weinsuche das Moteltelefonbuch wieder mit. Hugo, Oklahoma, war euch eine Lehre.
Ihr sucht und findet Doc's angepriesenen Laden, der viel größer ist, als ihr gedacht habt, und weil er eine so gute Auswahl hat, sucht ihr gleich noch zwei weitere Flaschen aus. Nachdem ihr bezahlt habt, trägt der freundliche Kassier euch die Papiertüten sogar bis zum Auto, während hinter euch alle Lichter ausgehen, selbst das Reklameschild. Schnell lässt deine Freundin den Motor an, damit ihr etwas sehen könnt.
»*Sorry, ladies,* aber um neun Uhr abends müssen in ganz Texas die Alkoholläden schließen, und ihr seht ja, ist schon Viertel nach. Will meine Lizenz nicht verlieren, das versteht ihr doch. Weiß schon, in Europa ist das alles anders …«
»Ja, bei uns zuhause schließen fast alle Läden schon um sechs, sieben Uhr am Abend, und es gibt noch keine 24-Stunden-Supermärkte«, erwiderst du tröstend. »So hat jedes Land seine Eigenarten, nicht? Schön, dass ihr da wart, und fahrt vorsichtig!«

Im Mackenzie Park besucht ihr am nächsten Tag die Erdhörnchen in ihrer »*Pairie Dog Town*«. Die putzigen Tierchen sind wirklich lustig zu beobachten. Das allererste hattet ihr beim Visitorcenter des »Casa Grande« gesehen und fotografiert, wie es wenige Meter von euch Menschen und Autos entfernt schnüffelnd da saß und Männchen machte.
Hier gibt es eine große Population hinter niedrigen Steinmauern und man könnte einen Stummfilm über sie

drehen, mit all ihren possierlichen Haltungen. Sie tauchen aus ihren Erdgängen auf, schnuppern, ob die Luft rein ist, aus Gewohnheit oder sonstigen Gründen, und dann scheinen sie sich mit den anderen draußen zu unterhalten, zeigen ihre Zähnchen, hoppeln dahin und dort, setzen sich wieder auf, es ist ein wirklich bezauberndes Schauspiel, nicht nur für Kinder. Diese Kolonie ist eine der wenigen, die es in den Staaten noch gibt.
Früher waren sie zu Abermillionen in den Prärien zuhause und kosteten so manches Pferd und oft den Reiter das Leben, wenn der Grund über einem ihrer unsichtbaren Gänge plötzlich einbrach. Farmern waren sie verhasst wie Kaninchen in Australien und es wurde alles getan, sie auszurotten.
Warum sie sich hier nicht unter den Mauern durchgraben und in die Freiheit entkommen, ist dir nicht ganz klar. Auch die Ringmauern sind niedrig genug, dass da und dort eines der Tiere obenauf sitzt. Vielleicht versuchen sies ja ab und zu und scheitern dann am Asphalt der Großstadt, wer weiß …
Der Park ist schön groß und es gibt wunderbare Pflanzen und Bäume, sogar einen eigenen Rosengarten.
Weil ihr gestern Abend wieder einmal nicht alles im Restaurant aufessen konntet, habt ihr in eurem *cooler* die tollen Steak- und Kartoffelreste, den Salat und Kuchen mitgebracht, und mit eurem Auto direkt auf dem Rasen neben einem schattigen Picknickplatz trinkt ihr genüsslich Saft und esst ein opulentes kaltes *lunch*.
Einmal habt ihr durch so eine Aktion sehr zur Unterhaltung eines kleinen Dorfes beigetragen. Ihr wart stehengeblieben, weil es mitten in der Wildnis am Straßenrand ein Militärflugzeug aus dem Zweiten Weltkrieg und einen Panzer zu sehen gab, und beim Näherkommen stellte sich das langgestreckte Holzgebäude daneben als *antiquemall* heraus. Nach eurer Stöberaktion wart ihr wirklich hungrig, und da sonst weit und breit kein Schatten zu finden war, habt ihr euch mit den Styroporbehältern und dem *cooler* unter das Geschäftsvordach gesetzt und mit euren Plastikbestecken hantiert. Ihr seid kaum zum Essen gekommen, so oft blieben einheimische Autos stehen, um

euch zu beäugen, und einige der Dorfbewohner stiegen aus, um mit euch ein Schwätzchen zu halten, nach Woher und Wohin zu fragen und euch Tipps für noch mehr Antiquitätengeschäfte zu verraten.

Downtown sucht ihr einige Zeit die Statue des Rock'n Rollers Buddy Holly, Lubbocks wohl berühmtestem Sohn. Durch ein paar baustellenbedingte Einbahnen stimmt dein »rechts abbiegen« zwar, geht aber nicht. Aber endlich findet ihr die lebensgroße Bronzestaue des bebrillten Sängers und Gitarristen in seiner typischen Haltung auf einem kleinen Podest, das von Blumen und den bronzenen Namenstafeln für viele weitere berühmte, aus Lubbock oder zumindest West-Texas stammende Musiker umgeben ist. The Gatlin Bros., Virgil Johns von den »Velvets«, The Hometown Boys ... ein paar kennst du noch.

Unterwegs nach Midland wird die flache Landschaft nur ab und zu durch nickende Ölbohrer belebt. Ein Schild erregt deine Aufmerksamkeit: »Llano Estacado Winery«.
Hier, mitten in der Ödnis, soll es Wein geben?
Einen, der Karl May-Erinnerungen in dir wachruft noch dazu, ein Autor, der so viel über Amerika, wie er es sich vorstellte, geschrieben hat, und den es doch in Englisch immer noch kaum gibt. Aber du hast kurz einen älteren Amerikaner in Österreich kennengelernt, der dabei ist, Winnetou I ins Englische zu übersetzen. Das alles geht dir durch den Kopf und ihr biegt ab und folgt den Weinverkostungsverlockungen der Llano Estacado Winery.
Durch Maisfelder kommt ihr zum Parkplatz. Das Gebäude ist einem einstöckigen Fachwerkhaus nachempfunden und hat einen kleinen Patio mit Plastikweinlaub und -trauben überdacht. Nur ein Auto steht da, das wird wohl der Besitzer sein.
Innen ist es kühl und der *»Tasting Room«* von etwa 20 qm hat zwar ein paar Flaschen Llano-Estacado-Wein in den Regalen, scheint aber sein Geschäft eher mit Geschenkkörben zu machen, die in allen Größen herumstehen, und zwar auch Weinflaschen enthalten, aber noch mehr Öl,

Essig und Senf oder Kekse, die alle mit dem Wunderwein angereichert sind. Dasselbe gilt für Perlzwiebeln, Oliven und Ketchup.
Natürlich sind die Ladies herzlich willkommen, seinen berühmten texanischen Wein zu verkosten, aber bitte.
Schwungvoll greift sich der mittelalterliche Herr mit dem dezenten Logo auf der Hemdtasche zwei – noch warme – Gläser aus der Spülmaschine und schenkt euch ungefragt aus einer offenen Flasche ein Schnapsglas voll ein.
Ihr kostet beide vorsichtig.
»Der ist sehr beliebt, den verkauf ich vor allem an die Leute in *upstate* New York«, verrät er euch strahlend. Du hoffst, dass er durch den Transport kälter und herber wird, bezweifelst das aber.
»Haben Sie einen leichteren Weißen?«, fragt deine Freundin mit kokettem Augenaufschlag. »Der ist mir zu stark.«
Schon wird auf den noch im Glas befindlichen Rest ein Schuss aus einer anderen offenen Flasche gegossen.
»Der wird schmecken, den haben die Ladies hier bei uns besonders gern«, preist er ihn an.
Zwar ist der Glasinhalt nun etwas kühler, der Geschmack dafür noch süßer geworden. Leider gibt es keine Möglichkeit, das Getestete irgendwo diskret auszuspucken.
»Hätten Sie wohl einen Cracker für mich oder ein Keks?«
Deine Frage scheint ihn zu erstaunen. Nein, leider, so etwas hat er nicht, die Kekse sind abgepackt, nur zum Verkauf, nicht einzeln, *sorry*.
Aber einen hübschen Rosé hätte er da noch, wird wirklich gerne gekauft, passt zu jedem Essen, er schwörts.
»Nein, danke, ich muss ja noch fahren, das wird sonst zu gefährlich«, sagt sie. Du hingegen willst jetzt endlich wirklich seinen trockensten Weißwein probieren, so trocken, dass man Wasser dazu trinken muss, sagst du, wie zu deinem italienischen Ferienwirt.
Der Texaner versteht dich natürlich nicht. »Unsere Leute mögen süße Weine«, sagt er halb bockig, halb entschuldigend. »Trocken, das schmeckt ihnen nicht.«
Ihm wahrscheinlich auch nicht, aber er entkorkt eine Flasche und gibt dir einen Schluck daraus. Leicht ja, aber trotzdem zu süß. Du dankst und gibst auf. Glücklicherweise

kommt ein wirklich nettes Pensionistenehepaar herein, das nicht soviel Ansprüche stellt und ganz entzückt ist von allem, was er sagt und tut. Er blüht auf.
Weit und breit habt ihr keinen Weingarten gesehen, nur Maisfelder und Ölfelder. »Wahrscheinlich holt er sich die Weine irgendwo aus Billigländern und klebt hier nur sein Etikett drauf«, sagst du nachdenklich. »Zutrauen würd ichs ihm!«
Deine Freundin besichtigt die verpackten Körbe und Schachteln. Sie besteht darauf, eine Flasche Wein und eingelegte Chilis mit nachhause zu nehmen. Du behauptest, das wäre a) überteuert und b) zu schwer und außerdem c) bruchgefährdet.
»Kanns ja in den Rucksack stecken«, mault sie.
»So wie damals?«
Sie errötet.

Wegen der Hygiene hattet ihr auf einer anderen Reise, wo man dem Wasser nicht trauen konnte, im *Dutyfree* eine Flasche günstigen hochprozentigen Brandy gekauft, um euch nach dem Zähneputzen, falls es kein Mineralwasser mehr gegeben hätte, zumindest die gängigsten Bakterien aus dem Rachen zu gurgeln.
Am Zielflughafen angekommen, musste das Gepäck über löchrige Kies-und Plattenwege auf einem windschiefen Karren zum Mietautoparkplatz geschoben werden. Dabei kippte er um und die Glasflasche im Rucksack geruhte zu zerbrechen.
Bei fünfunddreißig Grad im Schatten, den es leider nicht gab, und unter den Blicken hunderter Reisender und Einheimischer musste sie mit dem tropfenden, klebrigen Ding hantieren, das natürlich die warme Flugkleidung und andere *last-minute*-Sachen vom frühen Morgen zuhause längst durchtränkt hatte, und der Geruch ließ den Herrn von der Autovermietungsfirma diskret die Brauen hochziehen. Im Kofferraum hielt er sich noch ein paar Tage.
»Geh raus und rauch eine Zigarette, ich seh mich noch kurz um«, sagt sie jetzt aber bestimmt.
»Bring mir eine Flasche von dem billigsten mit«, sagst du noch. »Ich will nur das Etikett haben!«

Du fragst sie später nicht, was sie sonst noch in ihrem Rucksack hat.
Du willst nur das Etikett ablösen und den ungeöffneten Wein für den nächsten Menschen in diesem Motelkühlschrank hinterlassen, vergisst aber dann.
Zu Weihnachten, ein halbes Jahr später, wird eine solche Flasche aber nebst anderen Geschenken bei dir zuhause ankommen. »Ätsch.«

Midland und Odessa sind inzwischen so zusammengewachsen, dass es eigentlich eine riesig ausgedehnte Stadt ist. Gerade noch an der Grenze gibt es ein neuübernommenes Travelodge, das preislich sehr günstig ist. Nur die Zufahrt über den *Business Loop* gestaltet sich schwierig. Brav folgt ihr dem Lageplan, seht auch die Lodge immer wieder zu eurer Rechten, könnt aber die Zufahrt nicht und nicht finden.
Deine Freundin wird stiller und ihre Hände umkrampfen das Lenkrad wie einen Feind. Wahrscheinlich denkt sie, das sollte dein Hals sein, weil du als Beifahrerin es nicht schaffst, sie richtig einzuweisen, zum Kuckuck.
Es hat sich dann aber gelohnt und die Aussicht, nicht morgen gleich wieder anderswo wohnen zu müssen, beruhigt. Deine Freundin will wissen, wieso der Ort ausgerechnet Odessa heißt. »Weil ihn die Eisenbahnarbeiter aus Russland 1881 so genannt haben, die weite flache Prärie hat sie an zuhause erinnert«, erinnerst du dich noch. »Und es war eigentlich von Anfang an eine für texanische Verhältnisse recht zahme *cowtown*, weil nämlich die Methodisten bis 1898 Alkohol absolut verboten und sich damit durchsetzen konnten. Witzigerweise wurde der erste Saloon dann vom Sheriff eröffnet.«
Der neue Pächter renoviert den rechten Seitenflügel der Travelodge, aber das wird euch nicht stören, es geht ganz leise. Und hier habt ihr den Schlüssel für den Pool, er ist gerade frisch installiert worden, ihr könnt ihn bis zehn Uhr abends benützen oder länger, wenn ihr wollt und leise seid. Ihr sollt euch wohl fühlen bei ihm, ruft ihn an, Tag oder Nacht, er ist für euch da. Und ihr glaubt ihm sogar.

Am nächsten Morgen fahrt ihr in den Monahan State Park hinein und parkt vor dem Visitorgebäude auf einem kleinen Hügel, der über und über mit Wüstengewächsen bepflanzt ist, die selbst jetzt im Sommer noch prächtig aussehen. Im Frühling ist es sicher noch beeindruckender. Im Inneren könnt ihr euch über diese weiße Dünenlandschaft, von der ihr noch nichts gesehen habt, auf Schautafeln informieren.

Dass diese weiße Wüste eigentlich die Decke für einen der größten Wälder von Texas bildet, verrätst du deiner Freundin erst jetzt. »Zwergeichenwald. Die werden nicht größer als etwa einen Meter und wurzeln doch bis zu dreißig Meter tief, toll, was? Über 40.000 Morgen ist der unsichtbare Wald groß.«

Dass die Dünen sich weiterhin bewegen, also Wanderdünen sind, erfährst du allerdings erst hier. Euer Auto ist das einzige und ihr fahrt die gewundene Straße hinein in diese ungewöhnliche Wüste.

Zuerst seht ihr links und rechts noch grünen Bewuchs, über den sich langsam, wie Schnee, der in der Wintersonne geschmolzen ist, weißgrauer, dann gelblicher Sand legt. Und plötzlich seid ihr mitten in den Dünen dieser Wüste, die euch jede Orientierung rauben könnten. Wäre da nicht die asphaltierte, oft halbverwehte Straße, könntet ihr euch in der Sahara glauben. Ihr fahrt langsam weiter, die Farben sind unglaublich, der tiefe texanische Himmel hat heute besonders viele bizarre Wolken, die er über die Dünenränder zu ziehen scheint, so dass ununterbrochen Wolkenschatten und Dünenschatten eine zusätzliche Bewegung vortäuschen. Ihr haltet an und bis auf ein leises Geräusch, wo der leichte Wind immer wieder Sand bewegt, ist es komplett still. Natürlich wollt ihr trotz der Hitze aussteigen und du schnappst dir deinen türkisen Samtknautschhut. »Damit du mich findest«, sagst du. Dein dünner *jumpsuit* hat genau die Farbe des Sandes.

Deine Freundin erklettert sofort eine der Dünen und steht ziemlich lange da oben, findest du. Die Aussicht muss toll sein, und du beneidest sie ein wenig. Auch du ziehst deine »Texasschuhe«, ein paar knallgelbe Kindersandalen mit dicker Sohle aus, in denen du nun schon wochenlang die meiste Zeit Besichtigungen absolvierst, weil sie einigermaßen bequem sind, soweit Schuhe das für dich je sein können, und gelb ist immerhin auch eine Texasfarbe: Amarillo, *The yellow Rose of Texas* …

Du watest ein paar Schritte in den heißen Sand hinein, der aber seltsamerweise ebenso wie der Gips in White Sands unter der Oberfläche erträglich warm ist. Du hast dich schon wie eine humpelnde Heuschrecke herumspringen sehen wegen des heißen Sands.

Deine Freundin besteht darauf, du musst mit auf eine der Dünen. Sie wird dich hinaufzerren, keine Angst. Und hier sieht dich ja niemand, du kannst auf allen Vieren kriechen, wenns sein muss, die Aussicht ist es wert.

Also stapfst du tapfer mit ihrer Hilfe noch ein Stück und noch ein Stück immer diagonal zur Steigung empor.

Da und dort sind ein paar Spuren im Sand, wachsen ein paar Halme aus seltsam geformten Hügeln, die bei näherem Hinsehen und Sandabschütteln die Baumkronen der einen oder anderen Eiche sind.

Der Himmel scheint zum Greifen nah und ihr seid ganz allein mit dem Flüstern des Sandes.

»So, und jetzt wird gesurft!«

Sie setzt sich auf den Hosenboden und gleitet und rutscht den Hang hinunter. Es sieht witzig aus, und als sie auf halber Höhe steckenbleibt in einer Kuhle und dir bedeutet, auch zu kommen, bleibt dir gar nichts anderes übrig als ihr zu folgen. Damit der Sand nicht in deinen *jumpsuit* kommt und du dich den Rest der Zeit voller Sand im Auto kratzen musst wie ein Äffchen, setzt du dich auf deinen Hut.

Als du unten angekommen bist und die lange Rutschspur siehst, deine diagonalen Schritte vom Anstieg, bist du richtig guter Laune und ihr macht ein paar Fotos.

Als ihr wieder zurückfahrt, um den Teil des Parks zu erkunden, wo man mit Holzstegen und Rampen auch eine Möglichkeit für gehbehinderte Besucher geschaffen hat, einen Eindruck der Wüste zu bekommen, fängt es plötzlich an zu regnen. Ihr parkt neben dem Eingang und seht erst mal nichts außer Regen und Blitzen, denen unheimlich laute Donner folgen, die sich direkt über euch zu entladen scheinen. Das Auto vibriert.

»Sollen wir nicht lieber fahren?«
»Ach, das geht gleich vorbei, wirst sehen, das sind nur die paar Wolken von vorhin.« Dennoch wirkt die Schwärze da draußen auch auf dich nicht gerade anheimelnd. Blitz und Krach folgen sich in Sekundenabständen.
»Immer regnets, wenn wir aus der Wüste fahren«, sagt ihr beide gleichzeitig und müsst lachen.
Ihr esst ein paar Cracker, trinkt Wasser und nach wenigen Minuten ist das Gewitter wirklich vorbei.
Die Luft riecht stark nach Ozon und die Holzplattformen und Stege glänzen feucht. Ein paar andere Autos kommen herauf und eine Familie fährt einen etwa achtjährigen Jungen in einem Spezialkinderwagen auf die Holzwege. Ihr folgt ihnen langsam. Unter den Holzkonstruktionen, die teils wie Brücken gestaltet sind, sind kleine Hinweisschilder auf Pflanzen, die man hier gesetzt hat, damit auch Ältere und Behinderte etwas von der Wüstenatmosphäre erfahren können. Um diese Jahreszeit blüht kaum etwas.
Ihr geht hinauf bis zur Aussichtsplattform und habt mit dem immer noch im Osten wolkengeballten Himmel ein paar schöne Motive aus Wüste, Tal und fernen Bergen.
»Danke«, sagst du beim Einsteigen zu deiner Freundin, und sie weiß, was gemeint ist.

Seit den Zwanzigerjahren wird in dieser Region Öl gefördert, und in diesem »Permian Basin« hat auch schon vor 20.000 Jahren der »Midland Man« gehaust, auf der Scharbauer Ranch südlich der Stadt wurden seine Überreste gefunden, erzählst du deiner Fahrerin unterwegs. Im Museum könntet ihr eine Replik davon besichtigen. Außerdem fielen etwa zur selben Zeit Meteorschauer auf diese Gegend nieder und der zweitgrößte Krater der USA ist nur acht Meilen von hier. Allerdings haben im Laufe der vielen Jahre die Wüstenwinde diesen Riesenkrater so versandet und versintert, dass er erst 1920 wieder als solcher erkannt und entdeckt wurde.

Aber ihr seid unterwegs zum Odessa College. Im *bookstore* herrscht reger Schulanfangbetrieb, ihr kauft ein paar Bücher, und deine junge Freundin bekommt wieder mal

einen Nylonsack voller Studentinnengeschenke. Dann fahrt ihr über das weite Gelände und sucht das Shakespeare Theater.
»*Globe of The Southwest*« ist eine genaue Replik des englischen Originals, und daneben gibt es sogar Ann Hathaway's Cottage, in dem sich Möbel aus der Epoche und die Shakespearebibliothek befinden.
Vom Parkplatz ist über eine Mauer hin nicht viel außer dem Dach zu sehen. Der Eingang sieht geschlossen aus. Doch deine Freundin treibt eine Dame auf, die ehrenamtlich hier arbeitet und bereit ist, euch alles zu zeigen.
Für eine Prüfung hatte ein Student ein Modell dieses Theaters gebaut. Es wurde ausgestellt, und eine Lehrerin, die es sah, war so begeistert, dass sie fand, in diesem relativ »kulturlosen« neureichen Landstrich müsse etwas getan werden – und warum sollte nicht dieses Theater wirklich hier gebaut und bespielt werden?
Sie fing an mit ihrer Idee hausieren zu gehen, schreckte nicht davor zurück, Firmenchefs mehrmals jährlich anzubetteln, »brauste wie ein Sturm«, sagt eure Führerin, durch die Chefetagen und Golfplätze, war bei jeder sich bietenden Gelegenheit präsent und zermürbte private und öffentliche Stellen so lange, bis sie das Geld zusammenhatte und das Theater wirklich gebaut werden konnte.
»Wir haben die Holzstreben in England machen lassen müssen«, sagt sie, »niemand hier konnte so etwas machen, seht nur, wie sie verziert sind und wie alt und gut sie aussehen.« Im Vorraum zerstört ein zu buntes Glasbild die Authentizität etwas, aber »ein bisschen Farbe wollten wir schon haben«. Der Zuschauerraum ist natürlich gedeckt, »bei unserem Wetter könnten wir kein echtes altes, offenes Theater haben, nicht«.
Und auch der Romeo- und Juliabalkon links hat ihnen Probleme gemacht. »Nicht jeder Romeo ist so durchtrainiert, und oft ist jemand gefallen und hat sich verletzt, das kostet einfach zuviel für die Versicherung und so. Jetzt haben wir hinten eine andere, sichere Lösung gebaut.«
Auf der Bühne sitzt ein junger Mann und studiert eine Rolle. Er wird von ihr gebeten, uns ein Stück vorzulesen, damit wir die ausgezeichnete Akustik hören können. »Von

jedem Platz«, wie sie stolz hinzufügt. Trotzdem benützt er ein Knopfmikrofon, was sie aber nicht zu bemerken scheint.
Sie ist wirklich sehr, sehr stolz auf das Theater, sie hat denselben *drive*, denkst du, wie die Frau, die den Plan ursprünglich nur durch Eigeninitiative verwirklicht hat. Ein Traum, ein Theater. Du bewunderst die Unbekannte sehr. Und ihr bedankt euch sehr herzlich bei eurer Führerin und hinterlasst für die Erhaltung des Shakespeare Theaters eine kleine Spende.
Nein, leider könnt ihr abends nicht herkommen, schade, das Stück hättet ihr gerne gesehen, aber danke. Es wäre die Gelegenheit gewesen, endlich »Die Mausefalle« von Agatha Christie zu sehen.

Zum Essen fahrt ihr in die *Music City Mall*. Eine übliche Einkaufsplaza, aber als Attraktion gibt's von mexikanischen Musikgruppen bis Ballonverkäufern und Clowns, Pantomimen, Sängern alle möglichen Liveunterhalter in den Gängen und Plätzen. Das macht vor allem den Kindern viel Spaß, und mancher Interpret wird flugs privat zu einem Geburtstagsfest eingeladen, falls die Eltern sich das leisten können. Das Witzigste aber ist die große Eislaufhalle inmitten des Komplexes. Die Längsfront besteht aus Glas, so dass du bei Außentemperaturen von 32 Grad Celsius hier gut klimatisiert auf Bänken vor der – noch etwas kälteren – Halle sitzen und zusehen kannst, aber gleichzeitig ist dies hier der *food court,* und was immer du hier essen willst, von welchem Stand auch immer, kostet nur 99 Cent. Ob das nur heute zufällig so ist, oder immer? Chinesisch, mexikanisch, *tejano*, *Tex-mex*, Burger, Salate, es gibt für jeden Geschmack etwas.
In der Halle fasziniert dich ein dreijähriges Mädchen, das sichtlich bereits von einer Profitrainerin betreut wird. Das Mädchen nimmt alle Instruktionen sehr ernst, und die Betreuerin lächelt zwar und sagt Ermunterndes, aber das Kind lächelt nie, außer die Trainerin sagt es ihm, und dann führt es auch diese Anweisung aus.
Ein etwa zwölfjähriges, sehr schlankes Mädchen fährt wie ein Showstar durch die Halle. Es hat ein Nichts von

grünem Kostüm an und übt immer wieder die gleichen Figuren, weicht geschickt anderen Eisläufern aus und kommt den Banden oft so nahe, dass du denkst, sie muss sie jetzt berühren. Sie hat Kopfhörer auf und fährt zu ihrer eigenen Musik, während die anderen, so gut sie können, der im Lautsprecher folgen und viel Spaß haben, einfach so. Hinfallen, aufstehen, weitermachen, lachen.
Du weißt nicht, ob es dir gelingen wird, durch das Glas anständige Sequenzen zu drehen, aber du versuchst es zumindest, und das Videoergebnis wird verblüffend gut.

Das Museum der Präsidenten der USA scheint euch auch lohnenswert. Von George Washington bis zur Jetztzeit reichen die Bilder und Wahlkampfposter, die Parolen und Zeitungsausschnitte. Dazu jede Menge verschiedenster Wahlgeschenke, vor allem aus dem 19. Jahrhundert.
Auch Frauen der Präsidenten spielen eine gewisse Rolle: In zwanzigjähriger mühsamer Forschung und Kleinarbeit ist es gelungen, eine Sammlung von Figuren anzulegen, die die genaue Haartracht und das entsprechende Kleidungsstück tragen, das sie bei der Angelobung ihres Mannes trugen.
»Sonst haben sie nichts zur Politik beigetragen?«, fragt deine Freundin etwas skeptisch.
»Weiß nicht, wie das alles dargestellt ist, wir müssen es uns eben morgen ansehen.«
Nun sucht ihr noch »der Welt größten Hasen«.
Er soll bei dem Parkplatz der Schulverwaltung stehen und immerhin fast zweieinhalb Meter hoch sein.
Da steht er auch, an einer Schnellstraßenecke, und sieht den vorbeibrausenden Autos zu. Du bleibst im kühlen Auto sitzen, bis deine Freundin die Tafelinschriften, die ziemlich lang sind, gelesen hat. Ihre Schultern schütteln sich, sie lacht also da vorne.
Widerwillig gehst du in die Hitze hinaus, lässt aber die Klimaanlage schlechten Gewissens laufen, es kann hier nur Minuten dauern.
Der Hase, der »*Jackrabbit*«, stellt sich heraus, war Sinnbild einer weiblichen Sportart hierherum. Da Frauen lange nicht zum Rodeo zugelassen waren, gab es bis vor

wenigen Jahren hier »Hasenrodeos«, und die waren Frauen vorbehalten. Wie alle Sportarten, nahmen die Texaner auch diese sehr ernst, es gab jede Menge Wettkämpfe und berühmte – zumindest hier – Hasenrodeosiegerinnen.
»O. k.«, sagst du, »Sautrogrennen in den Alpen würde man wiederum hier sehr komisch finden.« Während der Heimfahrt erfindet ihr weitere sinnlose Sportarten.

Das Permian Basin Petroleum Museum in Midland begrüßt euch gleich mit ein paar bedrohlich wirkenden Ölbohrern, die wie moderne Skulpturen aussehen. Über dem Eingang wehen die US- und die texanische *Lone-Star*-Flagge.
Hier gibt es wirklich anschaulichen Unterricht über die letzten 230 Millionen Jahre. Alles, was es über Öl, seine Entstehung und Förderung zu wissen gibt, kannst du dir hier zu eigen machen. Wunderbare alte Fotos historischer »*boomtowns*«, Ölarbeitercrews und ihr Leben, Modelle und Gemälde jeder erdenklichen Art von Ölförderung, ein Dioramaraum, in dem du das Gefühl bekommst, zehn Meter unter der Oberfläche real durch ein jahrmillionenaltes Meer zu gehen, in dem etwa 200.000 prähistorische Meereskreaturen hausen, und eine erschreckend gut simulierte Explosion bei einer nicht mehr kontrollierbaren Bohrung. Auch wenn es unmöglich ist, in zwei Stunden wirklich alles zu sehen, seid ihr doch sehr beeindruckt.

Durch flaches Land und immer weitere Ölfelder, dazu Rinderfarmen, wo die Tiere schon am Morgen unter dem einzigen Baum weit und breit Schatten suchen, geht's nach San Angelo.
Ein wichtiger Armeestützpunkt aus dem Jahre 1867 wurde das damalige Fort Concho vor allem dazu erbaut, den Transport- und Postkutschenverkehr und die Siedlertrecks zu schützen. Außerdem sollte neues Land vermessen werden, und »natürlich« gab es auch die obligaten Kämpfe gegen die Indianer. Ausnahmsweise waren hier sowohl weiße als auch schwarze Soldaten stationiert.
1889, als die Grenze wieder einmal weiter nach Westen verschoben wurde, zog das Militär ab. Trotzdem ist Fort Concho die besterhaltene Anlage in ganz Texas.

Vielleicht deshalb, weil die Gebäude mit dem harten Holz der Pecannussbäume angelegt wurden, was brave deutsche Handwerker aus Fredricksburg erledigten, erzählst du lächelnd.

Und in den Anfangszeiten der Stadt gab es den berühmten »*Fighting Parson*«, einen Pfarrer, der Spielhallen als Kirchen benutzte und *Faro*spieltische als Kanzel. Nur einmal wagte ein Spieler dagegen aufzubegehren, sagst du, und der Pistolenpfarrer schlug ihm zur Strafe den Lauf der Waffe über den Kopf. Dann predigte er weiter gegen die Sündhaftigkeit der Anwesenden.

Nun kannst du dir auch die vielen Ziegenherden erklären, die ihr unterwegs immer wieder gesehen habt. San Angelo ist Texas' größter Woll- und Mohairmarkt, und die Wolle erzielt auf dem Weltmarkt gute Preise. Und wenn deine Freundin noch nie der Welt wirklich größte Wasserlilie, die »*Victoria Regia*« gesehen hätte, San Angelo hat einen Park mit einer Sammlung von Wasserlilien aus aller Welt, nicht nur Texas, und da eben auch die Victoria, mit ihren Blättern, die bis zu zwei Meter im Durchmesser haben können.

»Mal sehen«, sagt sie konzentriert, »unser Motel müsste gleich kommen.«

Nachmittags fahrt ihr in die Stadt, überquert den Concho River und seht euch das *Railroad depot* an, an dem gerade weiter restauriert wird. Das Orient-Santa-Fe-Depot zeigt ein paar alte Eisenbahnwaggons und im Inneren gibt es ein kleines Museum mit einem Diorama der Stadt, wie sie 1928 ausgesehen hat.

Dann wieder zurück, der einzig sichtbare Wolkenkratzer ist das »Cactus Hotel«, Conrad Hiltons viertes Hotel, aus dem Jahre 1929. Leider ist es vom Verfall bedroht, es gibt ein paar Büros und eine Art Jugendzentrum drin, aber seine eigentliche Bestimmung wird es wohl nie wieder erlangen. Dabei ist die Eingangshalle noch fast ganz im alten Glanz erhalten: die hohe Holz- und Glasrezeption, die Messingpostfächer, der Messingbriefkasten an der anderen Wand, die Originalwandverkleidungen und die herrliche Treppe in den ersten Stock. Auch die Glasluster wären leicht wieder instand zu setzen. Der Lift hat zwar ein Warnschild,

dass er oft steckenbleibt, aber da ihr dauernd Männer mit Aktenköfferchen oder Handwerker ein- und aussteigen seht, wagt ihrs. Der Zeiger über der Tür zeigt jedes zweite Stockwerk an, der Lift schaukelt ein bisschen und du hoffst einfach, dass er ab und zu gewartet wird. Er hat einen kleinen Ecksitz und die Stockwerkknöpfe sind aus Messing. In der Tür ist noch das original geschliffene Glasfenster.
Endlich seid ihr im letzten Stock, seht aus dem Gangfenster. Die Kleinstadt sieht menschenleer aus, kaum Autos auf den Straßen. Gegenüber liegt der Park am Fluss mit seinen dichten Laubbäumen.
Rechts ist der Raum, in dem früher Bälle stattgefunden haben, er nimmt die gesamte Länge des letzten Stocks ein. Die Mahagonibar ist noch intakt. Auf einer Empore gegenüber, wo früher wahrscheinlich das Orchester spielte, sitzen ein paar Jugendliche mit Instrumentenkoffern und trinken Cola. Du gehst vorbei und siehst auch hier hinunter, versuchst dir die Stadt nochmals so vorzustellen, wie du sie im Railroadmuseum gesehen hast.
Beim Hinunterfahren bleibt ihr auf Höhe des Speisesaals stehen. Hier gäbe es sogar ein paar gedeckte Tische, auch wenn sie nur eine kleine Ecke des Raumes füllen. »Ja, eine Hochzeit«, sagt eine gestresst wirkende Frau im Kostüm. »Manchmal haben wir hier ein Essen. Catering und so. Sind Sie interessiert?« Da ihr das leider nicht seid, entschwindet sie dankbar.
Ihr fahrt zum Concho River und geht ein Stückchen durch die Parkanlage. An einem Picknickplatz sitzen drei Mexikaner und grüßen euch freundlich im Vorbeigehen. Ihr seht die kleine Steinbrücke vor euch, die *»Celebration Bridge«*. Sie ist ein Teil des *Paseo de Santa Angela,* der von Fort Concho herkommt und den Fußweg markiert, den die Soldaten nahmen, wenn sie in ihrer Freizeit die Stadt besuchten. Die Strecke ist ein *»heritage trail«* und deshalb haben Bürgerinnen und Bürger diese kleine Fußgängerbrücke unter der Autobrücke bauen lassen.
Eine wahre Bausteinaktion. Jede Steinplatte trägt Namen eingemeißelt. Örtliche Geschäftsleute, Bürgerinitiativen, Schulen, Freunde von San Angelo, Hochzeitspaare, die sich das gewünscht haben, Memorials für bereits Verstorbene,

denen man so ein Andenken bewahrt, ... es gibt viele Namen und Gründe für die kleine weiße Steinbrücke, die noch kein Geländer hat, aber ab und zu schon höhere Steine an der Seite, die natürlich teurer waren.

In Florida hast du einmal eine ähnliche Aktion erlebt. Ein historischer Pflanzengarten sollte mit einer passenden Ziegelmauer umgeben werden. Auch dort waren viele der Ziegel mit Namen und Daten der Spender versehen. Fotografiert hast du dann einen, auf dem stand: »*Just another brick in the wall.*«

Der Fluss ist nicht sehr breit und sieht träge aus. Als hätte es in den Bergen geregnet, ist er von dunklem Braungrün. Als du die Hand eintauchst, ist er mehr als körperwarm.

Wie in Kopenhagen gibt es auch hier als Attraktion eine Meerjungfrau.

Sie ist ebenfalls aus Bronze und sitzt seitlich auf einem weißen Betonblock, streckt die rechte Hand mit einer Muschel vor, während ihre andere den Schwanz hält.

Die Muschel, *concho*, ist es ja, die den Ort berühmt gemacht hat. In den Flüssen und Seen hier herum gibt es Süßwassermuscheln von ungewöhnlicher Farbe. Sie reicht vom zartesten Rosa bis zum schweren, dunklen Violett.

Während ihr die Jungfrau betrachtet, kommen drei Kinder herüber. Zuerst ein kleines, etwa vierjähriges Mädchen auf einem Stützdreirad. Ihre Shorts sind so pink wie ihre Zopfspangen und das Dreirad. Der eine Junge ist etwa acht und schon ziemlich fett, er trägt ein Schmuddelshirt und über die Hüften hängende schlaffe Bermudas, der andere, magere, ein offenes, weißes Hemd und kurze, schwarze Hosen. Alle drei sind mexikanischer Abstammung.

Die beiden Buben albern herum und plötzlich springt der eine direkt neben den Stufen, die zum Ufer führen, angezogen wie er ist, ins dunkle Wasser. Es platscht gewaltig und er kommt nicht wieder hoch. Endlich taucht seine luftgefüllte Hose auf und dann der Rest des Kindes. Er wirft die schwarzen Haare zurück und lacht prustend, spuckt Wasser in hohem künstlerisch gestalteten Bogen.

Nun verstehst du. Er hat die Kameras gesehen und wollte euch eine Vorstellung geben. Trotzdem klopft dein Herz noch immer schreckhaft.

Er wiederholt das Schauspiel ein paar Mal, der andere Junge spielt mit. Erst als das kleine Mädchen ebenfalls Anstalten macht hineinzuspringen, ruft einer der Männer unter den Bäumen es zurück. Vielleicht, denkst du, schwimmt es ja auch schon wie ein Fisch, aber hilflos danebenstehen hättest du auch nicht mögen.

Abends gönnt ihr euch wieder mal *Red Lobster*. Deine Freundin bestellt sich einen alkoholfreien Erdbeerdrink, und weil es gerade im Angebot ist, ohne dass ihr nachgesehen habt, gibt's ihn diesmal wieder in dem Riesengefäß, das man sich nachhause nehmen könnte. Nein danke, sagt ihr beim Zahlen, ihr habt das schon zuhause, ihr lasst es diesmal hier. Worauf euch der Kellner zu eurem Erstaunen zwei Dollar zurückgibt.
Morgens fahrt ihr wieder in die Stadt, vorbei an dem alten Kino aus den Zwanzigern, dessen Texasstern noch gerade unter einem lieblosen Anstrich auf dem geschwungenen Vordach zu erkennen ist. In der Concho Avenue, der alten Hauptstraße, gibt es ein paar nett restaurierte Geschäfte und auf dem *Boardwalk* stehen überhohe, grauverwitterte Holzstühle, an deren Rückenlehnen hinten Blumentröge mit Pelargonien hängen. Praktisch und hübsch.
Ihr geht in den Juwelierladen, gesteht sofort, dass ihr kein Kaufinteresse habt, und ob ihr euch umsehen könnt.
»*Sure*«, sagt der freundliche Mann und zeigt euch seine Schätze. Er nimmt wahre Kunstobjekte aus den verschlossenen Vitrinen, rosa schimmernde Muscheln, in die graurosa und violette Perlen eingearbeitet sind, winzige Perlen in seltsam ausgefransten Formen, große Stücke in Korallenrot, eine fast perfekte Kette von etwa dreißig Zentimeter Länge, an der er zwölf Jahre gearbeitet hat, bis die gleichgroßen und schattierten Perlen zusammen waren. Nein, dafür sagt er euch keinen Preis, er weiß nicht einmal, ob er sie je verkaufen will, sagt er stolz und ein wenig zärtlich. Selbst die kleinste goldene Ansteckenadel mit einer rosa Miniperle wollt ihr euch nicht leisten, obwohl die Versuchung groß ist. »Aber ihr könntet euch in Austin 'ne Genehmigung vom *Texas Park and Wildlife Department* holen, dann könntet ihr selber Perlen suchen«, rät er euch

scherzhaft. »Konzession gilt ein Jahr. Da ließe sich schon was finden, mit ein wenig Glück. Ich würds euch dann abnehmen, ich mach gute Preise. Die Araberinnen sind verrückt nach diesen Perlen.«
Leider, die Zeit habt ihr nicht, sagt ihr, aber vielleicht, eines Tages, wer weiß ... Lächelnd verabschiedet ihr euch voneinander.
Im Nebenhaus habt ihr Pech. Miss Hatties Saloon ist wegen Renovierung geschlossen.
»Miss Hatties« war ein echtes plüschiges Bordell, und das Haus war sehr beliebt von circa 1850 an bis zum Jahr 1946, als es von den Texas Rangern geschlossen wurde.
Das ganze Haus wäre heute ein Museum, mit Empfang, entsprechenden Salons und Zimmern, wo die Schönen der Nacht Cowboys, Ranchern und Soldaten das Leben an der Grenze versüßten. Viel Mühe wurde darauf verwendet, Originalstücke wieder aufzutreiben, und auch die berühmte »Fluchttreppe« hättet ihr gerne gesehen, über die der eine oder andere Ehemann angeblich entkommen konnte, um nicht von Frauchen ertappt zu werden.
Ihr könnt nur einen Blick durch die geschlossene Glastüre in den Salon am Eingang werfen: Spiegel an der rottapezierten Wand, Luster, ein paar goldrote Stühlchen, auf denen lebensgroße und entsprechend kostümierte Damen sitzen. Anscheinend aber wird die Renovierung dazu führen, dass man hier ein Restaurant einrichten will, wie du einem Schild entnimmst.

»Abilene: Büffel lockten die Siedler hierher und die Eisenbahn hielt sie da fest«, steht lakonisch auf deinem Prospekt. Inzwischen gibt's natürlich Cattleranches und auch einiges Öl.
»Hör dir das an«, sagst du, »als die Stadt 1981 ihr hundertjähriges Bestehen feierte, baute sie auf ihrem Messegelände einen Öhlbohrturm, um zu veranschaulichen, wie Öl gefördert wird. Wie der Zufall so spielt, wurde aus der Demonstration Ernst. Sie haben da wirklich Öl gefunden. Sie förderns heute noch.«
»So lieben wir Texas«, sagt sie. »Immer wieder gut für Überraschungen.«

Nachdem ihr euer Motel bezogen habt, fahrt ihr zur Stadtmitte. Wo ein Bahnhof, da auch Museen und alte Gebäude. Ihr kommt bis zum Paramount Theater, das ein historisches *must* ist. In dem Art Deco Gebäude gibt's ein augenaustricksendes Gewölbe mit blauem Himmel, Wolken und sich bewegenden Sternen, die durch verschiedene Lichtquellen farblich verstärkt und verändert werden. Ein bisschen zu stark, findest du, nur ein wenig zu viel. Schade, dass ihr kein Wochenende hier verbringen könnt, das Kino würde Uraltklassiker spielen, die ihr so endlich auch in Englisch genießen könntet.

Wieviele Millionen Rinder aus Abilene verschickt wurden, um hungrige Mäuler im Osten zu füllen, könnt ihr nur ahnen. In einem dreistöckigen, weißen, holzverkleideten Hotel mit blauen Fensterläden an der Ecke des Bahnhofs haben die Rancher wahrscheinlich die Nacht verbracht. Im »Grace Hotel« *downtown*, das aus dem Jahr 1909 stammt, hat man einen Teil so restauriert, wie er 1929 ausgesehen hat, und den Rest für ein Kunstmuseum, in dem auch ein historisches angesiedelt ist, sowie ein Museum für Kinder adaptiert.
Ihr dürft einen Blick in den »alten« Teil werfen, wo gerade Vorbereitungen für eine große Hochzeit getroffen werden, und ihr bewundert die geschmackvollen Tischdekorationen in den großen Räumen, um auf diese Weise noch ein paar weitere Räume zu erspähen.
Neben dem Bahnhof ist ein kleiner Park angelegt, in dem ein nichtgenannter Künstler ein Bronzedenkmal für die Siedler gestaltet hat.
In einem Ruderboot kniet ein Cowboy mit Hut und deutet mit ausgestrecktem linken Arm nach Westen, während die rechte Hand zusätzlich flach über der Stirn nach vorne gehalten seine spähenden Augen vor der Sonne schützt. Frau und zwei großäugige Knaben sitzen hinter ihm im Boot.
Abilene hätte sich etwas Besseres verdient und die Siedler auch, denkst du.
Nein, niemand von den drei älteren Herren, die auf den Bänken sitzen, weiß, warum die Familie im Boot sitzt und nicht auf einem Planwagen, leider.

Ihr geht um das Denkmal herum, aber es sieht von keiner Seite anders als pathetisch aus.
Im Bahnhof ist in einem großen Saal eine Art Restaurant eingerichtet, vielleicht war es sogar vor vielen Jahren ein solches. Draußen gibt es eine Veranda, die zu dem weißen alten Hotel hinübersieht. Davor, auf einer Laderampe, machen sich gerade ein paar Countrysänger ans Üben. Mikros werden gecheckt, Gitarrenslides. Einer der Musiker beginnt einen dieser wunderbar geknödelten texanischen Cowboysongs, während gerade ein Zug vorbeifährt und das ganze große Gebäude leise schwankt.
Der Zug hat 86 Waggons, immerhin.
Ihr esst eine Kleinigkeit im Bahnhofsrestaurant und besprecht den morgigen Tag.
Als du wieder das Gebäude erzittern fühlst, gehst du mit der Kamera hinaus. Diesmal ist es ein Militärzug. Ob du ihn filmen darfst? Er fährt relativ langsam und ist voller getarnter Fahrzeuge: Kettenpanzer, Hubschrauber, Lastwagen, Jeeps und ab und zu ein paar Bewacher, ebenfalls in Tarnuniform. Ein paar Boden-Luftraketen oder andere Marschflugkörper sind halbherzig mit Planen abgedeckt.
Du lässt die Kamera einfach laufen und beschließt, diesmal CNN oder einem anderen Sender, der halbwegs weiß, was außerhalb des jeweiligen Bundesstaates los ist, etwas genauer zuzusehen.
Alles, was du erfahren wirst, ist, dass Hurricane Bret in eurer Nähe inzwischen Stärke 4 zugeteilt bekommen hat.

Nach dem Essen hofft ihr, dass die Cowboyband draußen endlich zu spielen beginnen wird. Ein paar Tänzerinnen und Tänzer wären schon da, sie sitzen und stehen draußen auf der Veranda, wo auch die Ticketverkäufer sind, und trinken *softdrinks*, die ebenfalls dort zu erstehen sind, oder vielleicht sogar im Ticketpreis inkludiert.
Ihr wartet die ersten Nummern ab während ihr im Auto ein Eis teilt. Dann, unter den traurig-schmelzenden Klängen der Band und ihres Sängers fahrt ihr in den Sonnenuntergang ...

Das älteste öffentliche Gebäude von Texas ist das alte *Taylor County Courthouse*, das außerdem das zweitälteste Gebäude des Landes überhaupt ist und ursprünglich – natürlich, was sonst – ein Gefängnis war.
Ihr fahrt also nach Buffalo Gap, das inzwischen eine Art restauriertes historisches Dorf geworden ist, mit etwa zwanzig Gebäuden, vom Schmied bis zum Schulhaus, einer Bank, einer Arzt- und Zahnarztpraxis, einem Ladengeschäft und natürlich auch dem Eisenbahndepot. Kutschen und Heuwagen, zweispännige *Buggies* und viele andere zeitgenössische Dinge finden sich hier.
Wieder nach Norden, unterwegs nach Wichita Falls, sucht ihr Fort »*Phantom Hill*«, das so genannt wurde, weil der Hügel, auf dem es liegt, durch die Wegführung immer wieder zu verschwinden scheint. Aber ihr habt Glück.

Das Fort war von Anfang an eine Fehlkonstruktion: am falschen Ort, zur falschen Zeit und mit falschen Aufgaben. 1851 unter extremen Mühen erbaut, um die Gegend »indianersicher« zu machen, konnte es seiner Aufgabe nie richtig gerecht werden.
Die Baumaterialien mussten meilenweit mit Mulis herbeigekarrt werden, die Männer starben wie die Fliegen an geheimnisvollen Infektionen, die Sanitätsbaracke war immer überbelegt und die Desertionsrate schlug trotz schlimmster Strafen alles bisher Dagewesene. Da es weit und breit auch kein Wasser gab, weil man im Osten einem Kartenfehler aufgesessen war, war das Leben hier extrem feindlich. Es gibt Briefe von einem jungen Leutnant, der die Situation des Alltags beschreibt, und dessen Verzweiflung 150 Jahre später noch nachvollziehbar ist.
Die Männer litten an dem extremen Klima, am Wassermangel und vor allem an der Monotonie ihrer Existenz, da es weit und breit nur Wildnis gab. Schon nach drei Jahren wurde das Fort wieder aufgegeben und brannte kurz darauf ab. Was blieb, sind die steinernen Kamine und Grundmauerreste von Gebäuden. Erhalten sind nur das Wachhaus und das Pulvermagazin.
Ihr tastet euch durch die hohen Kakteen und seht euch um. Obwohl ihr auf der Kuppe des Hügels seid, könnt ihr

nirgends in ein Tal sehen. Nur Himmel und Wälder grenzen euch ein. Die Sonne brennt herunter und in dem Gebäude herrscht die gleiche hohe Temperatur. Ihr stellt euch vor auch noch Uniform tragen zu müssen, und zwar tagaus tagein dieselbe, bis sie euch fast vom Leib fällt. Selten eine Möglichkeit, sich zu waschen, froh zu sein, wenigstens die tägliche Wasserration zum Trinken zu ergattern ...

In Albany, das einst eine Versorgestation auf dem Western Trail nach Dodge City war, und in dessen Umgebung, wie ihr unterwegs auf Schildern gelesen habt, »die Herefordrinder zuhause sind«, wollt ihr mittagessen. Das Städtchen hat *downtown* kein offenes Restaurant, ihr fahrt ein Stück hinaus und du entdeckst einen Hinweis auf »Das alte Gefängnis-Kunstzentrum«. Neugierig folgt ihr dem Schild und findet wirklich das graue Steingebäude eines *Countyjails* von »circa 1878«, wie auf einer Tafel zu lesen ist.
Aber das Unglaubliche ist, hier in einem Ort mit knapp 2000 Einwohnern mitten im Nichts gibt es im Hof Statuen von Henry Moore und Giacomo Manzù, dazu einige andere Künstler, die du nicht einordnen kannst. In der Gartenanlage rund um den Komplex liegen und stehen Werke meist amerikanischer Künstlerinnen und Künstler, die sichtlich groß und modern genug sind, dass man sie nicht – wie einige der kleineren – anketten musste.
Eure Überraschung ist perfekt und es ist nur schade, dass ihr einen Schließtag erwischt habt. Durch eines der Gefängnisfenster hast du das Gefühl einen Picasso zu erkennen und andere Räume könnten Ateliers sein.
Ihr freut euch über diese unerwartete Entdeckung und macht einen Kamerarundgang.
Leider ist auch das Courthouse nur von außen zu sehen, hat aber immerhin eine Tafel, der ihr entnehmen könnt, dass es 1883 erbaut wurde und das älteste Gebäude seiner Art ist, das immer noch seiner ursprünglichen Bestimmung dient.
Beim Essen erfahrt ihr, dass die Zeitung »Albany News« ebenso alt wäre und man dort Einsicht nehmen könnte in alle tollen Nachrichten aus dem Westen jener Zeit ... leider wieder der falsche Tag.

In Throckmorton kauft ihr eine Kleinigkeit zu essen an einer Tankstelle und fahrt mampfend weiter. Nach einer Kurve bremst deine Freundin ziemlich abrupt. Links von euch ist ein Zweifamilienhaus, die Straße ist geteert und rundherum keineswegs pure Wildnis, aber auf der Straße sitzen zwei große Geier und graben ihre Köpfe tief in das Innere eines toten Tieres. Das Auto scheint sie nicht zu stören.
Als du die Kamera endlich draußen hast, fliegen sie ein Stück zur Seite, einer bleibt am Straßenrand sitzen, der andere fliegt weg. Die Objektivkappe verheddert sich, und als du sie endlich weg hast, ist es auch der zweite Geier.
Da das tote Tier immer noch da liegt, hofft ihr, die Geier kämen wieder und wartet ein paar Minuten am Straßenrand, während jemand im Haus misstrauisch hinter dem Vorhang steht. Leider tun euch die Tiere den Gefallen nicht und ihr gebt auf.
Ihr fahrt einen Hügel hinauf und du siehst zufällig in den Rückspiegel.
»Dreh um«, sagst du unvermittelt zu deiner Fahrerin. »Ich glaub, jetzt spinn ich wirklich.«
»Und deshalb soll ich umdrehen?« Aber sie tut es natürlich.
»Da, rechts, was siehst du?«
»Ein Kamel?«
O. k.. Du bist beruhigt, sie siehts auch.
Ihr fahrt den Schotterweg hinein, der zu einem Farmhaus führt, und betrachtet leicht konfus den grasigen Hügel mit seinen Büschen und einer Herde Kamele.
Emus habt ihr schon gesehen, Straußenfarmen natürlich, afrikanische Ziegen, die in Bäume klettern, Pferderanches, Longhorns und jede andere Rasse Rinder in rauen Mengen, aber dies ist eure erste Kamelfarm.
»Dein« Kamel steht genüsslich mümmelnd an der Ecke des Rungenzauns und sieht euch hochmütig an.
Einige andere stehen im Schatten oder wandern herum. Es sind auch staksige Junge dabei, wenn sie sich hinsetzen mit diesem Doppelklick der Hinterbeine sieht es zu komisch aus. Diesmal, hoffst du, wird die Kamera auf Anhieb funktionieren.
Das Kamel scheint sich seiner Rolle bewusst und kommt wiegend näher, zeigt sein Profil, reckt seinen Kopf mit

einer Schlangenbewegung des gebogenen Halses auf dich zu, dass du unwillkürlich etwas zurücktrittst. Es öffnet zwar das Maul, schreit aber nicht, wie du gerne gehabt hättest. Auf der Straße fahren ab und zu ein paar Autos und du schwenkst zwischen ihnen und den nahen Tieren hin und her. Gerne wärst du zum Farmhaus gefahren, um zu fragen, wofür diese Kamele gezüchtet werden, ob vielleicht, wie Strauße, ihr Fleisch weniger Fett und Cholesterin haben soll, so dass Gesundheitsbewusste teures Geld für ihr Steak bezahlen, aber ein warnendes »*Keep out*« Schild hindert euch dann doch.
Unterwegs spekuliert ihr trotzdem noch eine Weile.

Da es schon spät ist, kauft ihr ein kleines Abendessen bei *Winn Dixie* und dreht noch ein paar Runden im Pool.
Eine indische Familie sitzt völlig bekleidet auf den Stufen im Wasser. Die Mutter hält ein kleines Mädchen auf dem Schoß.
Das Kind zappelt herum, es will aus der mütterlichen Umarmung weg, ihm ist heiß. Die Mutter setzt es auf die Stufe und gießt mit der Hand Wasser über das Kleine, das vor Freude kräht.
Während die Mutter sich ihrem Mann zuwendet, glitscht das Mädchen ins Wasser. Du erwartest, dass es spuckend hochkommt, aber du siehst es nicht. Du bist am anderen Ende des Pools und eine langsame Schwimmerin. »Hey«, schreist du, »Ihr Kind ist unter Wasser.« Die Eltern reden weiter. Entweder haben sie dich nicht gehört oder nicht verstanden.
»Holt das Kind raus«, brüllst du zwei Buben am Pool-Rand an, »da, bei den Stufen.«
Sie sehen hin und sind wie die Delphine auch schon drin und holen das Bündelchen Mensch raus, der eine legt's über sein Knie, gibt ihm einen Klaps, das Kind erbricht Wasser und fängt jämmerlich an zu schreien.
Die Eltern stehen bis zur Hüfte im Wasser und nehmen es an sich. Ihre Gesichter sind grau. Dankesworte stammelnd rennen sie alle in ihren durchnässten Kleidern zurück zum Motel, während die Kleine weiterschreit. Nochmal gut gegangen.

Du bedankst dich nochmals bei den *boys* und das macht sie verlegen. »War ja nix«, murmelt der eine, »is schon gut« der andere. Und dann schwimmen sie sportliche Längen, dass das Wasser nur so spritzt, um sich abzureagieren.

Wichita Falls heißt so nach dem Indianerstamm, der hier in der Nähe lebte. Dass es in dieser unendlich flachen Gegend überhaupt einen Wasserfall geben konnte, auch wenn er ursprünglich nur ein Meter siebzig hoch war, schien den Siedlern Grund genug, ihn in den Namen der Stadt einzubauen. Solche »Wasserfälle« sind einfach witzig für jemanden, der aus den Alpen kommt. Außerdem sind die heutigen »Wasserfälle« nur ein Nachbau.
»Wie bitte?«, fragt deine Freundin.
»Na ja, die Originalwasserfälle sind schon 1886 einer Überschwemmung zum Opfer gefallen, und da hat man sie eben 1987 nachgebaut. Und weil man schon dabei war, sie auf echt texanisch gleich höher gemacht. Jetzt sind sie fast neun Meter hoch. Schließlich heißt die Stadt Wichita ›Falls‹.«
»Wäre es nicht billiger gewesen, einfach *Falls* aus dem Namen zu lassen?«, fragt sie.
»Vielleicht. Aber die Identität wäre weg gewesen, denk ich. Und in einem so neuen Land ist alles Historische einfach großartig wichtig.«
Ihr parkt so nahe es geht bei dem Joggingweg zu den Fällen. Hier neben dem Fluss sind die Moskitos etwas irritierend und die Bäume scheinen euch die Luft abzuschnüren. Es ist sehr schwül.
»Hoffentlich kann man wenigstens die Füße drin baden«, meint deine Begleiterin, der auch heiß ist. An einer Ecke könnt ihr nicht mehr weiter. Ein Schild erklärt euch hier, wenige Meter vor dem Ziel, dass leider wegen Aus- und Umbauarbeiten an der I-40 die Wasserfälle bis auf weiteres geschlossen sind. Wow. »Erst ists nur ein Nachbau und dann ist er auch noch geschlossen, das glauben die uns zuhause doch nie!«
»Kannst ja zurückjoggen und die Kamera holen, wenn du meinst«, antwortest du kraftlos. »Ich setz mich jetzt auf diese Bank und verschnaufe für den Rückweg.«

»Warum die da nicht weiter vorne schon so ein verdammtes Schild aufstellen konnten, möchte ich wissen.«
»Damit es allen Touristen so geht wie uns natürlich.«
»Wir waren fast da, und dann waren sie geschlossen, stellt euch vor«, sagst du mit der Stimme einer Frau aus dem Mittelwesten.
Ihr müsst trotz allem lachen.

In Decatur trinkt ihr einen Kaffee an einer Tankstelle, und während deine Freundin ihn holt, siehst du einen nicht mehr ganz jungen schwarzen Mann aus einem Kombi steigen. Er trägt einen Vogelkäfig in der Hand, den er in den Schatten neben ein paar Büsche stellt. Er setzt sich auf den Randstein daneben und liest Zeitung. Der Vogel tschirpt ab und zu und der Mann murmelt zurück. Als deine Freundin mit den Bechern zurückkommt, fragt der Mann sie, ob der Kaffee gut sei. »Ja, es gibt einen Cappucino-Automaten«, antwortet sie.
»Bin schon ziemlich lange unterwegs heute, dem Vogel hab ich schon Wasser gegeben, aber ich hätt auch ganz gern was, passt ihr mir schnell noch auf ihn auf? Wir kommen den ganzen Weg von San Francisco«, fügt er verstärkend hinzu. »Ihr habt doch keine Allergie? Aber er mags nicht, wenns so kalt ist in den Räumen, ich würd ihn lieber hier lassen.« Und so trinkt ihr euren Cappuccino in Gesellschaft eines Singvogels an der Straße.

In Lewisville fühlt ihr euch schon ganz zuhause und findet, ihr habt euch einen richtig gemütlichen freien Tag verdient, nachdem ihr das Auto ausgeräumt und alles in eurem Zimmer für die letzten Tage verstaut habt.
Ihr fahrt hinaus an den See und freut euch schon richtig auf Abkühlung und Landschaft, nicht nur Pool.
Die Einfahrt zum Strand kostet einen Dollar, den du dem Automaten in kleinen Münzen fütterst, die er widerspruchslos annimmt.
Mit diesen ewigen *Salestax*-Zuschlägen gelingt es einfach nie, Kleingeld wirklich restlos loszuwerden.
Einmal hast du auf dem Flughafen in Chicago, weil du im selben Jahr gleich wieder einen Inlandsflug brauchtest, den

Schwarzen gefragt, ob du einen Teil in Bargeld und den Rest mit Karte zahlen könntest. »Kein Problem«, sagte er fröhlich. Worauf deine Freundin und du ihm auf den leeren Tresen wunderbare Türmchen aus 1-, 5-, 10- und 25-Cent-Münzen gebaut habt. Ihr hattet ja Zeit. Und viel, viel Kleingeld. Etwa 40 Dollar.
Der Schwarze hatte großen Spaß an eurer Aktion und sonst gerade nichts zu tun. Er rief auch noch ein paar Kollegen, die sich das ansehen sollten, und dann zählten sies brav nochmals nach, während du auf dem Gepäckwagen saßest. Es stimmte.
Unamerikanisch wie ihr immer noch seid, lasst ihr den Wagen auf dem leeren Parkplatz und geht noch hundert Meter zu Fuß zum Ufer, mit euren Habseligkeiten für den Badetag bepackt. Etwas weiter rechts auf einer Landzunge steht ein Fischer, dessen Auto natürlich direkt im See steht, bemerkt deine Freundin zornig.
Der Sandstrand ist schattenlos, und nachdem ihr *cooler* und Handtücher in eine Mulde gelegt habt, geht ihr mit den Kinderluftmatratzen ins seichte Wasser. Es hat etwa 28 Grad.
Puh, von Abkühlung so schnell keine Spur. Ihr schwimmt vorsichtig weiter hinaus, keine Ahnung von eventuellen Unterströmungen, ihr wollt nichts riskieren. Mit hängenden Beinen lasst ihr euch treiben. Doch, hier ist es etwas kühler. In Strandnähe stolzieren weiße Reiher im Wasser, staksen mit abwechselnd gehobenem Bein langsam durch die kleinen Wellen. Es ist friedlich hier.
Bis natürlich irgendein Wahnsinniger auf seinem Jetboot durch den See pflügt und in eurer Nähe herumkurvt, dass euch angst und bange wird. Auch der Fischer droht mit der Faust. Aber in den Wellen lässt sich gut auf der Matratze schaukeln, und das genießt ihr wieder.
Nach einem gemütlichen Lunch und Getränken aus dem *cooler* habt ihr eigentlich genug vom Strand.
Ein paar letzte Postkarten wären noch aufzugeben und auch eine Dose Bier aus Milwaukee für einen Kollegen zuhause, der sich das von deiner Freundin wünscht.
Ihr fahrt also zum Postamt und du bleibst im Wagen sitzen. Päckchen aufgeben kann dauern.

Ziemlich lange später kommt deine Freundin zurück. Ja, sie hat deine Karten aufgegeben. Aber das Bier nicht. Zuerst musste sie ja, das wusste sie, den entsprechenden Umschlag kaufen, dann beschriften, dann wieder anstehen, um ihn aufzugeben, und da stellt sich dann heraus, dass der Typ wissen will, was drin ist. »Und du in deiner unendlichen Güte hasts ihm auch gesagt.«
»Natürlich!«
»Und dann?«, fragst du
»Dann hat er mir erklärt, dass man mit der *US-mail* keinen Alkohol versenden darf, verflixt und zugenäht, das hätt ich wissen können! Hätt ich doch gesagt, es wär ein Buch drin und einen falschen Absender draufgeschrieben!«
Korrekt wie sie ist, hätte sie das natürlich nicht getan, und das wisst ihr beide. Sie wird also auch noch diese Bierdose bis ins Flugzeug schleppen und zuhause irgendwann übergeben ohne viel zu sagen.
Ja, gut sei es gewesen, das Bier aus Milwaukee, danke, habe der Kollege ihr später erzählt.
Um sie zu trösten, sagst du ihr, dass gleich hier um die Ecke zwei riesige Antiquemalls stehen. Das bringt das Funkeln in ihre blauen Augen zurück.
Du sagst kein Wort über die Preise für Übergepäck ...
Am Tag darauf fahrt ihr nach Fort Worth hinein und schaut euch ein wenig bei den *Stockyards* um. Ihr habt Glück und kommt gerade recht, um den täglichen Longhorn-Viehtrieb durch die Gassen zu erleben, original mit filmreifen Cowboys und viel Staub.
Dabei wäre der inzwischen hauptsächlich durch die Longhorns florierende Ort beinahe 1873 wieder von der Landkarte verschwunden, als die Eisenbahn in Dallas durch finanzielle Schwierigkeiten nicht weitergebaut werden konnte und sich keine Finanziers finden wollten, das Projekt zu Ende zu führen.
Die trotzigen Einwohner von Fort Worth verließen ihre Heimat aber nicht, wie das so oft bei anderen *boomtowns* der Fall war, sondern behaupteten der *Texas and Pacific* gegenüber, sie würden es schaffen, die 26 fehlenden Meilen fertigzustellen, und zwar bevor das dafür vorgesehene Land 1876 wieder verfallen würde.

»Jedermann, der eine Hacke schwingen oder ein Muli treiben konnte, half, diese Schienen zu legen«, heißt es stolz. Und schon Ende des 19. Jahrhunderts war die Stadt von *stockyards,* großen Schlachthöfen und Fleischverpackungsindustrien, umgeben. Ab 1912, als die Ölproduktion die Zahl der Bewohner bis 1930 verdreifachte, regierte das Öl - für über dreißig Jahre vor dem Viehgeschäft.

Ihr geht durch die alten Gässchen mit den Gaslaternen und den vielen Shops, esst eine Kleinigkeit in der Bahnhofsanlage, die zu einem riesigen Futterplatz ausgebaut wurde und in deren Halle immer noch der *»Tarantula Train«* unter Dampf steht, der einmal täglich für Fans nach Grapevine und zurück fährt, davon zehn Meilen auch quer durch die Stadt. Für Amerikaner ein tolles Gefühl, das allerdings auch seinen Preis hat.

Im Museum findet ihr, dass ihr all diese Gegenstände unterwegs schon in kleinen Heimatmuseen in den *railroaddepots* gesehen habt, und ihr geht mit etwas schlechtem Gewissen wieder hinaus. Ihr sucht das *visitorcenter* auf und holt euch dort noch ein paar Tipps fürs nächste Mal. Diesen Sommer wird gerade viel umgebaut.

Euer Zuhause in Lewisville ist ja nicht weit.

Schade nur, dass auch »Billy Bob's Texas« nicht zugänglich ist, der Welt größtes *»Honky Tonk«* mit *Indoor-Rodeo* und insgesamt 50 Metern Messingstangen, um die Füße an den Bars aufzustützen, dazu *»shops, games and restaurants«*.

Als Kontrast gebt ihr euch das Modern Art Museum, wo es keinerlei Cowboys und Rinder, sondern Pollocks, Picassos und Warhols gibt. Ein, zwei Monate nach eurer Rückkehr wird in Fort Worth ein alter Mann von 103 Jahren, der bereits im Rollstuhl sitzt, wegen Mordversuchs an seinem 45-jährigen Enkel verhaftet und im Bezirksgefängnis eingesperrt, mailt euch eine Bekannte, die weiß, wie du zu Schusswaffen stehst. Ob er eine Winchester verwendet hat? *»Enjoy the Tang of Keenest Sport this Fall«* – der Spruch schien dir immer ominös. Je näher der Tag der Abreise rückt, desto panischer werdet ihr.

Ihr fahrt zu all euren Lieblingsrestaurants, hinaus zur Shoppingmall, die der *Mall of America* in der Größe kaum nachsteht, um »bestellte« Kleinigkeiten zu organisieren, geht wieder nicht ins *Rainbow-Café*, weil dich das Gekreische der lebenden Vögel und das lange Schlangenstehen inmitten gut aufgelegter Menschen in bunter Kleidung in einer überbunten Dschungelumgebung, die dauernd in Bewegung ist, nervt – aber immer wieder führen alle Wege zu den Antiquemalls. Bei eurem dritten Texas-Besuch habt ihr die Geschäfte anscheinend so angekurbelt, dass sie schon wieder neue eröffnen konnten, die ihr natürlich auch durchsuchen müsst. Im Lauf der Zeit hast du sicher schon über hundert skurrile Andenken mitgebracht, und die Fundgeschichten dazu machen den Empfängern soviel Spaß wie der Gegenstand selbst.

Einmal konntest du nicht widerstehen, einen unter einer staubigen Vitrine sitzenden Tempelhund mit großen Augen, den jemand mit pointillistischen Farbmustern versehen und signiert hatte, aus seinem dunklen Dasein zu erlösen. Er war nicht aus Gips, wie du gedacht hattest, sondern aus einer Art kunstharzverstärktem Papiermachee, und als er da in voller Größe, etwa dreißig Zentimeter hoch, auf der Vitrine saß und dich anzusehen schien, hast du ihn den Ladies in der Schlange, die ihn noch nie beachtet hatten, vor der Nase um zwei Dollar abgekauft, die dir zu diesem *»cutie«* etwas sauer gratulierten. Jetzt, im Tageslicht, hätten sie ihn alle selber gern gehabt.

»Er ist zu groß, den krieg ich nie in den Koffer«, stöhnst du draußen im Auto. Du möchtest ihn einer Bekannten, die Hunde liebt, als Türstopper für die Terrassentür schenken. Du hast es ihr aber nie erzählt und dich von dem Kleinen nicht trennen können. Er sitzt unter dem Fünfzigerjahre-Couchglastisch in deinem Arbeitszimmer, und du freust dich an ihm. Am letzten Mittag fahrt ihr nochmals zu Red Lobster, und weil ihr bei eurem Besuch in einem andern Ort brav dem Pächter nach dem Essen ein paar Fragen zu seinem Lokal beantwortet hat, habt ihr einen Gutschein bekommen, den ihr hier gegen ein Stück Gratiskuchen eintauschen könnt. *Lime-pie*, natürlich, den mag deine Freundin besonders gern.

Eigentlich solltet ihr nun endlich wirklich die Koffer packen, aber zuhause ist schlechtes Wetter, was solls, ihr

geht eine Stunde an den Pool und dann entscheidet deine Freundin, dass sie doch nochmals nach ein, zwei Sachen in dem Secondhandstore sehen möchte, vielleicht ärgert sie sich ja später, wenn sie das nicht doch noch mitnimmt.
»Oder in einer Stunde, wenns nicht in den Koffer geht!«, bemerkst du, fest entschlossen, zwar mitzufahren, aber sicher nicht einmal mehr einen Zahnstocher zu kaufen.
»Nur kleine Sachen anschauen«, flehst du, »und nichts, was in einer Vitrine ist.« Ihr versprechts euch und fahrt los. Zwei Stunden später kommt ihr mit keineswegs leeren Händen aus dem Geschäft und um 17:30 Uhr sitzt ihr erschöpft auf den Betten und habt noch nicht mal angefangen irgendetwas einzupacken.
Während sie methodisch ihre zerbrechlichen Kleinigkeiten der letzten sieben Wochen in Socken, T-Shirts und Wäsche packt, manchmal noch zusätzlich durch Papier verstärkt, beginnst du schweren Herzens die wöchentlichen Säcke mit den Landkarten, Prospekten und Unterlagen, den Visitenkarten, Speisekarten und entwickelten Filmen zu durchforsten. Der Papierkorb ist im Nu voll, die Menge der Unterlagen noch nicht wirklich reduziert. Immer wieder findest du Postkarten, die du nur als Erinnerung gekauft hast, Bücher aus Museen, Unterlagen für deine Buchhaltung. Es dauert fast zwei Stunden, denn das meiste habt ihr doppelt, und du musst immer fragen, ob sie dies oder jenes aufbewahren will oder nicht.
»Alles«, antwortet sie meist, und du machst ihr einen Stapel zwischen den Betten.
Dann holst du etwa zwanzig andere Säcke, in denen diverse Andenken und Geschenke schlummern, von denen du einige schon ganz vergessen hattest. Zwischendurch trinkt ihr Saft und macht Fotos von der verzweifelten Verwüstung auf euren Betten und im ganzen Zimmer. Du zeigst deiner Freundin den passenden Aufkleber, den du gerade wiederentdeckt hast, für eine Bekannte, die äußerst akribisch ist beim Saubermachen: »*My idea of housekeeping is: to sweep the room with a glance.*«
Sie lächelt nur müde.
Zwei große Nylonsäcke mit leeren Nylonsäcken, beziehungsweise Papier gefüllt, stehen hinter der Tür.

Endlich ist Platz auf deinem Bett für den Koffer. Heiß-kalt Kleidung für den morgigen Flug auf dem Stuhl, Frühstück, Wasser und Obst für unterwegs, Waschzeug, das kann auf dem langen Waschtisch bleiben. Noch.
Alles andere *muss* eingepackt werden.
Irgendwie gelingt es euch bis Mitternacht.
Ihr seid hungrig geworden, und deine gute Freundin geht hinüber zum Waffle House und bringt euch euer Lieblingsessen mit.
Die Nacht ist sternklar.
Ihr habt an all euren Käufen die Preiszettel gelassen und alle Rechnungen hast du in einem großen Kuvert gesammelt, falls der heimatliche Zoll Fragen hätte. Aber er hat nicht. Glücklicherweise.
Nie, aber nie im Leben hättet ihr je wieder alles in diese Koffer zurückpacken können, hätte jemand sie zu öffnen versucht, und du trägst zwei Hüte übereinander.
»Und, wie war die Reise, seid ihr diesmal irgendwo im Wilden Westen überfallen worden?«, will man noch auf dem Flughafen von euch wissen.
»Nein«, sagst du, »überfallen nicht, aber die Hände hochgerissen haben wir schon einmal, auf einem Bankparkplatz.« Du grinst deine Freundin an.
»Wir haben grade wieder mal im Postamt daneben Marken kaufen wollen, und als wir ausgestiegen waren, gabs plötzlich einen Knall, als hätte jemand auf uns geschossen. Wir echt erschrocken, Arme hoch, wie in einem Film.«
»Und dann?«
»Sie war auf einen Portionsbeutel Ketchup gestiegen, der da lag, und das knallte echt wie ein Schuss, ich schwörs! Und dann hatte sie auch noch die Beine voller »Blut«, ich war sekundenlang völlig fertig …«

Am Abend seid ihr so durchgedreht, dass ihr die US-Karte herausholt und auf dem Boden liegend die nächste Reise plant.